WITKACY
I KOBIETY
HAREM
METAFIZYCZNY

MAŁGORZATA CZYŃSKA
WITKACY
I KOBIETY
HAREM METAFIZYCZNY

MARGINESY

COPYRIGHT © BY Małgorzata Czyńska

COPYRIGHT © BY Wydawnictwo Marginesy, Warszawa 2022

Metafizyczny harem
Może Ci wierny będzie,
Fizyczny za to smarem,
Niechaj Ci lekkim będzie [...]

(fragment wiersza E. Strążyskiego)

Autoportret, 1938, Muzeum Śląskie w Katowicach

BRACKA 23

Nocny pociąg z Zakopanego wjeżdża na Dworzec Główny w Warszawie o godzinie szóstej rano. W drzwiach wagonu staje postawny, przystojny pięćdziesięciolatek – Stanisław Ignacy Witkiewicz, w skrócie – Witkacy. Z przyzwyczajenia wciąga brzuch, jak zawsze gdy pozuje do zdjęcia albo rozmawia z ładną kobietą, mimo woli uwypuklając klatkę piersiową pod gorsem koszuli. Zsuwa biały kapelusz z czoła, błyska spod ronda stalowozielonymi oczami. Warszawa to żona, kochanka, praca i przyjaciele. Może trafi się jakaś orgia w zaprzyjaźnionym gronie, choć dopiero co podjął postanowienie, że zrywa z kokainą.

Zaspany – nie zwykł wstawać o tak wczesnej porze – jest dość wypoczęty po nocy spędzonej w wygodnej kuszetce. Podróżuje zwykle trzecią klasą, kuszetka to luksus. O braniu taksówki nawet nie myśli (oszczędności). Zresztą na Bracką 23, dokąd jedzie, jest niespełna 800 metrów, a miejski autobus zatrzymuje się nieopodal, przed wejściem do Domu Towarowego Braci Jabłkowskich. Jest czerwiec 1933 roku. Witkacy chwyta dwie walizki i idzie do autobusu. Od strony mostu Poniatowskiego lekko wieje wiatr.

Trzeba przyznać, że adres Nina Witkiewiczowa ma wytworny. Przywiązuje do takich rzeczy dużą wagę. W końcu – arystokratka. Tyle że bez majątku. Po obu stronach Brackiej stoją wysokie, eleganckie dziewiętnastowieczne kamienice. Przed Domem Towarowym Braci Jabłkowskich jeszcze pusto, sklep otwiera swe podwoje

Ulica Bracka 23 w Warszawie

o dziewiątej. Koło południa zacznie się tu ruch, zaroi się od klientów i gońców; firma odnosi zakupy pod wskazany adres. Za to z pobliskiej Cukierni Szwajcarskiej dolatuje już zapach świeżych wypieków. Po drugiej stronie ulicy jest wielka wędliniarnia Radzymińskiego. Nina z pewnością kupiła wczoraj coś dobrego, zaraz przyszykuje i poda śniadanie.

Bracka 23, nareszcie. Od frontu, w sklepowych witrynach piętrzą się piramidy puszek herbaty i kawy „z Kopernikiem", bo właśnie tu mieści się elegancki sklep firmowy i siedziba herbaciano-kawowej spółki. Cała Polska pije herbatę „z Kopernikiem".

Przed bramą dozorca Błaszczyk zamiata chodnik. Na widok Stanisława Ignacego Witkiewicza rozpromienia się, gniecie w ręku maciejówkę i nisko się kłania. Lubi i szanuje artystę, który zawsze miło, dowcipnie zagada. Rzadko się go widuje na Brackiej, ledwie kilka tygodni w roku.

BRACKA 23

Witkacy mija bramę, w drzwiach migają białe marmurowe schody wyłożone dywanem, kryształowe lustra i sztukaterie, i kieruje się na podwórze. Mieszkanie od frontu to luksus nie na kieszeń Witkiewiczów, czynsze w oficynie są znacznie niższe, a wygody te same – winda, łazienka i centralne ogrzewanie. Na podwórzu uderza w nos mocny zapach kawy z pobliskiej palarni. Nina wynajmuje trzypokojowe mieszkanie na piątym piętrze, jeden pokój podnajmuje sublokatorom, jeden zawsze czeka na męża (chyba że ma do niego szczególny żal o którąś z kochanek i odmawia goszczenia u siebie). Różnie się między małżonkami układało, wypracowali już jednak model, zdaniem Witkacego, idealny. Przyjaźń, tolerancja, wzajemne wsparcie. On niemal oficjalnie kogoś ma, ona dyskretnie kogoś miewa. Mimo to nie wyobrażają sobie życia bez siebie. Poza kilkutygodniowymi okresami wiosną i jesienią, gdy Stanisław Ignacy mieszka na Brackiej, codziennie śle do żony listy z Zakopanego. Nina w miarę regularnie odpisuje, mogłaby może pisać wyraźniej albo piórem zamiast kopiowym ołówkiem, o co Witkacy czasami ją prosi. Do Zakopanego przyjeżdża rzadko i na krótko. Korespondencyjne z nich małżeństwo. Ledwie dwa miesiące temu, z okazji dziesiątej rocznicy ślubu, Stanisław Ignacy Witkiewicz pisał do żony: „Mów sobie, co chcesz, ale może lepiej było i dla Ciebie, i dla mnie, żeśmy się kiedyś, w przystępie szału, pobrali"[1].

Cesarzowa Zjednoczonej Witkacji, jak mówi o niej mąż, jest już na nogach. Odkąd w kwietniu tego roku z powodu słabej sytuacji finansowej przyjęła posadę w Głównym Urzędzie Statystycznym, wstaje o wpół do siódmej, żeby zdążyć na ósmą do pracy. Wprawdzie do pracy ma niedaleko, bo GUS mieści się w kamienicy Kryńskiego w Alejach Jerozolimskich 32, ale potrzebuje czasu na wyszykowanie się. Wita męża już ubrana, uczesana, w dyskretnym makijażu. Od jutra będzie musiała wstawać jeszcze wcześniej, a to z powodu... dobrej woli Witkacego.

Fałsz kobiety, 1927, Muzeum Narodowe w Warszawie

Staś cierpiał nad tym, że nie może zapewnić mi utrzymania – wspominała – i wpadł na pomysł wzruszający: postanowił też wstawać wcześnie, bo miałby wyrzuty sumienia, że ja się zrywam tak wcześnie, a on śpi. Namawiałam go usilnie, żeby tego nie robił, ale że był uparty, nie zmieniał swego postanowienia. Nie śmiałam wprost powiedzieć mu, że nic mi to nie ułatwi życia, ale wprost przeciwnie, bo musiałam myśleć jeszcze i o jego śniadaniu, czekać na łazienkę itp. Wiedziałam, że zrobiłabym mu przykrość, nie przyjmując jego ofiary, a on nie zdawał sobie zupełnie sprawy z tego, jakie zamieszanie wprowadza do mojego usystematyzowanego poranka.[2]

Gdy przyjedzie, życie Niny mimo woli jeszcze mocniej zacznie się wokół niego kręcić. Ileż kobiet z otoczenia Witkiewicza mogłoby mówić: „Nic nie ma na świecie całym oprócz pana"[3].

Asymetryczna Dama – portret Eugenii Wyszomirskiej-Kuźnickiej, 1935, Muzeum Historii Katowic

ASYMETRYCZNA DAMA

Czerwone tekturowe koło wywieszone na drzwiach pracowni świadczy o tym, że Witkacy rysuje. Pół godziny temu przyszła klientka. W całym mieszkaniu panuje cisza. Wiadomo, seans portretowy może potrwać i kilka godzin. Przeważnie kończy się na jednym spotkaniu – półtorej godziny i gotowe, czasami jednak trzeba paru sesji. W pokoju obok pracowni Nina układa pasjansa. Jedną ręką z namysłem kładzie karty, drugą ma zajętą fifką z papierosem. „Nie wiesz, co robisz, że palisz" – zrzędzi mąż nieustannie, bez rezultatu. Prosi żonę, żeby na jego cześć spróbowała choć na trzy dni zrezygnować z papierosów. Zdarza mu się mocniej zagrzmieć: „Chcesz, to giń, psiakrew – palenie jest czymś okropnym, zwalającym z nóg byki"[1].

Na stoliku stoi niklowany termos z czarną kawą. Nie trzeba przemykać się do kuchni. Zresztą Nina spędza w niej niewiele czasu. To nie miejsce dla kobiety z jej sfer. Nie podgląda przez uchylone drzwi, kto przyszedł, nie podsłuchuje. Nawet jeśli przypadkiem pojawia się w korytarzu na dźwięk dzwonka u drzwi wejściowych, to zaraz dyskretnie znika w swoim pokoju. Do Stasia przychodzą nie tylko klienci, ale i jego znajomi, przyjaciele. O czym rozmawiają, dokąd z nimi wychodzi, kiedy wraca, to nie jej sprawa. Od czasu do czasu, w niedzielne poranki, dołącza do grupy gości przy jego łóżku (rano Witkacy przyjmuje, leżąc w łóżku). W towarzystwie pianisty Romana Jasińskiego i lekarza

Jana Kochanowskiego puszczają wodze fantazji. „Bawili się wtedy jak dzieci – wspomni Nina po latach – wymyślali rozmaite sztuczki, opowiadali niesamowite historyjki – śmieliśmy się tak, że aż bolały szczęki i brzuch"2.

O klientach Nina wie wszystko, na stoliku obok telefonu leży aktualny kalendarzyk zapisany terminami, obstalunkami na portrety. Odkąd w 1924 roku Witkacy skończył z tak zwanym malarstwem istotnym, a w następnym roku ustanowił Firmę Portretową, tworzy tylko portrety i rysunki. Z tego żyją. „Robię czasem 2 portrety dziennie (po 50) lub 1 za 100. Dziś 2. Po takim dniu jestem niezdolny do niczego"3 – informuje żonę. Dowcipniej wyraża się w wierszykach:

Dziś albo jutro
Na bordo papierze
Muszę się uporać
Z twą mordą frajerze

Albo:

Nie jest to przyjemność duża
Cały dzień malować stróża
I za taki marny zysk
Zgłębiać taki głupi pysk.

Niedługo po przyjeździe Stasia do Warszawy – i rozpakowaniu dwóch waliz książek, bielizny i ubrań – zaczął się ruch w portretowym interesie. Nina i Stanisław Ignacy kładą na stole zabawkową drukarenkę z gumowymi czcionkami i na pocztówkach odbijają tekst: „Firma St.I. Witkiewicz zawiadamia o swoim przybyciu do Warszawy, Bracka 23 m. 42, Tel. 227-18, dzwonić 10-1".

W dzieciństwie na takiej drukarence mały Staś odbijał swe pierwsze sztuki teatralne. Może to nawet te same stempelki przywiózł z Zakopanego do stolicy; w końcu ma naturę zbieracza, mało co wyrzuca, zabawka mogła przetrwać kilka zakopiańskich przeprowadzek.

Dzisiejsza modelka jest wyjątkowa, no i to portretowanie jest darmo. Gratisowe portrety to zresztą największa część jego urobku. Wciąż rysuje bliższych i dalszych znajomych, choćby w rewanżu za zaproszenie na kolację. Po liczbie portretów widać też, na kim mu akurat zależy. Potrzeba malowania ukochanych twarzy, czy raczej twarzy ukochanych, to u Witkacego barometr uczuć i pożądania, a także instynkt artysty. Czyż nie deklarował: „Ja ludzi, pewnych ludzi, albo kocham i są oni dla mnie czymś w życiu, albo ich traktuję artystycznie. Wtedy pozwalam sobie na wszystko"?[4].

Dziś nie chodzi ani o romans, ani o rewanż towarzyski. Stanisław Ignacy pragnie narysować tę kobietę. Nina mogłaby odczuwać niepokój, w końcu jej mąż często od portretu zaczyna romanse, a nawet deklaruje ożenek. Już to przerabiali i będą przerabiać. Patrzy na portrety i czuje, o co mu idzie. Na widok portretu Czesławy Oknińskiej-Korzeniowskiej przecież powiedziała od razu: „Widzę, że uciułałeś sobie nową kobietę". Trafiła w punkt. Nawet nie zaprzeczył, tylko się uśmiechnął. Od tego czasu minęły prawie cztery lata. Jest ich troje w tym związku. A tak naprawdę zawsze więcej niż troje. Zdaniem zakopiańskich przyjaciół, Marii i Edmunda Strążyskich, Witkacy „miał «niagarowski temperament». Nie powstrzymywał się i nigdy nie chciał powstrzymywać. Lubił walkę z kobietami. Miał ich w życiu nieprzebrane mnóstwo, nawet matka pani Marii – osiemdziesięcioletnia – była w nim zakochana! Na pewno sam głęboko kochał Czesię, ale ją też zdradzał, «żeby zajrzeć na tamtą stronę», jak mawiał"[5]. Czesława się buntuje i coraz to zrywa z Witkacym. Nina jest mężatką od dziesięciu lat i już dawno przywykła do otaczającego męża haremu, nie walczy o pozycję „tej jedynej".

Wyniosła – oceniają ją krewni i znajomi. Oziębła – mówi Staś. Wiele lat po jego śmierci powie Marii Witkiewiczównie, Dziudzi,

Asymetryczna Dama – portret Eugenii Wyszomirskiej-Kuźnickiej, 1934, Muzeum Historii Katowic

kuzynce męża, że była dla niego zbyt chłodna, że żałuje. Ale do tego wyznania jeszcze daleko.

Ta dzisiejsza modelka, Nina jest jej szczerze ciekawa. Staś niedawno spotkał ją na ulicy, w samym środku miasta, niedaleko domu. Dosłownie zamurowało go na jej widok. Ochłonąwszy, zawrócił i za nią poszedł. Może ją trochę przestraszył, trudno – tak wyszło. Przedstawił się, zaproponował pozowanie. Tłumaczył, że jej twarz przypomina mu twarz kobiety, która była niegdyś dlań ważna, a już nie żyje. Niech więc się zgodzi i przyjdzie do niego, tu, w Warszawie, lub w Zakopanem, wszystko jedno gdzie, byle przyszła.

Wrócił do domu wzburzony, podekscytowany. Powtórzył Ninie całą historię spotkania, oświadczając, że kobieta do złudzenia przypomina Jadwigę Janczewską. Narzeczoną samobójczynię. Fatum, przeznaczenie. No tak, przeznaczenie. Nina oczywiście zna tę tragiczną historię. Przed ślubem wielu życzliwych donosiło jej o romansach Witkacego i o tym dramacie. Mąż z rzadka wspomina Janczewską, ot w listach, w stylu: „Najdroższa Nineczko, b. kochana małpeczko (mucha siedzi na samym piórze, to duch Janczewskiej, i dyktuje te słowa)"[6]. Choć zdarzają się dramatyczniejsze wyznania: „Czuję się jak po śmierci Jadwigi Janczewskiej. Żadnej nadziei. Szereg bezsensownych dni, śmierć za życia"[7]. Stanisław Ignacy lubi tragizować, żona wie o tym najlepiej.

Teraz spokojnie czeka na wynik spotkania męża z tą tajemniczą kobietą. W końcu Staś zawsze na koniec pracy puka do drzwi jej pokoju. *I must show it to my wife* – rzuca w stronę modelki.

* * *

Młoda kobieta coraz szerzej otwiera oczy ze zdumienia. Wykrój oczu ma charakterystyczny: mocno opadniętą prawą powiekę i lewą brew uniesioną wyżej od prawej. Usta też ma lekko skrzywione. Ciemna blondynka, oczy niebieskie. Witkacy jest zafascynowany jej twarzą, kreśli ją na kartonie przypiętym do deski do rysowania. Potem mówi coś i znika w sąsiednim pokoju, przez uchylone drzwi widać rude włosy, zgrabne długie nogi. A że modelka nie rozumie po angielsku ni w ząb, nie wie, że ta wysoka wytworna pani to żona artysty. W ogóle niewiele rozumie z całej tej sytuacji, w której się znalazła na własne życzenie. Nie może przecież powiedzieć, że pan malarz zmusił ją do przyjścia. Zaintrygował, owszem. Był zdeterminowany. Nie znała wcześniej żadnego artysty, nigdy nie pozowała do portretu. Czuje się speszona, ale i wyróżniona. Na własnej skórze odczuwa już urok i demonizm Witkacego. Przy nim można się poczuć wyjątkowo. Chyba każda kobieta musi to czuć. Każda mogłaby zakrzyknąć: „A myślę, że dawno nie byłam tak bardzo kobietą jak w tej chwili"[8]. On to wie i potrafi wykorzystać.

Żona jubilera z prowincjonalnej Częstochowy, młoda mężatka z wizytą u krewnych w Warszawie, spotkała więc Stanisława Ignacego Witkiewicza. Jeszcze nie wie, że to spotkanie odmieni całe jej życie, że dla niej też otworzy się przeznaczenie.

Był dzień wiosenny, pogodny – wspominała. – Szłam z moją ciotką ulicą Chmielną w kierunku Marszałkowskiej. W pewnej chwili ciotka powiedziała: „Przyspieszmy kroku, bo idzie za nami jakiś dziwny typ i bez przerwy nas obserwuje. Pewnie wariat". Obejrzałam się. Ten człowiek wyglądał rzeczywiście dziwacznie na tle warszawskiej ulicy. Niezwykle wysoki, już niemłody. Można by go było uważać nawet za bardzo przystojnego, gdyby nie śmieszny ubiór – sportowe pumpy, jakaś kurtka czy wiatrówka ściągnięta mocno szerokim pasem, a na głowie ogromny biały kapelusz. Spod tego kapelusza patrzyły na mnie płonące, ponure oczy. Nieprzyjemnie przeszywało to spojrzenie. Zanim ochłonęłam ze zdziwienia, „typ" zastąpił nam drogę i przedstawił się bez długich wstępów: „Witkiewicz, Witkacy jestem". I zwracając się do mnie, zapytał: „Czy mogę namalować pani portret?". Ciotce na szczęście nie było obce nazwisko Stanisława Ignacego Witkiewicza – Witkacego, postaci znanej i popularnej w warszawskim i zakopiańskim świecie artystycznym, więc uspokoiwszy się, że to nie wariat, zapytała, gdzie mam mu pozować do portretu.[9]

Innym razem opowie:

Ja mu przypominałam kogoś. Dlatego on leciał w Warszawie za mną, jak mnie zobaczył, no bo... zobaczył sobowtór. I biegł za nami, bo mówi, że zniknę mu z ócz, myślał, że wstała z grobu... ktoś... kiedyś... jakąś panią znał... która umarła, czy wyjechała, nie wiem. Ale w każdym razie, jak mnie zobaczył, mówi, zobaczył sobowtóra na ulicy. A poza tym mam asymetryczną twarz, owal twarzy, krzywe oko.[10]

Niezbyt składnie opowiada ta żona jubilera z prowincji, brak jej wykształcenia, ogłady i swady. Przy pozowaniu jest usztywniona i stremowana, trudno jej się otworzyć, zdjąć kapelusz (to te czasy, kiedy na mieście, w kawiarni, z wizytą, w każdej oficjalnej sytuacji na kobiecej głowie mocno przyszpilony do fryzury siedzi kapelusz), odłożyć kurczowo ściskaną w dłoni torebkę. Nic dziwnego, że Witkacy nie jest rad z efektu jej pozowania ani ze swego rysowania.

Ich historia nie skończy się na jednym portrecie. Będą kolejne seanse, w Warszawie i w Zakopanem. Długo się poznają, docierają. On nawet na którymś z pierwszych portretów pisze „T.U. – Upadek Talentu". Ma cały arsenał takich skrótów. Z czasem żona jubilera z Częstochowy stanie się dla Witkacego po prostu Panią Hanką – tak ją nazywał, tak adresował listy. Sportretuje ją ponad sto razy.

Naprawdę ma na imię Eugenia, na drugie Anna. Może zdrobnienie Gienia brzmi dla artysty zbyt pospolicie, może ona sama woli być Anną? Do momentu spotkania Witkacego jej biografia jest mało

Asymetryczna Dama – portret Eugenii Wyszomirskiej-Kuźnickiej,
1937, Muzeum Historii Katowic

spektakularna – dziewczyna z wielodzietnej robotniczej rodziny, i ta nijaka Częstochowa, gdzie poza klasztorem na Jasnej Górze, poza cudownym obrazem Matki Boskiej brak cudów i życie jest bardzo zwyczajne. Wprawdzie w wieku dziewiętnastu lat Gienia Sikora robi świetną konkietę i poślubia młodego miejscowego jubilera, Władysława Wyszomirskiego. Zaraz potem zachodzi w ciążę, synek dostaje imię po tacie – Władzio. Dwóch swoich Władziów i miasto bez cudów porzuci z czasem dla innego życia. Porzuci świadomie i chyba bez żalu. Kto by pomyślał. Kiedy spotyka Witkacego, jest już stateczną trzydziestolatką. Ładną i elegancką. Wystarczą niespełna dwa lata i kilka wyjazdów do Zakopanego, kilkanaście seansów portretowych i Gienia vel Pani Hanka nie wróci już do Częstochowy, do mieszkania za sklepem jubilera. Zakopane ją wciąga tak, że 4 czerwca 1935 roku wychodzi tu za mąż za prawdziwego górala Józefa Stopkę zwanego Krzeptowskim, ratownika Tatrzańskiego Ochotniczego Pogotowia Ratunkowego.

Witkacy ma teraz swą modelkę na wyciągnięcie ręki. Pani Hanka jest w pewnym sensie muzą, raczej bez erotycznego podtekstu. Słowa Florestana z dramatu Nowe wyzwolenie Witkacego pasują tu jak ulał: „Nie mogę powiedzieć, żebym się w pani kochał. W każdym razie nie jest pani częścią tła, tylko odrębnym kompleksem bardzo zawiłych kombinacji. Jest pani jako taka w mojej świadomości. To dużo, to bardzo dużo"[11].

Chodzą na spacery, choćby w towarzystwie Józefa Głogowskiego, szefa tutejszej elektrowni i fotografa amatora, oraz jego żony Walerii, przesiadują w lokalach – u Trzaski, u Karpowicza, w Morskim Oku, od czasu do czasu jedzą we dwoje obiad u Witkacego na Antałówce. „Szanowna i Droga Pani – pisze Witkacy do Pani Hanki z Krakowa 3 lutego 1935 roku. – Donoszę uprzejmie, że przyjadę we wtorek. Może Pani zajdzie do mnie p. południu – np. od 3–5. Nie wiem, czy mnie tu śnik nie zasypie w tym Krakowie. Łączę pozdrowienia i wyrazy szacunku. W"[12]. „Czemu Pani nie przyszła na obiad we czwartek – pyta 23 lipca 1936 roku. – Byłem i jestem tym zmartwiony. Czekam jutro, w piątek, ale o 1szej punktualnie. Jestem niespokojny, że może się pani coś stało, bo chyba nie mogę posądzić Pani o «demonizm»"[13].

No i on ją rysuje. „Pałam chęcią rysowania Jej Asymetrii"[14], donosi 14 lipca 1937 roku. Tych portretów Asymetrycznej Damy, bo taki przydomek zyska sobie Pani Hanka wśród badaczy twórczości Witkacego, zachowało się około trzydziestu (dwadzieścia siedem z nich sama modelka pod koniec życia podarowała miastu Katowice). Witkacy portretuje ją realistycznie, „na słodko" i bardziej wyraziście, ekspresyjnie, zdarza się, że pracuje pod wpływem alkoholu i narkotyków. Ciekawe, co rzekłaby na te szaleństwa częstochowska rodzina Eugenii? Krewni odczuliby zgorszenie. Upadek, stwierdziliby, zupełny upadek.

Dobrze się razem jednak bawią. Witkacy portretuje swą oddaną modelkę nawet w balowym kostiumie, z głową spowitą w tiulowy welon, i dodaje komentarz: „Zawinięta w tiul, czuję dziwny ból, jakby mnie ktoś ach, więc pan..."[15].

Nina spotka Panią Hankę w Zakopanem raz czy dwa. Wspólnie z Witkacym wybiorą się na wycieczkę w góry. Zauważy, że nieśmiała modelka zmieniła się, nabrała pewności siebie. Zakopane jej służy, bycie muzą jej służy. Nie krępuje się nawet rzec Witkacemu, że nie lubi jego sztuk. Obraził się, wiadomo, szybko się jednak pogodzili. Wciąż „pała chęcią rysowania Jej Asymetrii". Z tyloma znajomymi zrywa nieodwołalnie, a modelce o opadniętej powiece przebacza.

Po drugiej wojnie światowej Eugenia Wyszomirska zamieszkała w Katowicach. Prowadziła mały zakład fotograficzny specjalizujący się w staroświeckich zdjęciach ślubnych. Wyszła za mąż za jedenaście lat młodszego od siebie Waleriana Kuźnickiego, po jakimś czasie się rozwiedli, czy raczej ona z nim. Ściany mieszkania obwiesiła swoimi portretami, przeglądała się w nich jak w lustrze. Na początku lat sześćdziesiątych zaczęła je wystawiać, promować swoją kolekcję witkaców, wspominać czasy bycia muzą Stanisława Ignacego Witkiewicza. Żałowała, że nie zdążyła mu pozować ten jeden, ostatni raz, latem 1939 roku.

Pisał do mnie, że chce jeszcze obraz, ponieważ wojna wisi w powietrzu, chciałby jeszcze jeden obraz zrobić, no, niestety, ja byłam bardzo zajęta, zresztą nie było wtedy mowy o tym, o pozowaniu, a poza tym każdy miał zupełnie co innego na głowie... jeszcze obiecywał, że gdziekolwiek będzie, to zaraz napisze. Czekałam. No, niestety... Dowiedziałam się w pięćdziesiątym którymś roku, że on nie żyje...[16]

Asymetryczna Dama zmarła w 1979 roku.

Ten jej pierwszy portret nie zachował się do naszych czasów. Wiadomo tylko tyle, że modelka była stremowana, a i malarz w dziwnym nastroju, może spięty, więc portret pewnie kolorystycznie nieciekawy, bez polotu, bez pazura, banalny. Żeby wytropić podobieństwa do Jadwigi Janczewskiej, trzeba by sięgnąć do albumu z jej zdjęciami. Stanisław Ignacy Witkiewicz wywoływał je już po śmierci narzeczonej. Ciasno kadrował jej twarz, w ten swój charakterystyczny sposób portretowania. Cierpiał wtedy straszliwie. Nieustannie myślał o tym, żeby ze sobą skończyć.

Spotkało mnie najstraszniejsze nieszczęście, jakie być może – pisał pod koniec lutego 1914 roku do przyjaciela Bronisława Malinowskiego. – Nieszczęsna panna Jadwiga popełniła samobójstwo. Wiele było w tym, co zaszło od początku tego roku, mojej winy. Czułem się b. źle, ona brała to do siebie i wynikły stąd rzeczy, które przy fatalnym zbiegu okoliczności doprowadziły Ją do tego. Gdyby nie Matka, już bym dawno nie żył. Straszną odpowiedzialność biorą ci, którzy żyć każą mimo zupełnej niemożliwości życia. Jestem człowiekiem

Eugenia Wyszomirska-Kuźnicka na tle portretów
z cyklu *Asymetryczna Dama*

złamanym kompletnie. Dla Niej tylko coś robiłem w sztuce, czując się niepotrzebnym. Jestem, o ile mi się zdaje, zupełnie skończony jako artysta. Ale póki Matka żyje, żyć muszę i mam obowiązek żyć z Nią, i zdać sprawę z tego okresu życia, i postanowiłem przez gwałt pracować, jak przez gwałt żyję. Mogłem Ją zatrzymać nad brzegiem przepaści i nie zrobiłem tego. Ten wyrzut mnie zabija, a oprócz tego jestem sam i czuję się opuszczony przez wszystko. [...] Na jak długo wystarczy mi sił, aby żyć tak dalej – nie wiem. Boję się obłędu najbardziej, bobym już nie panował nad kwestią śmierci.

Tydzień upłynął od tego czasu. Chwilami nie wierzę, że się to stało. Czasem myślę, że to były lata całe, a czasem, że tylko co się stało.

Każdy dzień jest coraz gorszy i jedyna myśl to chęć skończenia wszystkiego. Mógłbym usprawiedliwić to życie jakąś niesłychaną twórczością. Ale jej przed sobą nie widzę. Nic prócz straszliwej pustki życia już po śmierci istotnej wszystkiego, dla czego żyć warto.[17]

Teraz, po niemal dwudziestu latach od tamtych wydarzeń, emocje osłabły, pozostał cień tragedii. Stanisław Ignacy Witkiewicz jest tylko trochę zgnębiony, zły, bo wiele sobie obiecywał po tym seansie portretowym, a efekt wyszedł zgoła mizerny. Cała nadzieja w tym, że żona jubilera da się namówić na następne spotkanie w Zakopanem. I może spotkanie z Czesią poprawi mu humor. A może wprost przeciwnie, bo wiadomo, różnie tam u nich bywa, więcej jest awantur i rozstań niż harmonijnego pożycia. Na wieść o ekscytacji nową modelką kochanka gotowa zareagować histerycznie i wywinąć jakiś nowy szpryngiel.

Stanisław Ignacy i Jadwiga Witkiewiczowie
w mieszkaniu przy ul. Brackiej 23

SMYCZ

W mieszkaniu Niny w kamienicy przy Brackiej 23 w Warszawie mąż ma oddzielny pokój. Oddzielne pokoje to ich specjalność. Niemal od początku małżeństwa, jeszcze w Zakopanem, mieli osobne sypialnie. Przy tak odmiennych temperamentach erotycznych oraz oczekiwaniach życiowych to najlepsze rozwiązanie. On szuka mocnych przeżyć, ona deklaruje, że potrzebuje spokoju i odpoczynku. Żona przyznaje, że nie nadąża za tempem jego życia towarzyskiego.

Nina już dawno zgodziła się ze Stasiem, że jest oziębła i że to okropnie psuje ich życie seksualne, a co za tym idzie – wpływa na całokształt związku.

Była jeszcze bardzo ważna przeszkoda w osiągnięciu harmonii w naszym małżeństwie – wyzna bez cienia pruderii. – Staś był erotomanem i więcej niż erotomanem, uważał przeżycia seksualne z osobą kochaną za coś bardzo pięknego i istotnego. Ja, niestety, mimo pozorów „wampa", byłam pozbawiona temperamentu i o ile lubiłam bardzo całować się i pieścić, że się tak wyrażę „niewinnie", o tyle te poważne sprawy nudziły mnie i męczyły, i znajdowałam w nich mało przyjemności, a nie chciałam udawać, że coś odczuwam. Staś wyobrażał sobie – zupełnie niesłusznie, bo z najbardziej ukochanym człowiekiem w moim życiu nie zaznałam prawdziwej rozkoszy fizycznej – że dlatego nic nie odczuwam, że nie kocham

Go i że gdyby na jego miejscu znalazł się jakiś Savoya lub Wittelsbach, byłoby inaczej. Nie mogłam Go przekonać, że tak nie jest, i dopiero po wielu latach uwierzył, że nie jestem w ogóle 100-procentową kobietą.[1]

Dziwne wydaje się to umniejszanie przez nią własnej seksualności i atrakcyjności, jakby mimo woli usprawiedliwiała zdrady męża.

A zdradził ją w trzy miesiące po ślubie. „Czyż jest coś piękniejszego niż dwa palące się do siebie ciała?"[2] – zapyta Witkacy w *Nienasyceniu*. Przepraszał, płakał, kajał się, obiecywał poprawę i znowu zdradzał. Potem już nie obiecuje poprawy, tylko latami urabia żonę w kierunku związku opartego na wolności. Nie może zaprzeczyć, że jej nie ostrzegał, już w liście z okresu narzeczeństwa deklarował:

> Zupełna swoboda, brak obrzydliwego poczucia własności drugiego człowieka musi się opierać na wierze. A jeśli tę wiarę stara się komuś odebrać świadomie, wywołując w nim diabła, to zasada swobody staje się zwykłym cynizmem i wyklucza wszelkie istotne przywiązanie. A bez niej nasz fantastyczny stosunek staje się nie czymś pięknym i wyjątkowym, tylko „pure nonsense'em" o charakterze demonicznym, co implikuje u mnie powstanie na nowo całej perwersji i chęci zniszczenia. Ale wtedy wolę nie być z Tobą, do której jestem *au fond* bardziej przywiązany niż Tobie, a nawet mnie się zdaje. *I have spoken* i chciałbym, aby to było ostatni raz. Przez te dwa dni miałem poczucie, że świat jest bezbarwną fotografią. Teraz kolory zabłysły na nowo. Ale pamiętaj, wszystko jest ograniczone i jak mi się kiedy wszystko raz dobrze przekręci, to ani Ty, ani sam diabeł nie odkręcicie mnie na powrót.[3]

SMYCZ

Dwa lata po ślubie, w 1925 roku, Nina ucieka z Zakopanego, osiada w Warszawie i zaczyna rozważać definitywne rozstanie z mężem. Bywają – jak wspominano – okresy, kiedy odmawia Witkacemu możliwości zatrzymania się na Brackiej podczas bytności w Warszawie. Ten śle do niej list za listem. „Nie chcę Cię opuszczać i tracić Ciebie, ale w tym stanie egzystować też nie mogę – pisze. – Z Twojej wyżyny beznamiętnej obojętności musisz wejrzeć na mnie jako na normalnego człowieka, który w więzieniu jest do niczego"[4]. Innym razem przekonuje:

> Kiedy to, że mimo potwornych rzeczy, które mi wyrządziłaś, kocham Ciebie i nie chcę się rozstać z Tobą. Nie możesz się czuć opuszczona. Tylko przezwyciężenie przesądów takich może być podstawą do prawdziwego szczęścia. Dziś pytałem ogólnie Chwistkową, co myśli o zdradzie mał[żeńskiej] (Leon puszczał się całe lata z jakąś Żydówą, ma stałą kochankę automobilową i wiele innych przygodnych).
> Ona: – O zdradzie Leona?
> Ja: – Tak, jeśli Pani tak otwarcie mówi.
> Ona: – Niewiele mnie to obchodzi.
> Ja: – Na jakiej podstawie zdobyła pani takie stanowisko?
> Ona: – Nie ubędzie mi go od tego.
> Ja: – A nie ma Pani do niego wstrętu?
> Ona: – Nie – wolę to, niż żeby był ponury – wtedy mam do niego wstręt.
> Obecny przy tym Leon spytał: – Czyż moja żona nie jest urocza? – Musiałem przyznać mu słuszność. [...]
> Absolutnie nie uważam Cię za opuszczoną. Dom stoi otworem. Jestem idealnym mężem w porównaniu do innych. Ale w klatce zdechnę marnie. Taką mam naturę.[5]

I dalej:

Czekam, kiedy Ci się nareszcie zmieni światopogląd. To musi nastąpić wreszcie. Nigdy nie jest za późno.[6]

Nina najwyraźniej długo walczy o małżeństwo oparte na wzajemnej wierności, bo Witkacy odpisuje niestrudzenie, forsując swoje przekonania:

> Kiedy właśnie o to chodzi, że ja mogę ręczyć zupełnie za długowieczne moje przywiązanie do Ciebie istotne, a nie mogę tylko ręczyć za uczucie erotyczne. I to, że Cię kocham, jest zawsze prawdą, tylko nienawidzę Cię wtedy, jeśli stajesz się dla mnie symbolem wyrzeczenia się. Ja się mogę wyrzekać dla własnej doskonałości, ale nie mogę tego robić dla kogoś, bo go wtedy nienawidzę. Czasami tak piszesz, jakbyś zupełnie mnie nie rozumiała. Ja też byłbym jedynie wtedy względnie szczęśliwy, gdybyśmy mogli ułożyć razem nasze życie. Ciągle chodzę z wydartym bokiem po stronie serca.[7]

Kwestia wolności co rusz jest poruszana w korespondencji obojga (niestety listy Jadwigi Witkiewiczowej do męża nie zachowały się, ale odpowiedzi Witkacego dają w miarę pełny obraz dyskusji małżonków).

Ach, Nineczko – pisze Witkacy 12 marca 1929 roku. – Przecież nigdy od Ciebie duchowo nie uciekałem, chyba wtedy, gdy brałaś mnie na fiz[yczny] łańcuch. Ale tak samo znienawidziłbym królową Sabę i każdą z „moich kobiet", jeślibym musiał przy nich tkwić z obowiązku. Cała rzecz to swoboda. A przecież z żadną kobietą nie wytrzymałem tyle, co z Tobą = 6 lat. To piekielna rzecz. A kocham Cię nie na papierze, tylko naprawdę, ale nie mogę się zmuszać do pewnych rzeczy i na bezludnej wyspie byłoby to samo, i musiałbym Cię znienawidzić. Więc pora skończyć pretensje (że mam zielone oczy).[8]

We wrześniu tego roku pyta żonę:

Czego chcesz – dlaczego nie możesz być ze mną po pół roku co roku, jeśli jesteś właśnie tak na mnie napompowana, jak piszesz. Dlaczego W[arszawa], Piotrowo i P[oznań] miały być z wynikiem negatywnym. Kiedy było nam tak dobrze. Więc czyż chodzi jedynie o te przeklęte płciowe historie, co do których nikt przecie (z mężczyzn) nie miał inaczej urządzonych, a stary Borę zawsze twierdził, że m[ężczyzna] musi mieć wiele kobiet i że pożycie z jedną tylko jest formą onanizmu.[9]

Witkacy radykalnie rozdziela miłość i erotykę. Małżeński spór o pryncypia trwa latami. „Ja przecież też chcę, żebyśmy byli razem – pisze do Niny 16 marca 1929 roku. – Kwestia rozbija się o erotyczne kombinacje, które były od początku zlekceważone. Każdy obiektywny świadek (Bóg np.) musiałby przyznać, że byłem mężem idealnym, a przy tym kocham dalej i nie mam zamiaru opuścić. Wstrzymajcie śmiech, przyjaciele – ale trochę sprawiedliwości, bo już nie mogę. Dosyć"[10]. Skwapliwie zapewnia żonę o dozgonnej miłości i donosi o kolejnych podbojach, udanych i nieudanych – choćby o Oli Ozerkowskiej, filigranowej urzędniczce z Łodzi, o której pisze: „Ozerkowska zmanierowała się i nie chce się rozdławdziewiczyć – więc co mi po niej"[11].

Poglądy na temat wierności wykłada także w swoich dramatach: „Och, co za szczęście! Móc kochać tylko jedną istotę, a na wszystkie dziewczynki świata patrzeć jak na stada pingwinów lub istoty z innej planety"[12] albo: „Po pewnym czasie na najpiękniejszą twarz, na jakieś niebywałej piękności nogi patrzy się tak jak na chiński wazon. Owszem, ocenia się ich piękność, na zimno, obiektywnie,

Jadwiga Witkiewiczowa, Stanisław Ignacy Witkiewicz, Roman Jasiński (?)

ale wprost nie można sobie wyobrazić, że to mogło człowieka doprowadzać do szaleństwa, do tego, że stawał się dzikim zwierzem lub zwykłym seksualnym psychopatą"[13].

Kiedy odkryłam, że Staś mnie zdradza, byłam w rozpaczy – wspominała szczerze Nina – i zaraz powiedziałam mu o tym, że wiem i że wobec tego trzeba będzie się rozstać, bo nasze małżeństwo może mieć sens jakiś jedynie przy wzajemnej miłości, wobec tego, że nie mamy ani własnego domu, ani dzieci – tych ogólnie wiążących okoliczności. Długo rozmawialiśmy, płacząc oboje, skończyło się na tym, że Staś obiecał mi wierność, bylebym tylko nie opuszczała go, bo – jak się wyraził – żyć beze mnie nie może. Jakiś czas był spokój, ale wkrótce rozpoczęło się wszystko na nowo. [...] I tak to trwało, ale coraz więcej było kobiet w jego życiu, aż wreszcie przestaliśmy być małżeństwem, tylko dobrymi przyjaciółmi.[14]

Żona, nawet jeśli cierpi, jeśli czuje się zraniona w swej miłości własnej, to nie pokazuje emocji na zewnątrz. „Nie dawała po sobie poznać, co czuje wobec wybryków Stasia"[15] – mówią Maria i Edmund Strążyscy.

„Wyjątkowe małżeństwo – oceniają ich ludzie – na zasadzie obopólnej tolerancji i głębokiego związku duchowego, przyjaźni, lojalności"[16].

W przekabaceniu Niny na model „małżeństwa koleżeńskiego" przychodzą Witkacemu w sukurs literatura i teatr – temat zyskuje na popularności, wchodzi do dyskusji na temat współczesnej obyczajowości. Stanisław Ignacy Witkiewicz nie jest więc w swych poglądach taki zupełnie odosobniony. Wystarczy wspomnieć, co Tadeusz Boy-Żeleński pisał w recenzji sztuki Williama Somerseta Maughama *Oto kobieta*: „I oto mamy małżeństwo na nowych podstawach – dwoje ludzi wolnych, mieszkających pod jednym dachem, którzy mogą się rozchodzić, schodzić bez hałasu, z każdej sytuacji wynoszący nietknięty skarb wzajemnej przyjaźni i dobrego wychowania. Idylla"[17]. Kiedy w 1931 roku nakładem wydawnictwa Rój ukazuje się polski przekład książki angielskiego filozofa i etyka Bertranda Russella *Małżeństwo i moralność*, Witkacy jest zachwycony. W listach dopytuje Ninę, czy już przeczytała tę obowiązkową lekturę. Russell przekonuje, że zdrada jednej lub drugiej strony wcale nie jest powodem do rozpadu związku, że podstawą małżeństwa winna być tolerancja, zwłaszcza w sprawach erotycznych. Spoiwem związku ma być przyjaźń. Witkacy właśnie tak myśli (i robi) – koniec kropka. „Małżeństwo [...] przebyło różne etapy – pisze Boy – długi czas opierało się na przemocy, potem na kłamstwie, i oto próba oparcia go na wolności i na prawdzie"[18].

Rimma Szturm de Sztrem, przyjaciółka Niny, wspominając niestandardowy związek Witkiewiczów, mówiła:

> W końcu przyjęli zasadę, że mieszkają osobno, dają sobie całkowitą swobodę i tolerancję, ale nie zrywając przyjaźni i zażyłości, która była dla nich najważniejsza. Byli sobie potrzebni jako wzajemne oparcie, zachowując całkowitą obustronną szczerość. [...] Taki status małżeństwa jak Niny i Stasia nie był czymś spotykanym, ale ponieważ oboje prowadzili swoje życie z wielką kulturą i taktem, bez skandali i nie wystawiając wzajemnie swych honorów na szwank, wszyscy się z tym pogodzili i nie robili żadnemu z nich afrontów. Tzn. przyjaciele Niny szanowali Stasia i odwrotnie. [...] Nina nie była dla Witkacego partnerką intelektualną. Nie dzielił się z nią swoimi dociekaniami, nie rozmawiali na tematy filozoficzne czy estetyczne, choć posyłał jej do czytania (i przepisywania) pisane właśnie powieści czy artykuły. Dzięki jednak jej kulturze – ponadto była czuła, subtelna i „psychicznie rozbudowana" – miał w niej towarzyszkę przeżyć psychicznych,

stąd właśnie owe niezliczone listy z opisami najmniejszych doznań, odczuć i wrażeń.[19]

Witkacy czuje się jak Pigmalion, żona jest jego Galateą, którą edukuje i przekabaca na swoje poglądy, na swój model życia. „Jesteś moim tworem – nie istniałaś w ogóle (im allgemeinen), Koteczko, dopóki nie spotkałaś mnie, mnie, mnie" – pisze do niej i dodaje: „wychowałem Cię na wspaniałą, panie, kobitę"[20].

Jadwiga Witkiewiczowa, fot. Stanisław Ignacy Witkiewicz, 1923

NINA

Czy Nina kiedykolwiek wierzyła, że to małżeństwo może się udać? Oświadczyny Stanisława Ignacego Witkiewicza przyjęła od razu, bez namysłu. Jeśli miała wątpliwości, to zdusiła je w zarodku. Małżeństwo z rozsądku. Ona, prawie trzydziestoletnia panna (niedługo zaczęto by o niej mówić „stara panna") bez majątku, on – dobiegający czterdziestki artysta z poczuciem bezsensu życia. Po co się gnębić dumaniem nad tym, czy dobrana z nich para – życie pokaże.

Byliśmy wczoraj całą bandą u Witkacego – pisze Anna Iwaszkiewiczowa w dzienniku pod datą 29 kwietnia 1923 roku. – Narzeczona jego przyjechała, lada dzień ma się odbyć ten tajemniczy ślub. Wszyscy czekają na wiadomość o dokonanym fakcie z szaloną ciekawością. O dniu i dacie wiedzą tylko dwaj świadkowie, Zan i Zamoyski. To nieprawdopodobnie dziwaczne małżeństwo, w które z początku wierzyć nie chciałam, zdaje się nikogo już nie dziwi. Ja za to na nią spojrzałam z innej zupełnie niż dotychczas strony. Wydała mi się inna niż w Warszawie. Widywałam ją zawsze tylko w Ziemiańskiej w kapeluszu i nie rozmawiałam z nią prawie wcale; tak zewnętrznie, jak duchowo widzę w niej teraz zupełnie odmienną istotę. Schudła bardzo; wydała mi się prawie przystojna, kiedy siedziała bokiem do mnie przy oknie, jej ciemnokasztanowate włosy miały odblask rudy, a dziwnie duże złotawe oczy patrzyły poważnie, smutno, a zarazem twardo w przestrzeń. Właściwie szpecą ją tylko usta bezkształtne, grube, prawie murzyńskie. Jest jednak interesująca i rozumiem, że szczególnie takiemu zdegenerowanemu bądź co bądź człowiekowi jak Witkacy może fizycznie bardzo się podobać. Zabrała mnie do siebie, a kiedy zaczęła mówić, widziałam, jak głęboki jest smutek w tej dziewczynie, jaki lęk prawie przed tym decydującym, tak ryzykownym krokiem w jej życiu. I nagle dla tej istoty prawie obcej doznałam tak głębokiego współczucia, takiego gorącego uczucia sympatii i żalu, że ona musiała to odczuć, bo szczerze zupełnie i długo mówiła o sobie, o tym, co ją zdecydowało do tego małżeństwa, jak jej ciężko było rozstawać się z dawnym życiem. Mówiła szczerze, że go nie kocha, ale wierzy, że jest mu potrzebna i że on ma mimo swoich dziwactw dobre serce. Słuchając jej i widząc, że ona jednak wierzy w uczucie z jego strony, z bolesnym niepokojem przypomniałam sobie słowa Tymona N., który twierdził, że Witkacy żeni się dla sensacji, ponieważ dla niego spowiedź, ślub, małżeństwo będą zupełnie nowymi i nadzwyczajnymi wrażeniami. Sądzę, że bez miłości zwłaszcza, nie ryzykowałabym na jej miejscu takiego małżeństwa. Z drugiej strony jednak rozumiem, że nie chciała już dłużej i na całe życie pozostać samotna, że pochlebiało jej poniekąd, że o rękę jej prosił tak znany i wybitny człowiek, że związanie z nim uważała zresztą za mniejsze skrępowanie niż z kimkolwiek innym. To wszystko mówiła szczerze, prosto i smutnie. Biedna dziewczyna! Jak trudno jednak jest kobiecie niezamężnej urządzić sobie życie tak, aby być szczęśliwą.[1]

Jeszcze trochę i Nina skończyłaby jako uboga krewna wisząca na klamce u rodziny. Już i tak wuj Wojciech Kossak pomaga jej finansowo. Może na niego, wziętego malarza, liczyć bardziej niż na ojca, który para się zarządzaniem małym majątkiem ziemskim. Zygmunt Unrug w czasie pierwszej wojny światowej na ochotnika służył w Legionach, później pomaga już tylko krewnym w gospodarstwie tudzież zaczytuje się w filozofii religii. No i z zapałem opowiada o rodzinnych koneksjach, o historii rodu, o młodym młynarczyku, który w 940 roku zebrał zbrojną drużynę i pustoszył włości frankońskiego Herzoga Eberharda, mszcząc się na nim za pohańbienie (*Entehrung*) matki i spowodowanie jej samobójczej śmierci. Pojmany podstępem i z rozkazu cesarza Ottona Wielkiego wrzucony do klatki lwa, siłacz Kurt zdusił lwa gołymi rękami, po czym został przez cesarza ułaskawiony i niebawem nobilitowany za czyny wojenne. [...] Ułaskawiony Kurt nie spoczął, dopóki nie zgładził w boju swego wroga, zbuntowanego przeciw królowi, Herzoga Eberharda von Frankena. [...] Jakoby wtedy to niespokojny i żądny sławy rycerskiej Kurt przezwany został przez towarzyszy broni „Ohne Ruhe", a monarcha w te słowa miał się doń odezwać: „Kurcie Ohne Ruhe, niech za godło szlachectwa służy tobie i twoim potomkom lew, jako symbol twej siły, a zarazem przestroga przeciwko dawniejszym twoim postępkom". Takie miały być początki nazwiska i herbu Unrugów. [...] Całe wieki upłynęły, zanim przezwisko legendarnego protoplasty rodu OHNE RUHE przybrało ostateczną formę niemiecką – UNRUH – czy polską – UNRUG.[2]

Zamiłowanie do genealogii przejmie od Zygmunta Unruga młodsza córka Nina. W rodzinie mówią o Unrugu, że dziwak i oryginał.

Nina nie ma z ojcem specjalnie bliskich kontaktów, nie wiadomo nawet, dlaczego jej matka, Jadwiga z Kossaków Unrużyna (jej ojcem był słynny malarz batalista Juliusz Kossak), odeszła od męża i osiadła z córkami w Warszawie, gdzie w Alei Jerozolimskiej (po 1919 roku nazwę zastąpiono Alejami Jerozolimskimi)

Portret Jadwigi Witkiewiczowej, 1929, kolekcja prywatna

pod numerem 37 ze wspólniczką prowadziła pensjonat. A przecież małżeństwo z przystojnym i ustosunkowanym, choć niezamożnym, Zygmuntem Unrugiem zawarła podobno z miłości. „Ślub odbył się na Wawelu w przepysznej Kaplicy Zygmuntowskiej, gdzie staruszek X. Polkowski udzielił P.P. młodym błogosławieństwa w bardzo pięknej przemowie"³ – pisała w pamiętniku Aniela z Kurantowskich Gałczyńska, teściowa Juliusza Kossaka.

Unrugowie doczekali się dwóch córek – 28 września 1889 roku przyszła na świat Zofia, a 24 sierpnia 1893 roku, w majątku Mokijówka na Wołyniu, administrowanym przez Unruga, urodziła się młodsza córka Jadwiga, na którą wszyscy wołają Nina. Matkę i starszą siostrę Nina straci podczas pierwszej wojny światowej – obie zmarły na gruźlicę.

Jadwiga Unrużanka jest dobrze wychowana i wykształcona – zna biegle kilka języków, ukończyła szkołę średnią Anieli Wareckiej w Warszawie, tyle że nie ma posagu. Nawet wuj Wojciech Kossak nie może jej pomóc, ma przecież dwie córki i syna, na których nie może nastarczyć z pieniędzmi. Nawet dorosłym dzieciom wypłaca miesięczne pensje, spłaca ich długi i utrzymuje wnuki, bo wraz z powiększeniem się rodziny rosną wydatki.

Trzeba dopiero ekscentrycznego Witkacego, żeby przed Niną zaświtała możliwość zamążpójścia. On na takie przyziemne rzeczy jak posag nie zważa.

„Moja narzeczona nic nie ma (ale za to pochodzi z IX w. po Chrystusie) i jest b. sympatyczna – pisze Witkacy do krewnych Jadwigi i Leona Reynelów. – Ma 30 lat i nie kocha mnie wcale – to jest b. ważna zaleta. Czemu za mnie wychodzi, jest tajemnicą kompletną, której przez wrodzoną dyskrecję nie chcę badać"⁴.

Na wieść o ślubie siostrzenicy Wojciech Kossak donosi żonie: „Z mariażu Ninki bardzo się tutaj cieszymy, bo rzeczywiście szans miała bardzo mało, a tak ma Zakopane za darmo i może wydobrzeje"⁵.

* * *

Witkacy szuka w małżeństwie ratunku, odrobiny sensu życia, leku na wszechogarniające go poczucie bezsensu, choć przecież wie już, że to niemożliwe, że ratunek będzie złudny. „[...] żadna, nawet największa miłość do kobiety pokonania tej samotności dać nie może. Z kobietą można się zniszczyć albo spospolicieć i zmarnieć, albo co najwyżej żyć tym normalnym życiem pracującego w społecznej maszynie automatu. Może najlepiej w łeb sobie palnąć od razu"[6].

Rok 1923 uznaje za przełomowy w swoim życiu – coś musi się zdarzyć, wymyśla więc, że pora na żonę. Do podjęcia tej ważnej decyzji nastraja go wizyta u znanej wróżki Heleny Massalskiej-Krüdener, do której wybrał się w ostatnich dniach 1922 roku.

Podekscytowany pisze do przyjaciółki Kazimiery Żuławskiej: „Wróżka w Warszawie (koniecznie pójdźcie, o dziatki – Hotel Słowiański, Podwale, Helena Massalska) przepowiedziała mi wielką zmianę w 1923. Ja sam to czułem. Albo zginę marnie w tym roku, albo coś się zacznie innego – bo tak już dłużej wytrzymać nie można"[7].

Intensywnie szuka narzeczonej. Zresztą wcześniej też mu się to już zdarzało – kiedy przebolał stratę Jadwigi Janczewskiej i po pobycie w Rosji w czasie pierwszej wojny światowej wrócił do Polski, nieraz chciał się zaręczać i żenić, choćby z Zofią Fajans. 27 października 1919 roku zwierza się Emilowi Breiterowi:

> Ja na pewno pojadę na dwa miesiące do Krakowa, aby skończyć z Tryprem, który mi zmienia zanadto światopogląd. Jedyna osoba, którą uznaję, jest p. Z. Fajans [córka bogatego finansisty warszawskiego]. Maluję rzeczy perwersyjne, napisałem artykuł o demonizmie zakopiańskim, który Ci przyszlę. [...] Stan moich nerwów nietęgi i melancholia mnie dręczy.

Walczę z różnymi widmami. Gdybym mógł 5 minut mówić z Zofią Fajans, czułbym się zupełnie inaczej. Jest to najpiękniejsza i najbardziej istotna osoba na świecie. Oczywiście tylko przez krew semicką.[8]

Zakochanie się Witkacego nie gwarantuje żadnej pannie wyłączności. „Szalenie mi się chce dziewczynek, a na razie nie mam żadnej"[9] – informuje Witkacy Leona Reynela kilka miesięcy później. Teraz wśród potencjalnych kandydatek na żonę jest między innymi Elżbieta Eichenweldówna, nazywana przez Witkacego „Królową Cykorii". Witkacy najwyraźniej wiąże z nią duże nadzieje, nawet spędza święta Bożego Narodzenia 1922 roku u Eichenweldów, ale ostatecznie nie decyduje się prosić panny o rękę. Pisze do Bronisława Malinowskiego:

> Moje małżeństwo nie może w tej chwili dojść do skutku, a to z powodu całkowitego braku jakichkolwiek uczuć wobec mnie ze strony damy, o którą chodzi. Jeszcze trochę poczekam (pewnie do marca), a tymczasem rozejrzę się za czymś innym i może lepszym. Zdaje się, że pierwszy raz w życiu zakochałem się bez najmniejszej wzajemności. Co sądzisz (ty i Pani Elsie) o tym, żebym się ożenił z młodą Żydówką, dziewiętnastoletnią damą, straszliwie inteligentną i bardzo bogatą! Proszę, odpisz mi natychmiast, bo jest to najbardziej niebezpieczna chwila w moim życiu. Pędzę jak pociąg ekspresowy, a po drodze żadnych sygnałów. Ta pierwsza dama jest córką tak zwanego „króla Cykorii" (Polaka), blondynką i córką mojej trzeciej miłości. Ale ta przeklęta bestyjka (także dziewiętnastoletnia) kocha się w jakimś cholernym młodym łajdaku, a ja nie cierpię rywali. Wiesz, że kiedy muszę walczyć o dziewczynę, trafia mnie zupełny paraliż. Gdyby nie szło o małżeństwo, bez trudu załatwiłbym przeklętego drania

swoją zakopiańską demonicznością – ot tak, dla sportu. Ale kiedy się serio angażuję, tracę całą demoniczność, staję się podstarzałym durniem i opuszczają mnie wszystkie siły. Ona też ma kropelkę żydowskiej krwi, po ojcu, i jest ogromnie bogata. Ta druga, czystej krwi Żydówka, nie ma takich jasnych włosów, ale bez porównania większą inteligencję. Co robić?[10]

Sam sobie odpowie na to pytanie, znajdując trzecią możliwość rozwiązania kwestii matrymonialnej: 9 lutego 1923 roku w Zakopanem oświadcza się Jadwidze Unrużance. „Była cudowna, wyiskrzona gwiazdami noc, taka, jakie tylko w Zakopanem bywają – wspominała Nina. – Staś zaproponował mi spacer, poszliśmy w kierunku Kuźnic; pierwsze słowa, które Staś wypowiedział, były: «Czy pani zechciałaby zostać moją żoną?», a po mojej przychylnej odpowiedzi dziękował mi najczulej"[11].

Witkacy i Nina poznali się późną jesienią 1922 roku. Ona od kilku tygodni przebywała w Zakopanem, gdyż cierpiała wskutek nawracających problemów z płucami. Zdążyła już poznać plejadę zakopiańskich artystów, między innymi Tymona Niesiołowskiego i Stryjeńskich, a Witkacego ciągle nie. „Pokazywano mi go, ale jakoś był nieosiągalny i nawet mnie to korciło, że nie mogę go poznać, jako jedną z większych osobliwości Zakopanego"[12] – pisała Nina. Do spotkania doszło w końcu podczas podwieczorku w pracowni u Wandy Kosseckiej, która prowadziła wytwórnię artystycznych kilimów Tarkos. Kiedy goście się rozeszli, Nina usłyszała od Wandy, że zrobiła na Witkacym duże wrażenie i że nic w tym dziwnego, bo jest w jego typie. Jak wyjęta z kart jego dramatu *Maciej Korbowa i Bellatrix*: „Ruda albinoska, oczy skośne, bardzo zmysłowe grube usta, szalone wrażenie musi robić na mężczyznach"[13]. Umówili się, że w najbliższych dniach zapozuje Witkacemu do portretu, ale nie pokazał się u niej, zajęty likwidowaniem jakiegoś romansu, tak że z ogromnym żalem musiała wyjechać z Zakopanego. Na ponowną

NINA

kurację przyjechała 6 lutego 1923 roku i wtedy już sprawy potoczyły się wartko – trzy dni później Witkacy się Ninie oświadczył. Nazajutrz po oświadczynach rzekł jej, że jest w niej piekielnie zakochany i że klamka zapadła. Zresztą tuż po poznaniu Jadwigi Unrużanki Stanisław Ignacy Witkiewicz zwierzył się matce, że chętnie by się z tą panną ożenił.

* * *

Klamka zapadła – i szybko zaczęło się komplikować. Wprawdzie krótki okres narzeczeństwa miał miłe preludium, ale o sielance nawet mowy nie było. Nina wspominała, że każdego dnia „po południu lub wieczorem razem odwiedzaliśmy Stasia przyjaciół lub znajomych. Więc Łabuńskich, Zamoyskiego z żoną Ritą Sacchetto, Mieczysławskich – on poeta, gruźlik, w ich pensjonacie zatrzymywali się zwykle literaci, między innymi Słonimski, i był to jeden z domów, w których spotykała się elita zakopiańska: Karol Szymanowski z siostrą, wówczas Grzybowską, Rytard z narzeczoną Heleną Rojówną, Karol Stryjeński z narwaną żoną malarką, Tymon Niesiołowski, Janusz de Beaurain, syn doktora-freudzisty, i in. W naszych narciarskich wyprawach towarzyszyli nam zwykle Beaurain i Rytard z Helą, a nieraz Luś Łabuński, kompozytor. Nie było dnia, żebyśmy skądś po nocy nie wracali [...]. Odbyły się też huczne zaręczyny w Ślimakówce, gdzie mieszkałam, z wielką ilością alkoholu. Działy się tam niesamowite rzeczy, między innymi Tomasz Zan we fraku i Gucio Zamoyski skakali z balkonu pierwszego piętra na śnieg – szczęśliwie nic im się nie stało, ale moja gospodyni Anielcia Gruszecka była przerażona tym wszystkim, jak również Antoni Kamieński, który przy każdej sposobności zwracał mi uwagę, że popełniam szaleństwo, wiążąc się ze Stasiem. Miał zresztą rację, bo już wtedy bywały między nami nieporozumienia, głównie zresztą spowodowane potworną wrażliwością Stasia i zazdrością, także o moją przeszłość"[14].

Stanisław Ignacy Witkiewicz, NN, Jadwiga Witkiewiczowa
na wycieczce w Tatrach, lata 30.

NINA

Kiedy w kwietniu Nina jedzie do Warszawy załatwiać ślubne formalności, atmosfera między narzeczonymi jest do tego stopnia napięta, że Witkacy zaczyna prosić narzeczoną, żeby go nie opuszczała. „Bądź łaskawa zrobić to, co miałaś zamiar, tj. uważać się za moją narzeczoną i dążyć do popełnienia tego potwornego (wprost) szaleństwa: wyjść za mnie za mąż między 20 a 25 IV. Ja ze swej strony zrobię wszystko, żeby Ci życie urozmaicić"[15].

Pisze do niej: „Jesteśmy oboje psychiczni sadyści i fizyczni masochiści – na to trzeba uważać. Ja mój sadyzm mogę opanować i to mi nawet dobrze zrobi"[16]. W listach zapewnia o uczuciu, oczywiście nie byłby sobą, gdyby stan zakochania wprawiał go w jakiś optymizm: „Powtarzam Ci po raz ostatni, że Cię kocham. Co innego, że przeczucie (jak zwykle) mam okropne"[17].

Z Witkacym nic nie może być konwencjonalne, ślub trzymany jest więc w sekrecie. „Stryjeński mówił, że jest szalone zainteresowanie naszym ślubem – donosi Ninie narzeczony. – Trzeba będzie użyć wszelkich możliwych środków, żeby nikogo oprócz świadków nie było"[18]. Podobno pyta Karola Stryjeńskiego: „Jak to trzeba powiedzieć przed ołtarzem, żeby było nieważne?!"[19].

Co czuje Nina, która nie może nawet poinformować rodziny, o zaproszeniu na uroczystość nie mówiąc, nie wiadomo. W pisanych po latach wspomnieniach ani słowa na ten temat nie powie.

Wiadomość o ślubie Jadwigi Unrużanki ze Stanisławem Ignacym Witkiewiczem dociera do jej krewnych przez trzecie osoby. „Ninka wychodzi za mąż? – pyta babcia Juliuszowa Kossakowa synową. – Tę wiadomość przywiózł Piotrowski. [...] Wiadomość ta przez niego przywieziona nie zemocjonowała mnie bynajmniej, bo pewna jestem, że pierwej ja bym była poinformowana jak on"[20].

Konspiracja wokół ślubu utrzymana jest do tego stopnia, że świadek Tomasz Zan nie dotrze na uroczystość.

Stanisław Ignacy i Jadwiga Witkiewiczowie
na wyprawie narciarskiej w Tatrach, lata 30.

NINA

Ślub nasz miał się odbyć 30 kwietnia – wspomina Nina – i na dwa dni przed tym terminem przyjechałam z manatkami do Zakopanego, załatwiwszy w Warszawie formalności. Nikt z przyjaciół Stasia nie wiedział, kiedy odbędzie się nasz ślub, i dopiero 29 kwietnia Staś wysłał do Zana i Zamoyskiego listy utrzymane w stylu rozkazów floty, nakazując, aby dnia tego a tego kapitan Zan względnie Zamoyski nadpłynął o godzinie 9 rano na Równię Krupową w okolicy Kościoła Parafialnego. Zan nie zrozumiał rozkazu pisanego stylem morskim, tak że zjawił się tylko Gucio Zamoyski i na drugiego świadka trzeba było prosić ministranta, młodego Gąsienicę. Poza świadkami (zobowiązanymi do ścisłej tajemnicy) była obecna tylko Matka Stasia. Po południu, jak to często bywało, zeszło się u nas sporo osób, ale dłuższy czas udało się nam zataić, że ślub nasz odbył się. Staś, korzystając z takiej okazji, urżnął się od samego rana i był w doskonałym nastroju, bo nie wódką, tylko winem, przysłanym przez jedną z jego przyjaciółek – królową Cykorii.[21]

Anna Iwaszkiewiczowa pomaga Ninie urządzić się w pokoju w willi Tatry, w pensjonacie, który prowadzi teściowa. Kilka sprzętów, gumowy tub, jakiś kilim na ścianie, kolorowa chusta zarzucona na abażur lampy, tłumiąca światło i czyniąca pomieszczenie bardziej swojskim, przyjaznym, bezpiecznym.

„Moja Nineczko – pisał Witkacy do narzeczonej 11 kwietnia 1923 roku, trzy tygodnie przed ślubem. – Całuję Cię b. i oświadczam Ci, że ½ nadziei mojego dalszego życia jest w Tobie, jakkolwiek czekają nas rzeczy okropne. Myśl dobrze o mnie i nie trać wiary we mnie. Będziesz miała na to czas później"[22].

Portret Marii Witkiewiczowej, ok. 1912,
Muzeum Pomorza Środkowego w Słupsku

MATKA

Matka i synowa najwyraźniej za sobą nie przepadają. Od razu widać, że stosunki między nimi są napięte i niezbyt serdeczne. Magdalena Samozwaniec wspominała, że „Nina traktowała teściową z pewną wyższością i mówiła do niej «pani»". Ale jednocześnie tłumaczyła kuzynkę, że przecież w ich środowisku nie spotykało się wcale takich kobiet jak Maria Witkiewiczowa – zaradnych, zapracowanych i na dodatek – niewierzących.

Mieszkanie pod jednym dachem z Matką Stasia i ciągła z nią styczność były dla mnie bardzo ciężkie – wspominała Nina pierwsze lata małżeńskiego życia. – Toteż korzystałam z każdej sposobności, aby wyjechać – czy to do Krakowa, do Kossaków, czy do Warszawy, lub na wieś do przyjaciół. Matka Stasia – bardzo zresztą dzielna i wartościowa kobieta – była pozbawiona taktu i m.in. o każdej porze dnia i późnego wieczoru wkraczała do pokoju Stasia, a jeśli go tam nie zastała, do mojego. Nawet Stasia to drażniło, a cóż dopiero mnie. W ogóle ciągle ją słyszałam, zaglądała do mnie przez okno, gdy chciała mi coś powiedzieć, tak że stan moich nerwów pogarszał się z dnia na dzień. Naturalnie Staś to odczuwał i było mu przykro, albo robił mi wymówki, że nie znoszę jego matki.[1]

Po dwóch latach mieszkania pod wspólnym dachem w Zakopanem Jadwiga wraca do Warszawy i już na stałe zostaje w stolicy. Znajomi twierdzą, że pani Witkiewiczowa wygryzła Ninę z domu.

* * *

Maria Witkiewiczowa ma mało czasu na życie towarzyskie, choć przez pensjonat, który prowadzi, przewija się wielu kuracjuszy i letników. Co raz też wpada z wizytą ktoś z krewnych czy znajomych bawiących w Zakopanem. A ona, owszem, miło ugości czymś smacznym, zamieni dwa słowa i szybko oddala się do swoich obowiązków. Praca w domu nigdy się nie kończy. Nawet na korespondencję z trudem znajduje czas. Syn w swoich listach nieraz dopisuje kilka słów z pozdrowieniami od matki i tłumaczy ją nawałem pracy. Najważniejszy jest dla niej Staś. Jedyny syn, może i jedyna miłość. Bo ze Stachem – z mężem Stanisławem Witkiewiczem – Maria wielkiej miłości nie zaznała. Wielką miłością to on darzył Helenę Modrzejewską (jeszcze po latach, po premierze *Protesilasa i Laodamii* Wyspiańskiego w Krakowie, pisał do syna, że położył przy sandałach aktorki róże). I to Helena wyswatała Marię ze Stachem.

> Czy pan widuje czasem tę milutką osóbkę, co to „do konserwatorium", wie pan – pyta Modrzejewska Adama Chmielowskiego o pannę Marię Przetkiewiczównę. – Zapomniałam jej nazwiska, przypomnij mi je. Proszę jej powiedzieć, że pierścionek zawsze noszę na palcu jako talizman przed burzą, żółtą febrą i innymi nieszczęściami, że myślę o niej, że jej twarzyczka i czarne głębokie oczka śniły mi się dwa razy. Są osoby, do których czujemy sympatię od pierwszego spojrzenia, ona jest jedną [!] z takich stworzeń – nie znając jej osobiście, już lubiłam jej spojrzenie i myślałam o niej.[2]

MATKA

Korespondowały ze sobą, przyjaźniły się. Helena Modrzejewska uznała widocznie, że Marysia Przetkiewiczówna nada się na żonę dla Stanisława Witkiewicza. Porządna panna z drobnej szlachty ze Żmudzi, wykształcona, wyemancypowana, samodzielna. Niezbyt piękna, ale to przecież nie jest najważniejsze.

Pobrali się w kościele Świętego Aleksandra w Warszawie w 1884 roku. Obrączki mieli srebrne, bo jak po latach Maria pisała do przyszłej synowej, Jadwigi Unrużanki, złote zaraz zastawiliby w lombardzie. Problemy finansowe były ich chlebem powszednim. „Nosiliśmy je ku zdumieniu licznych naszych przyjaciół i znajomych"[3] – wspominała Maria te skromne srebrne obrączki.

„U nas po staremu – donosiła Maria zaraz po ślubie w liście do teściowej, Elwiry Witkiewiczowej. – Stach dostał manii, żeby mieć córkę Anusię, a ja, żeby mieć srebrny łańcuszek do zegarka – oznacza to nienormalny stan obojga. Może i co z tego będzie, ale nie wiem jeszcze co"[4].

24 lutego 1885 roku Witkiewiczom urodził się syn – Stanisław Ignacy. Wołają na niego pieszczotliwie Kalunio (bo taki ładny jest, a po grecku *kalos* to piękny) albo Dziadźka. Maria ma trzydzieści dwa lata. Stara pierworódka jak na ówczesne standardy. Na matkę chrzestną jedynaka Witkiewiczowie proszą Helenę Modrzejewską. Sześć lat poczekają z chrztem Stasia, aż gwiazda wróci z tournée po Ameryce. Wyjechała tuż przed narodzinami małego Witkiewicza. Trzymała go do chrztu razem z Janem Krzeptowskim-Sabałą („stary myśliwiec, morderca niedźwiedzi, włóczęga tatrzańskiej puszczy, niekiedy towarzysz zbójników, a do tego jeszcze rapsod, bajarz, przygrywający sobie na złobeckach noszonych w rękawie ciuchy, Homer zakopiański"[5]). Stary Sabała opowiadał potem, jak to z „kumosiom Modrzewskom" zamiast w kościele, to w izbie pełnili honory chrzestnych rodziców, bo „krześniok" był duży, „łycok setny". Po ceremonii kumosia dała mu swoje zdjęcie, a on zrewanżował się fotografią z własnym wizerunkiem. W końcu oboje byli sławni

(w 1903 roku w Zakopanem zostanie odsłonięty pomnik dwóch tutejszych osobistości – dra Tytusa Chałubińskiego i Sabały, według projektu Stanisława Witkiewicza). „Pani Helena ubrana w najpiękniejszą szatę, cudna jak zjawisko, trzymała do chrztu Stasia z Sabałą – pisała Maria Witkiewiczówna, siostra Stacha – chata cała ukwiecona, skrzypeczki, gęśliczki grały, a za tymi dostojnymi gośćmi stało jeszcze kilkanaście par góralskich"[6]. Wyjątkowa para chrzestnych, wyjątkowe chrzciny, na miarę Zakopanego.

Życie Witkiewiczów też miało być wyjątkowe, a w każdym razie nietuzinkowe. Oboje artyści. Ona oczywiście o wiele mniej ważna – ot, zdolna pianistka, absolwentka Konserwatorium Warszawskiego. Kształciła się pod kierunkiem Rudolfa Strobla i Władysława Żeleńskiego. Dyplom zrobiła w 1872 roku i przez długie lata utrzymywała się, dając lekcje muzyki, najpierw w Warszawie, potem w Zakopanem. Na opracowanym przez nią *Elementarzu muzycznym* wychowały się całe pokolenia dzieci, także syn Staś. Jego zdjęcie jest nawet na okładce elementarza – ośmiolatek z dłońmi na klawiszach pianina. Mimo wrodzonej powagi i surowości Maria uczyła z zapałem i bardzo ciekawie.

W związku Witkiewiczów na pierwszym miejscu był zawsze Stach. Przystojny, z tą lwią czupryną, olśniewającym uśmiechem, żywym błyskiem w oku, utalentowany malarz, pisarz, krytyk sztuki, a w końcu twórca stylu zakopiańskiego. Szkoda, że za projekty tych pięknych willi nie brał ani grosza. Ideowiec. Od zarabiania, od trosk materialnych była Maria.

Do Zakopanego przenieśli się w 1890 roku, ze względu na stan zdrowia Stacha. Cierpiał na gruźlicę, artretyzm, gorączkował. Górskie powietrze miało być dlań zbawienne. Zamieszkali w Ślimakówce, góralskim domu przy Krupówkach. Tadeusz Szymberski wspominał, że dom ten kipiał „fermentem sztuki, twórczości, walki z konwenansem i z kompromisem"[7]. W takiej atmosferze dorastał Stanisław Ignacy. Nic dziwnego, że w wieku kilku lat z zapałem

MATKA

rysował, pisywał już listy do babci Elwiry Witkiewiczowej, a pod wpływem lektury Szekspira tworzył „dramaciki", między innymi *Komedię z życia rodzinnego*. „Stasiek całymi dniami zapracowuje się nad malarstwem i rysunkiem, buduje, bawi się w wojsko, gimnastykuje się, śpiewa. Wszystko robi z taką pasją, energią, przejęciem się, że satysfakcja na niego patrzeć"[8] – donosi dumny ojciec o czterolatku w liście do swojej matki. Ośmioletni wnuk pisze do Elwiry Witkiewiczowej:

> Kochana Babuniu, winszuje imienin. U nas miała być wiosna
> a tu dziś jusz zrobiła się zima. na objat była dziś taka zła że
> ja jej nie jadłem. Była t[o] zupa ormiańska
> piękny kolor.
> Brzytk[i] smak.
> Sapach taki że asz strach.
> całuję wszystkich.[9]

Maria mało miała czasu na twórczość i nurzanie się w fermencie sztuki. Obowiązkowa i pracowita, czuła się odpowiedzialna za utrzymanie domu, wzięła na siebie ten ciężar. Uczyła w Szkole Pracy Domowej Kobiet w Kuźnicach, udzielała prywatnych lekcji muzyki, haftu, prowadziła pierwszy w Zakopanem chór przy Sokole, nawet hodowała kury. Wiecznie zaabsorbowana pracą, choćby robótką na drutach – jak na portrecie rysowanym węglem przez syna około 1912 roku. Witkacy bardzo starannie, delikatną kreską oddaje twarz matki: zmarszczki, bruzdę między brwiami, zwiotczałe już policzki, włosy zaczesane z czoła i ujęte w surowy kok, szczegóły stroju. I te zajęte pracą ręce, zawsze zajęte. Od 1913 roku Maria zarabia prowadzeniem pensjonatów, zawsze na debecie niestety. Po latach Nina Witkiewiczowa pisała:

> Przy sposobności muszę sprostować niesmaczną plotkę, że
> Staś był na utrzymaniu swojej Matki. Prawdą jest, że pani

Maria Witkiewiczowa, 1900

MATKA

Witkiewiczowa była osobą niesłychanie pracowitą i poza lekcjami muzyki, których udzielała w Zakładzie Kuźnickim, jeszcze podczas pobytu Ojca w Zakopanem, oraz prywatnymi lekcjami i robótkami ręcznymi – od 1913 roku, zdaje mi się, gdy Ojciec z powodu zdrowia zmuszony był przenieść się do Lovrany, gdzie pozostał do śmierci, do 1915 roku, prowadziła pensjonat w Zakopanem. Niestety prowadziła go bardzo nieudolnie. Staś od powrotu z Rosji zarabiał stale, czy to z wydanych prac, czy też z portretów, na które coraz więcej zgłaszało się amatorów. Wszystkie swoje zarobki oddawał Matce i wsiąkały one w ten pensjonat. Gdy zamieszkałam w Zakopanem, od razu zauważyłam, iż pensjonat tak prowadzony jest deficytowy, i nieraz zwracałam na to uwagę pani Witkiewiczowej. Nic na to jednak nie pomagało, tym bardziej że Staś sam uległ sugestii, że jedynie pensjonat jest możliwością utrzymania się w Zakopanem. Dopiero gdy w 1930 r. otrzymane z Domu Książki za *Nienasycenie* 8 tysięcy złotych wpakował w pensjonat, przekonał się, o wiele lat za późno, że jest to impreza deficytowa: pensjonat został zlikwidowany i Staś razem z Matką zamieszkali u doktora Białynickiego, przyjaciela Stasia, i okazało się, że zarobki jego wystarczają całkowicie na utrzymanie dwóch osób i jeszcze mnie pomagał w miarę możliwości.[10]

Biorąc pod uwagę, że swego czasu matka Niny również prowadziła pensjonat w Warszawie, słowa synowej nie są bezzasadną krytyką, choć w czasie wielkiego kryzysu wielu drobnych przedsiębiorców pod Giewontem zmuszonych było zwinąć interes, Maria Witkiewiczowa nie należała do wyjątków. „Po matce Witkacy wziął pracowitość pełną pasji i namiętną"[11] – powie kuzynka Stasia, Maria Witkiewiczówna, zwana Dziudzią. Nina potwierdzi: „Ten zapał do pracy i łatwość przetrwały przez całe jego życie. Potrafił pracować tak intensywnie, że mógł robić wrażenie człowieka próżnującego, bo zawsze miał czas na przyjemności, jak wycieczki, narty, wizyty itp."[12]. Poza tym Dziudzia nie najlepiej wyrażała się o żonie wuja Stacha.

> Niewyżyta erotycznie – mówiła. – Dla Stryja nie mogła być kobietą, bo była oschła, złośliwa weredyczka. Na przykład Kasprowicz odwiedza Witkiewicza, a Stryjenka z drugiego pokoju mówi głośno: „i po co naprowadzasz pijaków do domu". Kasprowicz to usłyszał i obraził się, nigdy więcej nie pokazał się w ich domu. Witkiewicz sam bardzo dowcipnie pokpiwał z gości i nadawał żartobliwe przezwiska, ale był uroczy towarzysko, taktowny i dobry, więc nie potrafił zrobić nikomu przykrości. [...] Stryjenka nie była żoną dla artysty – raczej ponura, zamknięta w sobie, złośliwa dla ludzi, potem coraz bardziej zgorzkniała.[13]

Tak jest przeważnie wspominana: że zasadnicza, zatroskana, zajęta, wojownicza, oschła, bez serdeczności. I że niepiękna – gruba, siwa pani, o ostrych rysach twarzy. Na zdjęciach robionych przez syna jest zawsze poważna, bez uśmiechu. Rzadko zdarza jej się zapomnieć w towarzystwie i śmiać beztrosko, jak na zdjęciu zrobionym w rodzinnym gronie na Antałówce około 1905 roku. Przy stole zastawionym do podwieczorku siedzi rozbawione towarzystwo, ktoś musiał powiedzieć coś śmiesznego, bo tylko szwagierka Maria Witkiewiczówna zachowuje powagę. Stanisław Ignacy pod wąsem błyska białymi zębami i z nieukrywanym zachwytem wpatruje się w krewną Elwirę Witkiewiczównę.

O ile Maria Witkiewiczowa nie nadaje się na żonę dla artysty, o tyle Maria Dembowska nadała się na jego muzę. Smukła brunetka, ubrana zawsze na czarno, wprowadzała Stacha w tajniki góralszczyzny.

MATKA

Od lewej: Maria Witkiewiczówna (ciocia Mery), Maria Witkiewiczowa,
Elwira Witkiewiczówna, Maria Witkiewiczówna (Dziudzia),
Stanisław Ignacy Witkiewicz w willi na Antałówce, ok. 1905–1906

Dembowska przyjechała do Zakopanego w 1886 roku z mężem dla ratowania jego zdrowia.

Jej mąż Bronisław Dembowski, z wykształcenia inżynier, w Zakopanem zaczął opracowywać pierwszy słownik gwary góralskiej – wspominał profesor Janusz Zborowski. – Spisywał opowiadania Sabały, oboje zbierali dzieła sztuki góralskiej i eksponaty kultury materialnej. B. Dembowski zmarł w 1893; po jego śmierci p. Dembowska związała się ze Stanisławem Witkiewiczem jako jego muza od stylu zakopiańskiego, ale nigdy nie był to oficjalny romans. Dembowscy mieszkali w chacie Wojciecha Roja, cieśli i przewodnika z czasów Chałubińskiego. [...] Sabała nazywał Chatę i jej towarzystwo Afaparkiem („małpi gaj"). Stałymi bywalcami byli: Sienkiewicz z dziećmi (Dzineczką i Heniem), prof. Karol Podkański z UJ, historyk, państwo Janczewscy – on profesor UJ, ona, Jadwiga, siostra Marii Sienkiewiczowej. Pani Dembowska stylizowała się na męczennicę narodową, nosiła się w czerni, że taka wzniosła patriotka. Żeromski w swoich listach (w opracowaniu Noyszewskiego) wspomina o jej „piekielnym uporze".[14]

„Miała niewątpliwe zalety towarzyskie – dodawała Dziudzia. – W domu zawsze pełno ludzi i umiała tworzyć atmosferę niezwykłości i patriotyzmu, łączyć rzeczy wielkie i małe: na przykład podawać na deser galaretkę biało-czerwoną"[15]. Tadeusz Miciński sportretował Marię jako Wieszczkę Marę w *Nietocie. Księdze tajemnej Tatr*. Stach coraz więcej czasu spędzał w Chacie z Wieszczką Marą.

Trudno przypuszczać, żeby związek Witkiewicza z Dembowską był platoniczny. Roznamiętniony pisał do niej płomienne listy:

Pani Najmilsza! Pani powinna poważniej o mnie myśleć. Jak to? Każde moje słowo jak każda myśl jest jękiem za nią, wyciem rozpaczy, troski, niepokoju i Pani nie czuje, że telegram, w którym nie ma słowa o Pani, że list, w którym ja nic o Tobie nie znajdę, jest biczem na moje serce! Pani najmilsza, ostatni czas, byśmy zrozumieli, czym dla siebie jesteśmy! [...] Przypominają się wszystkie noce przewłóczone po zakopiańskich pustkach – wszystkie te siły, które gdzieś poszły na marne. Pani! Pani Najmilsza! Niech pani się dobrze zastanowi, niech Pani sobie wszystko przypomni, cośmy mówili, i zobaczy raz jeszcze, że miłość musi być ciągłą myślą o dobru, o szczęściu i spokoju tego człowieka, którego się kocha. [...] Za ten list najsłodszy, za każdą literkę i punkciki całuję Twoje nogi, Najmilszy ptaku.[16]

Całe Zakopane szeptało za plecami Marii Witkiewiczowej, że mąż ją opuścił. Zwłaszcza wtedy, gdy w 1908 roku Dembowska wyjechała

MATKA

ze Stachem do Lovrany, jako jego oficjalna opiekunka w chorobie, anioł miłosierdzia. Zostali tam do jego śmierci w 1915 roku. Nawet częściowo finansowała kurację przyjaciela, na którą składali się też jego zamożniejsi krewni. Stać ją było – Dziudzia mówiła, że Dembowska „miała duży majątek, spieniężony"[17].

> Zwierzała się Cioci Mery – opowiadała Dziudzia – że nie żyje z mężem, *mariage blanc*. Jej pokój był zawsze zamknięty na klucz i mąż nie miał dostępu. To samo robiła z Witkiewiczem, chociaż prawdopodobnie zdobył ją w końcu, ale oficjalnie byli zawsze *per* pan i pani. Nawet w Lovranie, kiedy Witkiewicz był taki chory, a ona mieszkała w sąsiednim pokoju, na noc zamykała się na klucz. Ciocia Mery zwróciła jej uwagę, że drzwi powinny być otwarte, bo chory brat może zasłabnąć lub czegoś potrzebować... Była bardzo niepraktyczna i rozrzutna. Kupowała moc jedzenia, a potem w kredensie wszystko schło i gniło. Ciocia Mery musiała wyrzucać. Jednocześnie zapominała o porach posiłków i Witkiewicz leżał głodny, nie śmiejąc jej przypominać. Na pensjonatowej kuchni w Lovranie pani Dembowska bardzo się roztyła – dawniej była szczupła i ubierała się zawsze na czarno.[18]

„Pani Dembowskiej rączki całuję" – pisze Stanisław Ignacy niemal w każdym liście do ojca. Bo jeśli tak nie napisze, to ojciec strofuje go za brak manier, za nieczułość na jej starania i poświęcenie. Witkiewicz w listach do syna przeważnie kończy dopiskiem: „Od pani Dembowskiej najserdeczniejsze pozdrowienia" lub „Pani Dembowska pozdrawia Ciebie najserdeczniej".

Staś w dzieciństwie dostawał od niej prezenty, choćby tę zabawkową drukarnię, na której odbijał swe pierwsze sztuki teatralne. Zdaniem Dziudzi „syn uważał, że ojciec ma prawo mieć żonę i «muzę», ale pani Dembowskiej nie znosił"[19]. „Naturalnie atmosfera Lovrany jest dla mnie okropna z powodu obecności pani Dembowskiej, która mnie do rozpaczy doprowadza"[20] – pisze Witkacy do przyjaciółki Heleny Czerwijowskiej zimą 1911 roku. Przyjaciel Jerzy Mieczysław Rytard twierdził, że te rodzinne doświadczenia „zapadły w jego psychikę jeszcze w latach dziecinnych oraz okresie młodzieńczym, obciążały go nieznośnie swym balastem. [...] nosił on w sobie ukryty, zadawniony żal do ojca o jego romans z panią Dembowską. [...] W owej ponurej i skomplikowanej historii najbardziej skrzywdzoną osobą była pani Witkiewiczowa. Staś darzył ją głębokim uczuciem synowskim, gorąco przez nią odwzajemnianym. Historia z Dembowską zatruła długi okres jego życia. W tej ciężkiej atmosferze wzrastał i dojrzewał młody Witkiewicz i stąd pochodził jego krytyczny, osobliwy stosunek do problemu małżeństwa"[21].

Maria Witkiewiczowa całą uwagę i troskę skupiła na jedynaku.

Nieprzytomna miłość do syna – opowiadała Dziudzia – ponieważ wszystkie niewyżyte uczucia przelała z męża na syna. Nawet w późnych latach Witkacy mawiał, że musi być prowadzony za rączkę, ponieważ przez całe życie przywykł, że matka załatwiała mu sprawy życiowe. Kiedy był już żonaty (z Jadwigą Unrużanką) i zachorował w Warszawie, matka pisała do jego żony: „dziękuję Ci za opiekę nad Stasiem". Upupiony kompletnie i bardzo niezaradny życiowo.[22]

„B. mi smutno na świecie – pisał Witkacy do przyjaciółki Kazimiery Żuławskiej w styczniu 1923 roku. – Chcę do Mamy i jestem z Mamą"[23].

Witkacy patrzył na matkę czule, ale trzeźwo – była pierwowzorem tragiczno-groteskowej Janiny Węgorzewskiej, tytułowej bohaterki jego dramatu *Matka* (1924). Opiekuńcza Janina ostrzega syna: „Ty nie rozumiesz życia zupełnie. Ja cię przed nim osłaniam jak pancerz. I boję się, żebyś nie dożył tej chwili, w której poznasz, że całe twoje życie to ja i nikt, i nic więcej"[24]. Kilka lat później w powieści *Nienasycenie* pisze: „Chciał teraz pójść do matki i poskarżyć się przed nią, że sny są straszne i że w życiu kryją się zasadzki okropne, w które on, bezbronny i niedoświadczony, mimo całej siły, czy prędzej, czy później wpaść musi"[25].

„Niech pan ma na niego oko – mówiła Witkiewiczowa do przyjaciela syna, Edmunda Strążyskiego. – Niech pan się opiekuje Stasiem, kiedy ja już umrę"[26].

Wspierali się nawzajem, Staś czuł się za matkę odpowiedzialny. Przeżywając wyjątkowo trudny czas po samobójstwie narzeczonej, Jadwigi Janczewskiej, twierdził, że przed skończeniem z własnym życiem powstrzymuje go myśl o matce. W liście z 10 sierpnia 1914 roku pisał do Bronisława Malinowskiego: „Na Cejlonie w Dambulli i w Naalande chciałem się zabić. Siedziałem z browningiem przy skroni. Nie mogłem tego zrobić, bo wstrzymała mnie w ostatniej chwili myśl o Rodzicach. Podróż ta to męka bez granic. Między śmiercią a myślą o Matce"[27]. Przyznawał: „Całe to życie dla Matki, to tylko przysparzanie Jej cierpienia. Tylko śmierć przed sobą widzę. Próbuję co dzień i co 1 dzień łamię się od straszliwego wyrzutu zmarnowanego Jej i mojego życia i cierpię w sposób tak okrutny, że żadne słowo tego wypowiedzieć nie może. [...] Uwolnijcie mnie od życia, a łaskę mi zrobicie. Żeby Matka przestała już we mnie wierzyć i sama tego chciała"[28].

Żegnając się z nią przed wyruszeniem w podróż do Australii, prosił:

> Teraz mam do ciebie prośbę, ale czy obiecujesz mi, że zrobisz to, o co cię poproszę?
>
> Gdy zaś pani Witkiewiczowa, zdumiona, ale przyzwyczajona do ekstrawagancji syna, wyraziła po krótkich targach swą zgodę, Staś ciągnie dalej:

– Błagam cię, mamo, wyskocz teraz przez okno!
– Ależ, Stasiu, co ci w głowie!
– Mamo, musisz to zrobić, błagam cię!
Ponieważ mieszkanie było na niewysokim parterze, pani Witkiewiczowa w rezultacie nalegań syna uległa, wdrapała się na parapet i zeskoczyła.
– No widzisz, Stasiu, zrobiłam, o coś mnie prosił, powiedz mi więc teraz, o co ci chodziło, zmuszając mnie do takich dziwacznych poczynań?
– Dziękuję ci, mamo – na to Witkacy – teraz pojadę spokojny, gdyż wiem, że w razie pożaru dasz sobie radę i potrafisz się uratować.[29]

Pragnęła dla niego odpowiedniego mariażu, stabilizacji finansowej. W ich bliskim związku matczyno-synowskim każda kandydatka była też pewnie swego rodzaju zagrożeniem. Dziudzia opowiadała, jak to Maria bardzo chciała dla Stasia małżeństwa z zamożną z domu szesnastoletnią Anną Oderfeldówną, córką znanego warszawskiego adwokata i mecenasa sztuki Adama Oderfelda, „żeby Stasia urządzić życiowo, a smarkula nie była groźną konkurencją dla matki"[30].

„Narzeczeństwo" z Oderfeldówną nie potrwało długo – zaczęło się pod koniec 1911 roku i skończyło najprawdopodobniej późnym latem następnego roku.

Ojciec z dalekiej Lovrany skutecznie zniechęcał syna do związku z Żydówką, pisząc:

Ustalić definitywnie swój stosunek do panny O., to jest ożenienie się z nią przy tych warunkach życia byłoby dla Ciebie zamknięciem dróg rozwoju i twórczości, z drugiej strony układ twego charakteru, twoich pojęć, przyzwyczajeń, Twego temperamentu nie pozwoliłby Tobie pogodzić się z życiem, które mogłoby mieć urok, ale wymagałoby poświęcenia połowy – więcej niż połowy siebie dla utrzymania takiego istnienia. I taki jak Ty bez podstaw materialnego bytu, bez praktycznego doświadczenia, bez umiejętności współżycia z ludźmi miałbyś się dostać do bogatej rodziny żydowskiej, zająć najparszywsze miejsce ubogiego zięcia między bogatymi Żydami? [...] Pomyśl, co zrobisz, jak Ci się wysypie pół tuzina Żydków, Twoich dzieci? Czy potrafisz nie obrazić ich matki, czy potrafisz przezwyciężyć swój wstręt, czy znajdziesz dość powagi i umiejętności życia, żeby ich ochronić od ich przykrości i poniżeń, jakimi jest dotąd przepojona atmosfera stosunków polsko-żydowskich?[31]

Innym razem pisze: „Panny O. nie znam. Wiem tylko, że jest, jak mówisz: Ładna, inteligentna i ma 16 lat. 16 lat, to znaczy, że jest jak biała karta, na której życie będzie dopiero pisać, jest to X, z którego może się wyłonić coś zupełnie innego, niż jest dzisiaj, i na tym, jaka ona jest teraz, budować przyszłości nie można"[32].

Stanisław Witkiewicz zastanawia się, czy uczucie syna jest prawdziwą miłością, czy raczej „«rauschem» doznanym na saneczkach, czy panna O. góruje czymkolwiek nad Tobą, czy też jest tylko podnietą zmysłów"[33], i przestrzega syna: „Żydówki, jak wszystkie wschodnie kobiety, starzeją się prędko i zmieniają w sposób okropny"[34]. Pewnie pod wpływem tych listów Witkacy rysuje węglem kompozycję zatytułowaną *Skutki małżeństwa z Żydówką*. Wizja takiego mariażu jest rzeczywiście straszna dla artysty – kłębiący się tłum krewnych i dzieci, chudy mężczyzna, zupełnie wykończony, pół leży, pół siedzi, wsparty o kolana wielkiej, grubej kobiety, karmiącej piersią kolejne niemowlę. Zgroza.

Co do panny Oderfeldówny, to zachowała szczupłą sylwetkę do końca życia. Własnych dzieci nie miała, ale poświęciła się wychowaniu i edukacji pokoleń dzieci i młodzieży – studiowała pedagogikę w Paryżu, Londynie, Brukseli, w Warszawie pracowała w świetlicach robotniczych, wspólnie z Marianem Falskim i Stefanią Baczyńską opracowywała podręczniki szkolne. Kuzyn Anny, profesor Jan Oderfeld, wspominał: „Widywałem ją przed wojną i po wojnie, mogę więc śmiało powiedzieć, że była osobą niepospolitą i wybitną, wielką altruistką. Różniła się szalenie od pustych lub zajętych najwyżej własną rodziną kobiet z bogatego, mieszczańskiego świata, z którego pochodziła"[35].

Dla Marii Witkiewiczowej najwyraźniej kwestia „Żydówka, nie Żydówka" nie ma tak istotnego znaczenia jak dla ojca. Kiedy w 1922 roku Witkacy będzie planował małżeństwo z bogatą panną Eichenweldówną, matka przyklaśnie temu projektowi. Każde z rodziców myśli o synu na swój sposób pragmatycznie, każde chce dla niego jak najlepiej. Perypetie sercowe i miłosne podboje jedynaka są powodem wielu rodzicielskich nadziei, zmartwień i zgryzot.

„Był pięknym mężczyzną i miał mnóstwo kobiet, niemal z każdą się «zaręczał», stąd mnóstwo narzeczonych"[36] – opowiadała Dziudzia Witkiewiczówna. Krewne Marie Witkiewiczówny (jedna to kuzynka Stanisława Ignacego, druga ciotka – siostra ojca) z Antałówki mają pełen przegląd kandydatek, bo syn wuja Stacha chętnie przedstawia im swoje wybranki. Ninę także, po kilku dniach znajomości, zaprowadził do „Ciotek". „Byłam tam bardzo dobrze przyjęta – ciotki były trochę snobki i cieszyły się, że Staś przyprowadził im pannę z tzw. dobrego domu"[37] – wspominała Nina.

Dobre pochodzenie jest wprawdzie bardzo ważne, ale małżeństwo syna z Jadwigą Unrużanką w oczach matki nie mogło być tym wymarzonym i wyczekanym. I nie chodzi tylko o to, że Nina nie ma grosza przy duszy (a Maria wie dobrze, co znaczą codzienne troski finansowe, i wolałaby, żeby syn w przyszłości ich uniknął), idzie raczej o jej emocjonalny chłód i przewrażliwienie na punkcie towarzyskich form, manier itp.

MATKA

Maria zaakceptowała synową, ale ich relacje nie układały się najlepiej. Nina miała do teściowej pretensje i żal o tolerowanie romansów Stasia. Maria najwyraźniej zawsze stawała po stronie syna. A może jednak nie zawsze?

„Mimo Twojej niechęci do Matki – za co nie można mieć pretensji do nikogo, bo to rzecz bezpośrednio dana – i postępowania, które nie było zawsze dobre, żebyś mogła słyszeć to, co Matka o Tobie mówi, mogłabyś ją podziwiać"[38] – pisze Witkacy do żony 17 czerwca 1927 roku. Kilka dni później znowu: „Ach Nineczko, żebyś wiedziała, jak Cię kocham i jak mi bez Ciebie źle. Szkoda, że nie możesz słyszeć, co mówi o Tobie Matka"[39]. I znowu: „Matka mówiła dziś, że jedyną rzeczą, której pragnie i byłoby to dla niej zupełnym szczęściem, żebyśmy się pogodzili"[40].

17 sierpnia tego roku Maria Witkiewiczowa pisze do synowej:

Kochana Nino. Nie wchodząc w Wasze sztucznie wytworzone rozstanie, które żadnej stronie, jak mi się zdaje, nie służy, proszę, aby Nina przyjechała, na razie bez żadnych dalszych zobowiązań. Będziemy się starali o jak najdalej idące ustępstwa i na tej drodze możemy przyjść do porozumienia prędzej, niż umawiając się listownie. W ogóle jestem przeciwniczką listownego załatwiania wszelkich spraw. Pokój Niny będzie wolny we wtorek, 23 sierpnia. Jeżeli Nina się zgadza wrócić, to pokoju nie wynajmę nikomu.
Serdecznie całuję i zapraszam.
Mar.[41]

„Sztucznie wytworzone rozstanie"? Kiedy to Nina jest zraniona do żywego kolejną zdradą męża? Sformułowania te nie pomagają Marii w budowaniu serdecznych, szczerych relacji z synową. W każdym razie chce dobrze. Przede wszystkim dla syna, który cierpi z powodu niewidywania się z Niną.

Między matką i synem też dochodzi do konfliktów, głównie na tle jego prowadzenia się. Przykre musi być dla Marii widywanie dziecka pijanego lub w stanie glątwy, jak Witkacy nazywa stan po pijaństwie.

W listopadzie 1927 roku Witkacy pisze do matki:

> 2. Proszę tylko o swobodę i niemówienie głośne strasznych rzeczy. Najnormalniejsze rzeczy uważasz za coś potwornego. Ale ja mam 42 lata i na łańcuchu ani w więzieniu żyć nie mogę.
> Może gdybym był drwalem np., tobym zrezygnował z życia. Porozumienie między nami wykluczone z powodu różnic płci, wieku i usposobienia. Trzeba nie kłócić się, bo to najgorsze. Kłótnia z Tobą jest gorsza, niż żebym miesiąc pił bez przerwy. Niszczy już trucizna. Pić nie mam zamiaru, zresztą i żyję przykładnie. Ale nie trzeba doprowadzać mnie do przedwczesnego obłędu. Zupełnie mnie nie rozumiesz.[42]

Temat alkoholu wciąż między nimi powraca. W czerwcu 1931 roku Witkacy wyjaśnia:

> Przede wszystkim dla upewnienia Cię: żaden pijak nie może roztrząść kogoś, kto nie pije. Mogę popatrzeć na orgię, nie biorąc w niej udziału. Teraz nawet bym nie poszedł. Straciłem dryg towarzyski. Jestem bardzo zmartwiony Twoją chorobą i niepokoi mnie to, że nie piszesz nic o istocie tego.[43]

Chorobę i śmierć matki (zmarła 3 grudnia 1931 roku) Witkacy odczuł bardzo boleśnie. Niczym skrzywdzone dziecko pisze do żony w dniu swoich czterdziestych siódmych urodzin: „B. ciężko bez Matki. Nikt nie grał na katarynce – prezentów nie dostałem"[44].

MATKA

Śmierć Marii Witkiewiczowej odnotowały „Wiadomości Literackie":

> Ta żona i matka artystów także była artystką w duszy. Wybitnie muzykalna, uzdolniona do kompozycji, była jedną z najulubieńszych uczennic Władysława Żeleńskiego. Odkąd jednakże zaślubiła wspaniałego, ale niepraktycznego człowieka, jakim był Stanisław Witkiewicz, zrezygnowała z własnych aspiracji, aby być pomocną mężowi i najstaranniej wychować niepospolicie zapowiadającego się syna. Całe prawie życie spędziła pani Maria w Zakopanem, gdzie przez kilka dziesiątków lat dom Witkiewiczów był – można powiedzieć – jego duszą i sercem. Maria Witkiewiczowa, kobieta niezwykłego uroku, prostoty i rozumu, cieszyła się szacunkiem i miłością wszystkich, którym dane było poznać ją bliżej.[45]

Została pochowana na Pęksowym Brzyzku, jednak nie w grobowcu męża, lecz po przeciwnej stronie alejki. Może sama Maria tak sobie życzyła, może tak zadecydował syn.

Już na pierwszej wspólnej fotografii matki i syna, zrobionej w znanym warszawskim atelier Konrada Brandla w 1885 roku, Maria z jakimś smutkiem i zatroskaniem wpatruje się w twarzyczkę niemowlęcia. „Tak mniej więcej wygląda nasz przyjaciel [...] – pisał w tym czasie Stach do matki – który teraz nazywa się Kalunio. Jest piękny, że się dosyć nacieszyć i napatrzeć nie możemy. Toteż wisimy całymi dniami przy jego piętulkach i ciągle oddajemy cześć Boską"[46]. Całe życie będzie się tak Maria przyglądać swojemu Kaluniowi. Jak nikt inny „widziała jego genialność i cierpiała nad jego niepowodzeniami"[47].

Autoportret z papierosem, ok. 1903

HRABIANKA

Nina z Unrugów Witkiewiczowa ma rozległe drzewo genealogiczne sięgające IX wieku. Na pamięć zna przodków, szerokie grono żyjących i nieżyjących krewnych, bliższych i dalszych. Polska gałąź Unrugów (Unruhów) wyrasta z tego drzewa pod koniec XVI wieku.

Wśród von Unrugów są hrabiowie i baronowie. „Ja jestem z domu von und zu, a to tak imponuje mu"[1] – śpiewa księżna w *Szewcach* Witkacego. Jadwiga mówiła, że to o niej i o Stasiu – ona arystokratka, on z niższego stanu. Jeszcze w okresie narzeczeństwa Witkacy wspominał kwestie pochodzenia: „Ale uspokoić mnie może tylko definitywne zakorkowanie życia przez małżeństwo z Tobą (morganatyczne)"[2] – pisał w liście do Niny.

Niby nie lubi arystokracji, niby ma do niej uraz, a przecież schlebia mu, że dzięki małżeństwu z Unrużanką trafia do *Almanachu gotajskiego*, który odnotowuje najznakomitsze rody. Jadwiga von Unrug jest dumna ze swego nazwiska. Jej przyjaciółka Rimma Szturm de Sztrem wspominała, że Nina miała „pochodzenie i koneksje. [...] W ogóle raczej snobka i próżna, lubiła otaczać się arystokracją, ceniła nazwiska i tytuły – Zamoyscy, Radziwiłłowie (ponoć jakiś Franciszek Radziwiłł, «Keko», to było jej długoletnie «życie osobiste» podczas jej małżeństwa z Witkacym). Pierwszą miłością Niny był jakiś Skarżyński, który ożenił się z Zamoyską, nad czym Nina bardzo bolała"[3].

Może sobie Staś kpić i nazywać żonę Grandmammzelą, Nina zna swą wartość wynikającą z samego tylko urodzenia. Morganatyczne małżeństwo chwilami jednak wydobywa jego kompleks niższości, sprawia, że czuje się jak parweniusz – dwa tygodnie po ślubie oszalał z zazdrości, widząc, jak podczas kolacji w większym towarzystwie Nina okazywała zainteresowanie rzeźbiarzowi Guciowi Zamoyskiemu, z „tych" Zamoyskich. W nocy pisze do żony okrutny list, który w przyszłości badacze będą analizować jako materiał psychologiczny. Na papierze zwraca się do żony śpiącej w pokoju obok:

> Najdroższa Nineczko! Wypiłem szklankę wódki i siedzę sam w moim pokoju. [...] Bezsens obecnej mojej sytuacji życiowej jest wprost potworny. Widziałem Twoje spojrzenia przy kolacji i mam potworny wstręt. [...] Znalazłem wyjście z tego wieczoru i piszę list do Ciebie, która leżysz o 5 kroków ode mnie, oddzielona małostkowością wyobrażeń o „innym" życiu. Przyjemność erotyczna jest tu tylko przygrywką do wielkiej symfonii niepowodzeń istotnych, które Cię czekają czy prędzej, czy później. Możesz mnie zjeść jak kiełbaskę parową po orgii – albo jak pierwszą kanapkę przed pierwszą wódką. Wierz, że teraz jest to prawie obojętne (dla mnie, a moją Matkę mogę usposobić dowolnie w zależności od konstelacji). Wiem na pewno, że gdybym był b. znanym człowiekiem (Hamburg – Europa – Jawa – Sydney), nigdy nie śmiałabyś postąpić ze mną tak jak dzisiaj. To samo byłoby, gdybym był Ks[ięciem] de Bourbon.[4]

A jednak uraz Witkacego na punkcie arystokracji nie wziął się z winy żony, jego początek trzeba datować na długo przed zawarciem małżeństwa. W końcu pierwsza ważna miłość Stanisława Ignacego Witkiewicza to była miłość do panienki z wyższych sfer.

HRABIANKA

W archiwum zachowały się zdjęcia Ewy Tyszkiewiczówny, a w rękopisie autobiograficznej młodzieńczej powieści Witkacego *622 upadki Bunga, czyli Demoniczna kobieta* jest ślad tego niespełnionego romansu z arystokratką. Na jednym zdjęciu stoją obok siebie – wzruszająca para rozbawionych nastolatków.

* * *

Na widok min pana Stanisława trudno zachować powagę. Nadyma policzki, wybałusza oczy, szczerzy zęby, zmienia się nie do poznania. Hrabianka Ewa Tyszkiewiczówna zaśmiewa się do rozpuku. Tak bardzo pragnie wydać się jej interesującym i zabawnym, że stroi miny aż do bólu żuchwy. „Miał ogromnie wyrobione mięśnie twarzy i duże zdolności mimiczne – wspominała Nina Witkiewiczowa te umiejętności Witkacego. – Potrafił więc upodobniać się do pewnych ludzi lub fikcyjnie stwarzał maski: kretyna, «bubka w zalotach», czarnego charakteru z filmu itp. Wspaniałe były jego naśladownictwa rozmaitych ludzi – do najlepszych kreacji należało kilka rozmówek Boya, Karola Szymanowskiego, Rubinsteina, cara Mikołaja II – naśladował też kobiety"[5]. Wśród wielu fotografii prezentujących miny Witkacego zwraca uwagę ta z okresu młodości, na której został uchwycony moment jego wygłupów i jej, Ewy, z tego uciechy.

Ze zręcznością prestidigitatora Stanisław Ignacy popisuje się przed młodą przyjaciółką magicznymi sztuczkami, w tym też jest dobry – kupuje w sklepikach zabawne przedmioty, lubi przebieranki. Bawią się po dziecinnemu, są młodzieńczo i z wzajemnością zakochani, w końcu na serio postanawiają się pobrać. Mezalians wisi w powietrzu. Historia niemal jak z *Romea i Julii*, oczywiście bez szans powodzenia.

Poznali się w 1902 roku w Zakopanem i z miejsca się w sobie zakochali. Sprawa jest serio – panienka daje kawalerowi swą fotografię, a on powiększa ją do dużych rozmiarów i wiesza na ścianie swego pokoju. Teraz o każdej godzinie dnia i nocy spogląda na niego twarz ukochanej – ładna nastolatka o jeszcze po dziecinnemu zaokrąglonej twarzy, gęstych falujących włosach zaczesanych z czoła i zebranych w luźny warkocz.

Rodzice Stasia, Maria i Stanisław Witkiewiczowie, wiedzą o tym pierwszym poważnym uczuciu syna i uważnie, z sympatią, przyglądają się rozwojowi wypadków. Nikt z dorosłych jednak nie traktuje tej miłości serio. Oboje młodzi mają po siedemnaście lat, Staś przygotowuje się do egzaminu maturalnego. No i jest między nimi przepaść pod względem majątku i pochodzenia, gdzie tam drobnemu szlachetce Witkiewiczowi do Tyszkiewiczówny. Stary Stanisław Witkiewicz, sam daleki od tego typu przesądów, doskonale zdaje sobie sprawę z konwencjonalności myślenia arystokracji, w listach do syna z przekąsem i konsekwentnie tytułuje ojca Ewy – Stanisława Tyszkiewicza – „Pan Szanowny".

Zakopane oczywiście sprzyja życiu towarzyskiemu i obie rodziny spotykają się, bywają w zaprzyjaźnionych domach. Młodzi chodzą na górskie wycieczki, podczas których Stanisław Ignacy fotografuje Ewę (na pamiątkę wspólnego spaceru do Dolinki ku Dziurze zostało zdjęcie, na którym dziewczyna w spiczastym kapturku na głowie wygląda tajemniczo jak jakiś leśny skrzat czy wróżka), spędzają miło czas w gronie przyjaciół. „Na jedno wspomnienie tylko musisz się czerwienić – pisze Staś do przyjaciela Bronia Malinowskiego – tj. to, jak mi zwracałeś kiedyś uwagę, że p. Ewa ma jajecznicę na ustach, i patrzyłeś na mnie badawczym zielonym wzrokiem zza ciemnych okularów. Tarzam się ze śmiechu, jak to sobie przypomnę"[6].

Ewa ma dwoje rodzeństwa, starszą o cztery lata siostrę Zofię i młodszego brata Janusza. Na pewno nie są głupie te panienki i panicz z Szapijówki w Ukrainie, August Iwański junior, pisał, że „poza muzyką pannę Zofię absorbowało jeszcze malarstwo, tworzyła bowiem interesujące i oryginalne akwarele, zgromadzone później na paru wystawach, m.in. w jednym z małych salonów paryskich na Bd St.-Germain w 1931 r. W ogóle atmosfera umysłowa Szapijówki była na najwyższym poziomie wykwintu. Janusz Tyszkiewicz pozostawił piękną wiązankę utworów muzycznych, których dalszy rozwój przecięła jego śmierć przedwczesna"[7]. Jarosław Iwaszkiewicz z nostalgią wspominał swoją rozmowę z Zofią o Bergsonie w Szapijówce, „na ławeczce, w słonecznym cieniu, przeplatanym żółtymi plamami"[8]. Zdaniem Iwaszkiewicza: „Janusz był muzykiem i to niezmiernie utalentowanym. Sądzę, że gdyby fata pozwoliły mu się rozwinąć i nie zgasiły jego życia tak wcześnie – byłby to muzyk typu Karłowicza: brakowałoby mu rozmachu i temperamentu. Wówczas wydał mi się pełen talentu, a przede wszystkim tej wielkiej kultury, jaka często rodziła się w kresowych dworach. Przypominał inne typy kulturalnych kresowiczów, jak Szymanowski, Józef Jaroszyński, August Iwański"[9]. O pannie Ewie niestety ani słowa.

Stanisław Ignacy Witkiewicz doświadcza uroku Szapijówki latem 1903. W maju tego roku jedzie do Lwowa, gdzie przez prawie cały miesiąc w Cesarsko-Królewskiej Wyższej Szkole Realnej zdaje egzaminy maturalne z różnych przedmiotów, od matematyki po język francuski. Nigdy nie chodził do szkoły, bo jego ojciec jest przeciwnikiem formalnego kształcenia, program szkoły średniej przerobił eksternistycznie („Wychowywałem się tak na dziko, ale jakoś inteligentnie"[10] – powie po latach). „Wczoraj wróciłem ze Lwowa po skończonym szczęśliwie egzaminie «dojrzałości» – donosi cioci Mery, siostrze ojca, w liście z 7 czerwca. – Mam nadzieję, że to mi zyska większe poszanowanie w rodzinie, a co najważniejsze, że Ojczunio nie będzie mi żałował więcej konfitur. Jestem trochę zmęczony, ale mam nadzieję, że niedługo będę mógł się zabrać do roboty"[11]. Wkrótce zacznie nosić wąsy, popalać papierosy i brać udział w pierwszych pijaństwach. Po maturze odpoczywa u krewnych na Litwie i w Ukrainie, z Bogdanówki koło Tarnopola wędruje pieszo aż do Kamieńca Podolskiego. Stęskniony za widokiem Ewy, postanawia skorzystać z kurtuazyjnego zaproszenia rzuconego kiedyś przez jej ojca i zajeżdża do Szapijówki, niedaleko Skwiry w guberni kijowskiej. Ich wzajemne uczucie bynajmniej nie wygasło, wciąż ze sobą korespondują, Staś stale oświadcza się Ewie.

Goszczącemu tu Iwaszkiewiczowi Szapijówka wydała się rajem. Witkacy odczuł zapewne urok dworu, gdzie „nic na zewnętrzność, żadnych specjalnych wspaniałości – ale atmosfera prawdziwej i głębokiej kultury"[12]. Na podjeździe nowoczesny powóz (z czasem pojawi się auto; Stanisław Tyszkiewicz będzie Członkiem Towarzystwa Automobilistów Królestwa Polskiego), hall ozdobiony angielskimi sztychami, u drzwi kamerdyner. A w tle cały czas muzyka, bo albo Janusz siada do fortepianu, albo Witkacy z werwą bębni własne szalone kompozycje, albo sam pan domu gra na pianoli. „Pan Stanisław Tyszkiewicz, ojciec Janusza, miał namiętność do pianoli – zanotował Jarosław Iwaszkiewicz. – Całymi dniami wycinał osobiście na specjalnych wałkach nuty do niej i grywał całymi godzinami". W gorące letnie dni powietrze jadalni przesycone jest zapachem śliwek i pierwszych jabłek, a całe towarzystwo, siedząc do późnej nocy dla orzeźwienia, raczy się soczystymi kawonami. W atmosferze leniwej kanikuły młodzież urządza pikniki, grywa w tenisa, pływa łódką po stawie, przyjmuje wizyty rówieśników i bywa w okolicznych domach. Pewnie są pocałunki i uściski podczas tańca i w ogrodowym gąszczu. Miłosne wyznania mieszają się z rozmowami „istotnymi", bo Stanisław Ignacy nieustannie filozofuje na temat sztuki i sensu życia. Bliskość kochanej dziewczyny wprawia młodzieńca w stan podniecenia. Dopiero w połowie września, po malarskim plenerze w Libawie nad Bałtykiem, podczas pobytu w Syłgudyszkach na Litwie, w majątku siostry ojca, ciotki Anieli z Witkiewiczów Jałowieckiej i jej męża inżyniera Bolesława Jałowieckiego, pisze do Bronia Malinowskiego: „Jestem pusty po tym malowaniu morza. Erotomania uspokoiła się na chwilę"[13].

Po Zakopanem i Szapijówce następny akt miłosnego dramatu rozegra się we Florencji wiosną 1905 roku. To raczej nie przypadek, że Witkacy wybrał się w podróż do Włoch akurat w czasie, gdy bawią tam Tyszkiewiczowie. Miłość między Ewą i Stanisławem Ignacym korespondencyjnie wciąż kwitnie, młodzieniec pragnie zaręczyn i ożenku. Z bedekerem w rękach spacerują po salach Palazzo del Bargello, podziwiają kolekcje rzeźb mistrzów renesansu – Michała Anioła, Donatella, Filippa Brunelleschiego, Andrei del Verrocchia. I tu młodzieniec oficjalnie prosi o rękę panny. Wśród marmurów i brązów Stanisław Ignacy Witkiewicz dowiaduje się, że małżeństwo z Ewą jest niemożliwe, że jej ojciec nigdy się na to nie zgodzi. Zdaniem Stanisława Witkiewicza stary Tyszkiewicz „działa tylko jak kamień wyrzucony przed wiekami z procy historii. Sam jest niczym, ale druzgocze bezwładem tkwiącym w nim dawnych pojęć i egoizmów"[14].

Stanisław Ignacy Witkiewicz po latach osobiście zda relację z tego fatalnego spotkania z ukochaną, opisując zarazem przesąd co do nieszczęsnej dla niego godziny.

Jest jednak w moim życiu przeznaczenie związane w tak dziwny sposób z godziną 20 minut przed dziesiątą, że nie mogę się wstrzymać, żeby nie opisać faktów z tą godziną związanych. [...] Pierwszy raz zobaczyłem zegar na tej godzinie stojący na Litwie w Syłgudyszkach. Wyjeżdżając na spacer, zapomniałem zegarka. Wieczorem, kiedy wróciłem do mego pokoju, zastałem zegarek mój stojący na tej godzinie. Nazajutrz byłem już chory na tyfus, dość niebezpiecznie (jedyna ciężka choroba, którą miałem od 7 roku życia).

Drugi raz było to w Rzymie, miałem spotkać się we Florencji z panną T. Chciałem rozmówić się definitywnie z Nią co do mojego stosunku do Niej w przyszłości.

Kochałem się w Niej już od siedemnastego roku życia. Położyłem się spać wcześnie koło dziewiątej. Karol Szymanowski, z którym podróżowałem i który wiedział o tym moim przesądzie, zobaczywszy, że zegarek mój stanął, nastawił go na tę godzinę. Rano nie budziłem go i wyjechałem z tym przekonaniem, że coś złego się stanie. W trzy dni miałem we Florencji w Museum Bargello rozmowę z panną T., w której się okazało, że z przyszłości naszej nic być nie może. Mimo późniejszej korespondencji stosunek listowny skończył się w rok niecały potem. We Florencji pierwszy raz miałem myśli samobójcze.[15]

„Za dużo jest nieszczęsnych egzystencji złamanych dla konwenansu lub dla głupstwa ludzi «szanowanych»"[16] – konstatuje ojciec Stasia, zamartwiając się nie tylko o niego, lecz także o Ewę.

Ty musisz płacić za pozostałości form życia tak zmierzchłych epok. Straszna jest trwałość i ciągłość tego wszystkiego i zawsze Jedno pozostaje – ze stanowiska jednostkowego i ze stanowiska zbiorowego – wyważać z posad społeczeństwa i państwa".[17]

Wprawdzie sam jest urażony posądzeniem Tyszkiewicza o to, że syn próbuje złapać posażną pannę, ale wspiera Stasia w jego młodzieńczym uczuciu. „Żeby p. Szan [pan Szanowny] wiedział, jak strasznie byłem przeciwny, jak jestem w ogóle przeciwny wplątaniu Ciebie na progu życia w takie pęta, jak bardzo się ich dla Ciebie boję – nie miałby marnych posądzeń..."[18]. I jeszcze: „[...] cokolwiek jednak można myśleć o przedwczesności takich więzów w życiu, skoro raz człowiek ma szczere poważne uczucia, nie może go wyrzucać za okno dlatego, że to się nie podoba «panu Szanownemu»"[19].

Posłuszna ojcu panienka jest posłuszna pozornie, bo wprawdzie głośno się nie buntuje przeciw jego decyzji odrzucenia kawalera, jednak w sekrecie wciąż koresponduje z ukochanym, a jego listy przekazuje jej guwernantka.

Nie wie oczywiście, że odreagowując rozczarowanie po Florencji, jej Staś wdaje się w Krakowie w erotyczne przygody z jakąś tancerką czy aktoreczką z kabaretu, którą znamy jako pannę W. „W życiu panna W. powinna Cię raz na zawsze od tanich uciech oduczyć – grzmi Stanisław Witkiewicz na syna. – Kupując tę tanią mądrość w sztuce, będziesz miał w rezultacie taką chorobę umysłu, jak ta... Nie, mój drogi! [...] nie kupuj taniej wiedzy, tandetnego ducha, tandetnej rozkoszy dlatego, że tania. [...] nie zadowalaj się byle czym ani w sztuce, ani w życiu"[20]. Innym razem pisze: „Niesłusznie myślisz, że wszystko skończone i że zatem można zejść ze szczytów i nurzać się w bagnie. Masz w sobie wielkie świetne siły, i najlepsze, jakie ludzka istota mieć może, i chciej życia proporcjonalnego do tych sił, do tych władz. Bądź dumnym wobec swoich instynktów i bądź pokornym wobec wielkich idei życia. Bierz raczej męczeństwo niż roztapianie się w płaskim, łatwym życiu ludzi oddanych na pastwę odruchów instynktownych"[21]. Związek nie trwa długo, dziewczyna jedzie szukać szczęścia do Ameryki. „Może cały ten wypadek ocali dobrą, polską kobietę od zguby – ocenia stary Witkiewicz. – Oby tylko w Ameryce nie trafiła na złych i przewrotnych ludzi"[22]. Staś tymczasem szuka ratunku u zakopiańskiego lekarza, doktora Edwarda Majewicza, bo po znajomości z panną W. zostaje mu pamiątka w postaci choroby wenerycznej. „Nie trzeba myśleć, że to jest rzecz błaha – przestrzega ojciec. – Choroba ta ma również przy zaniedbaniu ciężkie następstwa"[23].

Tymczasem w Szapijówce panna Ewa w porozumieniu z guwernantką nadal prowadzi sekretną korespondencję ze Stasiem. Stanisław Witkiewicz radzi synowi podjąć z Tyszkiewiczem grę w otwarte karty:

Mnie się zdaje, że napisać do niego powinieneś mniej więcej tak, jak myślisz, bez żadnej zresztą ironii. Porozumienie może być fikcją, ponieważ w takich razach rodzice i opiekunowie czują się upoważnieni do przeróżnych kłamstw dla uratowania dzieci. Wszystko to nie prowadzi zwykle do niczego, ponieważ ta sprawa zaczęta u początków istnienia ludzkości nie da się przez takie małe podstępy rozstrzygnąć i załatwić. Ja, będąc na Twoim miejscu, napisałbym do niego, że pomimo zupełnego zaufania do jego słów uważasz, że tylko panna Ewa może rozstrzygać, czy chce lub nie chce nadal z Tobą korespondować, i że poczuwając się względem niej do obowiązku absolutnej szczerości i prawości, piszesz jednocześnie do niej. I że ta właśnie szlachetna ambicja nie pozwala Ci sprawy tak wielkiego znaczenia w twoim życiu rozstrzygać za pośrednictwem osoby trzeciej, choćby to był ojciec i człowiek, do którego masz ufność. [...] Jakiekolwiek są motywy porozumienia między panem S. a panną Ewą – dotyczą one tak bezpośrednio Ciebie i jej, że musisz żądać ich wyjaśnienia. Mnie się zdaje, że tak trzeba postąpić i wysłać jednocześnie obydwa listy rekomendowane.[24]

Nierozstrzygnięta sprawa ciągnie się miesiącami i kończy wielką rodzinną awanturą w Szapijówce, gdy Stanisław Tyszkiewicz odkrywa, że mimo jego zakazu listowny romans córki z młodym Witkiewiczem trwa. Stanowczo nakazuje córce zerwać tę znajomość. I Ewa wprawdzie cierpi, ale godzi się z wolą ojca. Sprawa jest dyskutowana w towarzyskim kręgu, skoro zaprzyjaźniony z Witkiewiczami i Tyszkiewiczami lekarz pisze do Marii Witkiewiczowej na początku stycznia 1906 roku:

> Staś jest za młody, za mało wyrobiony. Jako lekarz, opanowywałbym na takie połączenie ze względu na dziedzictwo

obojga młodych. Czy Ewa znajdzie coś odpowiedniego dla siebie, lepszego, tego nie wiem, ale Staś mógłby jeszcze długo poczekać i znaleźć dla siebie odpowiedniejszą kobietę. Żal mi obu tych dziewczyn, bo je lubię, zwłaszcza też Ewę, z którą się bardzo kochamy, ale obu im mam za złe, że się awanturują, poddają wzruszeniom, a nie mają szczerej chęci zrzucenia tych oków, które na nie włożyła pozycja światowa. Jest w nich pewna wierność pod tym względem. To chciałyby – to nie chcą. Stąd tragedia na szczęście dla nich przemijająca.[25]

Ocenia obiektywnie, że Ewa „jest to natura wrażliwa, kochliwa, zapalająca się, ale posiadająca dużo refleksji i zimnego rozsądku"[26]. Kilka miesięcy trwa jeszcze obustronne cierpienie i wyrzekanie się młodzieńczej miłości i marzeń. Ojciec radzi Stasiowi:

Główną myślą Twoją niech będzie wyplątać E[wę] z tego nieszczęścia [...]. Trzeba, żeby ona nie męczyła się, nie szarpała się poczuciem zobowiązań, konieczności trwania w tym. [...] Trzeba, żeby ona przez cichą rezygnację z natychmiastowego urzeczywistnienia pragnień wyszła z tej klęski. I tak samo Ty. [...] Nie piszę Ci: zrób tak – napisz to – nie mogę ci dać takiej określonej rady, ale pomyśl nad tym, co piszę, porównaj to z Twoimi uczuciami, zestaw z życiem E[wy] i zdecyduj się – a jeszcze napisz i wtedy można będzie pozytywną dać radę czynu.[27]

Rok po nieszczęśliwym spotkaniu we Florencji następuje definitywny koniec młodzieńczego narzeczeństwa Ewy Tyszkiewiczówny i Stanisława Ignacego Witkiewicza. „Twoja rezygnacja czynna i zawzięta niech trwa – pisze jak zawsze wspierający ojciec. – Tylko żadnych surogatów uczuć nie przyjmuj od przypadku i luki, która się w Tobie uczyniła, nie zapychaj żadnymi kłakami pospolitymi

Stanisław Ignacy Witkiewicz z ojcem Stanisławem Witkiewiczem,
Lovrana, 1910

i łatwymi do wzięcia, których zawsze na drodze pełno"[28]. Cieszy się, że syn otrząsa się z cierpienia. „Za każdym razem, jak czytam w Twoim liście: «Odradzam się» mam chwilę radości i nadziei. [...] odradzaj się, im to odrodzenie będzie niezależniejsze od zewnętrznych wpływów, im bardziej będzie wynikało z odrodzenia się rdzenia Twojej istoty – tym lepiej"[29].

Z historią miłości do hrabianki Stanisław Ignacy Witkiewicz rozprawi się ostatecznie w 1910 roku, pisząc powieść *622 upadki Bunga, czyli Demoniczna kobieta*, gdzie Ewa występuje jako księżniczka Isis Ostrogska, jej ojciec to Bazyli Ostrogski. Nawet „pannę W." autor uwiecznia jako Lolę Montez.

Ewa Tyszkiewiczówna wyszła za mężczyznę ze swojej sfery – Tomasza Michałowskiego, właściciela ziemskiego, działacza społecznego i politycznego, redaktora i wydawcę, współzałożyciela „Dziennika Kijowskiego". O jej późniejszych losach wiemy ze wspomnień Augusta Iwańskiego juniora, który pisał: „Pani Ewa, późniejsza Tomaszowa Michałowska, doświadczyła w czasie obecnej wojny najbardziej okrutnego losu, jaki można sobie wyobrazić: straciła męża i w Oświęcimiu młodszego syna oraz pozostaje już czwarty rok bez jakiegokolwiek znaku życia ze strony czwartego syna"[30]. Zmarła w Lublinie w 1966 roku.

Do związku z Ewą Witkacy wracał nie tylko na kartach powieści, lecz także w rozmowach z przyjaciółmi. 3 grudnia 1912 roku w Zakopanem Bronisław Malinowski notował, że mówili o niej ze Stasiem: „Przedtem jeszcze o Ewie Tyszk[iewiczównie] i o istocie tego załamania, które on przeżył we Flor[encji]: brak temp[eramentu] i duma rodowa"[31].

Znaczące, że Ninie Witkacy też zarzuca brak temperamentu – przypadek arystokratki.

„Kocham cię, strasznie cię kocham – pisze Witkacy w dramacie *Tumor Mózgowicz*. – Tylko nie mogę zapomnieć, że jesteś księżniczką. Jest w tym coś absolutnego. Dość spojrzeć na twoją nogę"[32].

Irena Solska jako Jempsar w sztuce *Castus Joseph* Szymona Szymonowica, fot. Józef Kuczyński, 1914

KOBIETA DEMONICZNA

Kiedy Witkacy mówi o kobietach, to najchętniej o tych silnych, pięknych, namiętnych, wręcz rozerotyzowanych, intrygujących, fatalnych i wampach. Ich pierwowzorów można szukać w mitologii, Biblii, baśniach, oczywiście w sztuce – choćby w malarstwie Goi, Muncha, Klimta, Moreau, w literaturze od Flauberta po Przybyszewskiego, w filozofii Arthura Schopenhauera, Friedricha Nietzschego i Otto Weiningera, którzy przyczynili się do wykreowania wizerunku kobiety demonicznej. Takie są bohaterkami obrazów, powieści i dramatów Witkacego (wystarczy wspomnieć rudą Helę Bertz z *Pożegnania jesieni* – wcielenie „wszystkich kobiecych niebezpieczeństw świata" niosące w sobie „radioaktywne pokłady zła, semickiego, czarno-rudego, sfermentowanego w starozakonnym sosie, przepojonego kabałą i Talmudem"[1], której prototypem była Żydówka Bella Hertz, z domu Schwartz, pisarka i publicystka występująca później pod pseudonimem Izabela Czajka-Stachowicz). „Ta piękność wyuzdana do granic szału, wtopiona w niedosiężność zaświatowej świętości była czymś nie-do-zniesienia. I to w połączeniu z tymi nogami i tym rudym, wirowatym kłakiem, kryjącym obrzydliwą tajemnicę początku"[2] – pisze Stanisław Ignacy Witkiewicz w *Nienasyceniu*.

A skoro już mowa o jego kobietach demonicznych, to trzeba zacząć od początku, czyli od tej, którą on sam ochrzcił tym mianem – od pani Akne vel Ireny Solskiej, głównej bohaterki powieści

Solska z córką Hanią, fot. Stanisław Ignacy Witkiewicz, ok. 1911

622 upadki Bunga, czyli Demoniczna kobieta. Miłość do niej Witkacy przeszedł tak, jak przechodzi się trądzik młodzieńczy (franc. *acné*) – z całą koniecznością, desperacją i konsekwencjami tej przypadłości.

* * *

Na zdjęciu autorstwa Stanisława Ignacego Witkiewicza Irena Solska z córką Hanią wyglądają jak *Madonna z Dzieciątkiem*. Dwie wtulone w siebie głowy. Obie rude, choć na czarno-białej fotografii tego nie widać, obie piegowate. Hania o okrągłej buzi i oczach wpatrzonych w widza bardziej ziemska, Irena, która unika patrzenia prosto w obiektyw, bardziej odrealniona, nieobecna. Witkacy, który uwielbia eksperymentować w każdej dziedzinie sztuki, także w fotografii, jeszcze nie kadruje ciasno twarzy modelek, jak to będzie robił już niebawem, tak że zdają się rozsadzać ramy negatywu, kartonik odbitki tu jeszcze chwyta całe twarze, głowy, fryzury, fragmenty otoczenia. Równie dobrze taki portret matki z dzieckiem mógłby wyjść spod ręki wiktoriańskiej fotografki Julii Margaret Cameron, choć u niej kobiety mają w sobie samą słodycz, mistyczny spokój i uniesienie. Dla Witkacego jednak kobieta nigdy nie jest jednowymiarowa, nigdy nie jest tylko wcieleniem dobroci. Nie może widzieć w Solskiej jedynie matczynego oddania, nawet gdy portretuje ją z córką, bo młody kochanek widzi w niej także, a może przede wszystkim, perwersję. I oddaje takiż jej obraz w swej młodzieńczej powieści *622 upadki Bunga, czyli Demoniczna kobieta*, gdzie postać bohaterki Akne Montecalfi, śpiewaczki operowej, jest wzorowana na aktorce Irenie Solskiej.

Miłość Bunga do pani Akne to opis burzliwych perypetii uczuciowych autora, nawet jeśli wykrzywionych, przedstawionych karykaturalnie, to z pewnością mających odzwierciedlenie w rzeczywistości.

Witkacy vel Bungo

od czasu do czasu patrzył nieśmiało na Akne i zachwyt jego potęgował się coraz bardziej. Widział ją z profilu. Wyglądała teraz na Madonnę któregoś z prymitywów włoskich, ale Madonnę, do której pozowała mistrzowi jakaś włoska dama, operująca równie dobrze sztyletem, jak trucizną i która swoją dziwną i zbrodniczą piękną twarzą zmusiła go do nadania swych przewrotnych właściwości przeczystej Matce Syna Bożego. Chwilami jednak jej cudownie piękny profil, wyrznięty jakby ze stężałej morskiej piany, miał w sobie coś tak świętego i dalekiego wszelkiej zmysłowości, że Bungo odwołał w myśli to przekonanie, które miał o niej na podstawie potwornych plotek miejskich. A mimo to coś niesłychanie plugawego i złego błąkało się czasem koło ust jej, gdy wchłaniała w siebie

Bungo w upadku, ok. 1908–1910

z nieprzytomnym jakimś zapamiętaniem dziwną jak światło melodię romansu. Ale ten wyraz podnosił tylko jeszcze bardziej czystość i świętość jej spojrzenia i zdawało się, że Akne okupiła jakąś okrutną ascezą prawo pojmowania najgłębszych tajemnic Bytu.[3]

Słowa i obrazy są u Witkacego spójne, tworzą pełny portret kobiety. Artysta daje też na szczęście definicję terminu „demonizm", który wciąż wraca w jego twórczości literackiej i malarskiej, w jego postrzeganiu kobiet.

Demoniczną potęgą nazywamy taką, która włada lub chce władać nami, działając na drapieżne, okrutne i podłe instynkty, które w nas drzemią i czekają tylko sposobności, żeby się objawić.
Czasem jednak pojęcie to musimy rozszerzyć, ogarniając wypadki bardziej skomplikowane. Teoretycznie nie ma indywiduum, które by postawione w pewne okoliczności nie było zdolne do popełnienia rzeczy najgorszych. Chodzi tylko o znalezienie takiej kombinacji zdarzeń, która by odpowiadała danemu charakterowi danej konstrukcji psychicznej. [...] Możliwym jest, że demoniczne miejscowości, demoniczne kobiety, demoniczne zwierzęta wreszcie (tygrys, węże itp.) są szkodliwe, ale z drugiej strony, czyż życie nie byłoby bez nich piekielnie nudne i bezbarwne. Zależy to oczywiście od tego, czy patrzymy na wszystko ze stanowiska poczciwego matoła, czy też lubiącego niebezpieczeństwa, pełnego siły człowieka.[4]

Świetny jest też inny portret fotograficzny aktorki wykonany przez Witkacego – twarz ukazana z profilu, okolona burzą włosów, głowa pochylona, szyja napięta, oczy przymknięte. Anielska

Irena Solska, fot. Stanisław Ignacy Witkiewicz, ok. 1909–1910

i diabelska zarazem jest Irena Solska w obiektywie Witkacego. Zmysłowa i niebezpieczna.

Pani Akne vel Irena Solska

> była szczupła, ale czuć było pod ciężką suknią doskonale zbudowane ciało. Na cienkiej szyi o silnie zarysowanych ścięgnach wyrastała jak kwiat na łodydze dość duża kształtna głowa. Zdawało się, że ręce jej, o długich, miękkich palcach, aż niebieskawe w swej białości, mogą równie dobrze niezmiernie delikatnie pieścić, jak skurczyć się nagle nie wiadomo czemu i do krwi poszarpać. Chociaż chwilami, kiedy się śmiała, wyglądała na piętnastoletnią dziewczynkę, przechodził czasem po jej twarzy cień jakiś i wtedy przybierała wyraz starczego jakiegoś znużenia, nie tracąc ogólnie nic ze swej młodości. Złotawe brwi ledwo były widoczne, a zielone oczy o silnie rozszerzonych źrenicach i okolone prawie białymi rzęsami miały w sobie coś drażniącego i wciągającego. [...] Prosty nos ruszał jej się przy końcu, a krwawe, szerokie, łakome usta o nieregularnym rysunku nie miały ani jednej chwili spokoju. Nie można było powiedzieć, że jest ładna, a jednak przykuwała wzrok nieprzepartą siłą...[5]

Rzeczywiście, same rysy twarzy nie wystarczą, żeby nazwać Solską pięknością. Więcej w niej oryginalności niż konwencjonalnie pojętej klasycznej urody. Aktorka wie o tym najlepiej, więc gra i udoskonala swój wizerunek przez cały czas. Czaruje pozą, gestem, niskim altowym głosem. Czaruje tak, że mężczyźni czują się zachwyceni, uwiedzeni, zniewoleni. Modesta Zwolińska poznała Solską jako kilkunastoletnia dziewczyna i dobrze zapamiętała i te jej czary, i nieustanną kreację. Anna Micińska, badaczka Witkacego, notowała opowieść Zwolińskiej:

Jeszcze o Solskiej. Posągowo zbudowana, o mlecznobiałej karnacji. Burza rudych włosów. Małe oczki o białych rzęsach, duży nos, cofnięta broda. Głos fascynujący i demon pierwszej klasy. Temperament, seks, wdzięk, kokieteria – tłum panów wił się, wszystkim dawała rady. Lubiła, żeby się coś działo, motać wokół innych, swatać i rajfurzyć (bez pejoratywnego znaczenia). Wszystko to z taką klasą, że tylko *chapeau bas*. Znała potęgę swoich uroków, bez żenady latała goła lub w dezabilu, publiczne mycia i kąpiele. Peniuary o fantastycznych kolorach – szmaragdowe, purpurowe, cieniuteńkie, bez zapięcia, którymi się owijała, lekko tylko przytrzymując ręką...[6]

Córka aktorki Hanna Sosnowska (nazwisko Solski to pseudonim sceniczny jej ojca, aktora Ludwika Solskiego) powie po latach, że postać Akne to literacka fikcja i że matce zawsze zależało jedynie na czystym uczuciu, absolutnie nie na erotyce. Ale co ta mała Hania mogła wiedzieć o miłości Witkacego i Solskiej? Co dzieciątko może powiedzieć o Madonnie, która na pewno nie była świętą? „Była wstrętnie piękna i przewrotna – czytamy w młodzieńczej powieści Witkacego. – Oczy miała skośne i wszystkie demoniczne potęgi wypełzły jej na twarz"[7].

* * *

Miłości i romansów miała wiele, jak na wielką gwiazdę sceny przystało. Mężczyźni oklaskiwali ją na scenie, a potem skwapliwie ustawiali się w kolejce do garderoby i sypialni. Gwiazda musi mieć adoratorów. Twierdziła, że „na mężczyzn i na ich smutki i rozpacze" patrzyła „z pobłażaniem pełnym zdumienia"[8]. Pewnie wiele prawdy w tym stwierdzeniu, choć sama przecież wiedziała, co to emocje, co to zranione uczucia. Solska dba o wizerunek wielkiej damy, a jednocześnie nie unika miłości, nie dla wszystkich jest nieprzystępną egerią.

W 1904 roku, zakochana w pisarzu Jerzym Żuławskim, pisała do niego namiętnie:

> A wczoraj jadąc z teatru zobaczyłam pana jakiegoś. Miał palto podobne do Twojego, o mało nie wypadłam z dryndy. Tęsknię, Jerzy. Czy słyszysz, jak wymawiam to Twoje imię, pieszczę się nim. Masz, całuj moje piersi młode, czujesz ich zapach. Ciebie mam, Ciebie całego w tej chwili przy sobie, Jerzy, pełna jestem Ciebie, żyjesz we mnie, mną, siłę z Ciebie czerpię, siłę zwycięską.[9]

Romans jest wielki, miłość odwzajemniona, odzwierciedlona w literaturze. Z myślą o Solskiej Żuławski pisze sztukę *Eros i Psyche*. Irena jako Psyche porywa teatralną publiczność i krytykę.

List Solskiej do Żuławskiego przypomina ten, który pani Akne śle do Bunga, więc prawdopodobnie listy w podobnym tonie dostawał od aktorki młody Witkacy:

> „Dlaczego nie piszesz? Jestem strasznie zmęczona i zdenerwowana, kiedy nie mam wiadomości od Ciebie, straszne myśli przychodzą mi do głowy. Myślę, że znowu coś urządzasz przeciwko mnie i zupełnie wtedy przestajesz istnieć dla mnie. I to mnie męczy tym bardziej, że nigdy tak bardzo Twoja nie byłam, jak teraz. Teraz czuję w Tobie tę siłę, która może mnie przy Tobie całe życie utrzymać. Musisz być mocny i kochać mnie ciągle, bez pamięci". Tu następowała zwykła pornografia.[10]

Jemu kochanka też zapewne podaje do całowania swoje piersi. Irena Solska nie jest wstydliwa, w końcu kiedyś wystąpiła na scenie prawie naga, to znaczy ubrana jedynie w trykot udający

Portret Ireny Solskiej, ok. 1909

nagość (wszystko dla roli!). I nie boi się też kontrolowanego skandalu, a może nawet lubi podsycić plotki na swój temat, dodać życiu pikanterii, wstrząsnąć filisterskim światkiem – wiadomo, że 9 października 1905 roku, bawiąc z grupą artystów kabaretu Zielony Balonik na zaproszenie hrabiny Stefanowej Potockiej w Pałacu pod Baranami, nie zawahała się publicznie zapalić papierosa. Dla Krakowa czasów pani Dulskiej to był powód do zgorszenia, a przecież nikt raczej gwiazdy sceny nie skarcił. Tyle tylko, że hrabina Potocka nazajutrz po wydarzeniu dała na mszę w jej intencji.

Kto jednak mógłby zlekceważyć lub bojkotować tak utalentowaną artystkę, gdy sam Boy-Żeleński nazywał ją „egerią symbolizmu, modernizmu, dekadentyzmu", Wyspiański zachwycał się jej kreacją Racheli w *Weselu*, kiedy tak wspaniale odnajdywała się w nowoczesnym repertuarze dramatycznym od Maurycego Maeterlincka po Stanisława Przybyszewskiego, a portretowali ją czołowi malarze epoki od Stanisława Wyspiańskiego, Leona Wyczółkowskiego i Jacka Malczewskiego po Wojciecha Kossaka (akurat z portretu pędzla tego ostatniego gwiazda nie była zadowolona). Była więcej niż aktorką, była muzą.

Józef Mehoffer sportretował Solską na witrażu katedry we Fryburgu, który Jarosław Iwaszkiewicz tak opisał:

> Wszystkie okna katedry paliły się ogniwem tysiąca barw, witraże Mehoffera jaśniały w całej krasie. A z witraży zaczęły nam kiwać ręką i głową same znajome postaci krakowiaków i krakowianek. Profesorowie uniwersytetu w togach siedzieli, słuchając Jezusa w świątyni, Rydel żął snopki Booza i oto odsłoniła się nam scena u Heroda: Jerzy Żuławski jako Herod siedzi tam za stołem obficie zastawionym jak u Hawełki, a przed nim pląsa jako Salome, ktoże? Sama Solska, w krótkiej tunice / mowy nie ma o siedmiu zasłonach, młoda jeszcze i taka, jaką ją kochał Radzikowski i za jaką szalał Witkacy. Pani Akne![11]

* * *

Na scenie i poza sceną wyglądała, jakby zeszła z obrazów prerafaelitów. Wiotka, ruda, zawsze w strojach podkreślających jej urodę. Jako Rachela wkładała ciemną suknię i szkarłatny szal. Kontrast między miedzianym połyskiem włosów a szkarłatem szala był znakomity. I jeszcze te jej zielone oczy. Niewielkie, ale przykuwające uwagę. Zwykle jednak wybierała pastelową tonację kostiumów, o bogatej gamie odcieni. Zawsze miała znakomite wyczucie kolorystyczne. Nic dziwnego, chciała przecież zostać malarką, tak jak jej matka.

Karolina Flora Poświk urodziła się w 1877 roku w Warszawie, na Nowolipiu. Ojciec był buchalterem, ale matka, Bronisława z Bierzyńskich Poświkowa, całkiem uznaną malarką. Zajmowała się również sztuką stosowaną, i stąd pewnie u córki ta umiejętność projektowania i szycia ubrań, wrażliwość kolorystyczna. Zdaniem Lidii Kuchtówny, biografki Solskiej:

> Uzdolnienia malarskie pozostaną Solskiej na całe życie. Będzie bardzo często sama komponować wspaniałe kostiumy, a nawet sama je szyć lub malować, sama będzie dobierać zestawienia kolorów. Wrażliwość malarska określi jej znakomite poczucie formy i gestu scenicznego, a kostium stanie się inspiracją wielu jej aktorskich kreacji.[12]

Po matce odziedziczyła też kult pracy. Malarstwo było wprawdzie jej pierwszą pasją, ale niemal równolegle ze studiami w pracowni Wojciecha Gersona zaczęła pobierać lekcje aktorstwa u Bolesława Leszczyńskiego, aktora Teatrów Rządowych. Debiutowała w Łodzi w Teatrze Victoria w roli tytułowej w sztuce *Hrabia René* Fryderyka Halma w 1896 roku. Dwudziestojednoletnia aktorka najwyraźniej nie była zadowolona ani ze swojego imienia, ani z nazwiska, bo wystąpiła pod pseudonimem Irena Górska. Debiut był na tyle udany (pisano: „Talent prawdziwy i szczery, swobodne i wdzięczne ruchy, niezwykłe tempo sceniczne, umiejętność cieniowania prawie zadziwiająca u debiutantki"[13]), że Leszczyński nie zawahał się polecić Irenki Tadeuszowi Pawlikowskiemu, dyrektorowi Teatru Miejskiego w Krakowie. Przez kilka sezonów ruda Pomianka (w Krakowie występuje jako Irena Pomian) podbija serca tutejszej publiczności, potem razem z Pawlikowskim przenosi się do Lwowa i powtarza krakowski sukces. „Zakres ról posiada niezmiernie obszerny, celuje wszakże najwięcej w odtwarzaniu postaci skomplikowanych duchowo – pisał recenzent «Tygodnika Ilustrowanego». – Obdarzona wielką intuicją, zwraca główną uwagę na całość psychologiczną każdej roli [...] Gra p. Solskiej sprawia wrażenie nieustannej improwizacji, a pomimo to jest szczera, dokładna i zajmująca"[14].

Zdaniem badaczki Natalii Jakubowej Solska:

oblekała swoje bohaterki aurą zagadkowości, atmosferą wyrafinowanej erotyki, dwuznacznej i niepokojącej, mieszczącej w sobie jednocześnie perwersję i urok niewinności.[15]

Pod wrażeniem rudej Pomianki znalazł się także wybitny aktor Ludwik Solski. Pobrali się w 1899 roku, rozwiedli w 1913. Kiedy w życiu jej pojawił się młody student malarstwa, Stanisław Ignacy Witkiewicz, Irena nadal była mężatką, ale jej małżeństwo z Solskim stanowiło już raczej formalność, zamieszkali osobno na długo przed oficjalnym rozstaniem. Solska nie ukrywa, że romans ze Stanisławem Ignacym Witkiewiczem będzie jednym z powodów rozwodu. Witkacy narysuje węglem portret małżonków *On i ona* – wyłaniające się z czarnego tła dwie jasne plamy twarzy o gorejących oczach. Ona *en face*, z rozwianymi włosami, patrzy hipnotyzująco wprost na widza, on wpatruje się w partnerkę, ma cienki, ostry jak brzytwa profil i spiczaste uszy elfa.

Irena Solska w roli Ofelii, fot. Józef Sebald, 1909

* * *

Wstęp do Zielonego Balonika jest wolny, ale trzeba mieć imienne zaproszenie. Tak więc wolny, ale elitarny. I nie każdy przyjezdny czy byle student może w sobotę po premierze w Teatrze Miejskim dołączyć do wybrańców spieszących do słynnego kabaretu. Frywolne i prześmiewcze utwory, które Tadeusz Boy-Żeleński pisze dla Zielonego Balonika, krążą po Krakowie i poza jego granicami w odręcznych odpisach i odbitkach.

Tutaj w 1908 roku w ciemnej, zadymionej sali Irena Solska poznaje pięknego, chmurnego młodzieńca – Stanisława Ignacego Witkiewicza. Ona jest gwiazdą sceny, on studentem malarstwa w krakowskiej Akademii Sztuk Pięknych w pracowni Józefa Mehoffera. Młodzieniec bynajmniej nie ogranicza się do studiowania i pomieszkiwania w wynajętym pokoju przy Grodzkiej. Wiedzie bogate życie towarzyskie – wśród jego przyjaciół są pisarze, malarze i aktorzy – Tadeusz Miciński, Tadeusz Nalepiński, Tadeusz Szymberski, Jan Rembowski, Karol Frycz, Eugenia i Władysław Borkowscy.

Nie wiadomo, czy spotkanie w Zielonym Baloniku było dla Solskiej i Witkacego jak grom z jasnego nieba. Wiadomo jednak, że już w następnym roku połączy ich romans.

Przebywający na kuracji zdrowotnej w Lovranie Stanisław Witkiewicz znów listownie uczestniczy w miłosnych perypetiach syna:

[...] nie przypuszczasz chyba, żebym ja był tak naiwnym i nie domyślał się, że to, co nazywasz istotną rzeczą twego życia, jest twój stosunek do pani S. Masz rację nazywać to istotnym, gdyż nikt istotniej nie wpływa na życie młodego człowieka nad kobietę, i każdy, kogo on obchodzi, musi pytać z niepokojem, dokąd go to zawiedzie.

Nie wiem nic, co właściwie jest z Tobą, czy to Ciebie wznosi czy obniża.

Są kobiety, które działają na życie jak zaczarowana siła. Nie żądają, nie wymagają nic, nie wpływają czynnie, a są najpotężniejszą dźwignią duszy, najsilniejszą pobudką czynu, podnietą do wytężenia energii psychicznej do granic możliwości ludzkiej natury. I jak kronikarz francuski nazwał swoją kronikę: *Czyny Boże przez Franków*, tak samo nieraz człowiek spełnia czyn, który jest emanacją innej duszy.

Są kobiety z bardzo wysokimi aspiracjami, których egoizm namiętności, chcący wszystko posiąść dla siebie – i wszystko najbardziej cenne, żądają, pragną, potrzebują czynu mężczyzny, który pochłaniają całkowicie. Wywołują one świadome natężenie woli dla zadośćuczynienia ich bezdennych pożądań – wywołują czyn i dzieło. Ale są i takie, które niszczą, rozkładają energię, zużywają ją na małe sprawy albo na nic, które same gnuśnieją i doprowadzają do gnuśności dusze innych, w których rękach granit zmienia się na jaglaną kaszę, a toledańskie szpady na flaki z olejem.

Oto kilka przykładów niesłychanej mnogości tych istotnych przeżyć. Czym jest w twoim życiu pani S.? Przyjaźnią, namiętnością, otumanieniem zmysłów, miłością, zachwytem psychicznym, podziwem myśli – czym? Teatru nie lubisz, sztuki aktorskiej nie uznajesz, więc artystyczny zachwyt nie wchodzi tu w rachubę. Ja nic nie wiem i nie rozumiem. Ty sam zadawałeś sobie te pytania i czy znalazłeś odpowiedź?[16]

Niestety, nie znamy listów syna do ojca, stąd na potwierdzenie uczucia Witkacego do Solskiej musi wystarczyć, poza rysunkami, zdjęciami i powieścią o pani Akne, jedyny zachowany list, pisany do niej przez kochanka 20 lutego 1910 roku:

Nie mogę się zdobyć na pisanie do Ciebie naprawdę, mając tylko tę kartkę. Czekam jutro dłuższego listu. Mam wrażenie, że jak wrócisz z Warszawy, zmieni się nasz stosunek. Ze mną stanowczo coś się stało. Teraz dopiero naprawdę nie ma dla mnie lata w Z. i wszystkich rzeczy z nim związanych. Tym bardziej do wściekłości mię doprowadzają Twoje głupie przypuszczenia, że ja coś knuję przeciw Tobie. Kocham Cię ciągle coraz inaczej i mam przeczucie nieskończonych możliwości. Czekam. Całuję *wszystkiem* wszystko w Tobie.

SW

Czekam straszliwie listu od Ciebie. Za chwilę idę malować pod Gubałówkę i nie mogę dłużej czekać na pocztę. Napisz dokładnie, kiedy będziesz w Krakowie i kiedy mam przyjechać, żeby Cię widzieć zaraz. Dzisiaj wieczorem napiszę więcej.

Twój S.[17]

Stanisław Ignacy Witkiewicz tak bardzo pragnie przekonać ojca do swojej ukochanej, że zapowiada jej wizytę w Lovranie. Solska także chce się pokazać ojcu wybranka z jak najlepszej strony. Nie wątpi pewnie, że oczaruje go tak, jak oczarowuje publiczność, że omota go sobie wokół małego palca tak, jak to czyni z licznymi wielbicielami. Trywialna różnica wieku (Irena jest starsza od Stanisława Ignacego o osiem lat) nie powinna wszak stanowić dla ojca problemu – on sam się kochał w Modrzejewskiej, która była starsza od niego aż o jedenaście lat. Oczywiście nie podoba mu się fakt, że jest mężatką, to jasne. Pisze do syna: „Chciałbym tylko, żebyś w tej sferze, w której najwięcej głupstw się robi, trzymał się ściśle zasady: żadnej wspólnej miski i żadnych resztek po nikim. Rozumiesz?"[18]. Na to akurat można łatwo zaradzić – Solscy mają zamiar się rozwieść.

Pobyt w Lovranie aktorka planuje jako przerwę w podróży do Zagrzebia, dokąd została zaproszona na gościnne występy. 10 maja 1910 roku razem ze Stanisławem Ignacym Witkiewiczem zjawiają się w Willi Central, reklamowanej jako pierwszorzędny polski pensjonat. W tym hoteliku prowadzonym przez Polkę Sidonię Romańczuk-Gadomską od marca 1909 roku mieszka Stanisław Witkiewicz ze swoją opiekunką i egerią Marią Dembowską (Witkiewicz zostanie tu do śmierci w 1915 roku). Wieszczka Mara nie jest już tak szczupła jak niegdyś, nie zachwyca już smukłą kibicią obleczoną czarnym jedwabiem – wiadomo przecież, że na pensjonatowej kuchni mocno się roztyła.

Pobyt kochanków na Półwyspie Istryjskim przebiega zapewne miło i w uprzejmej towarzyskiej atmosferze, ale do niczego nie prowadzi, Stanisław Witkiewicz pozostaje niechętny związkowi syna ze starszą aktorką. Nie czyta nawet recenzji teatralnych, które Solska na potwierdzenie swego artystycznego sukcesu i atrakcyjności przysyła mu z Zagrzebia.

Poznanie pani S. nie zmieniło nic w poglądach, nie usunęło żadnych wątpliwości, nie uspokoiło żadnych trwóg – pisze Witkiewicz do syna. – Sprawa przedstawia mi się tak, jak przedstawiała się na zasadzie Twoich opowiadań i listów. Dziś, jak i wtedy, jestem zdania, że musisz być silnym, absolutnie niezależnym i na jakąś spodziewaną i niespodziewaną chwilę kataklizmu przygotowanym.[19]

Pani S. nie zrobiła Ci krzywdy faktycznej w życiu – dotąd [...]. W ostatnim liście z Krakowa pisałeś tak, jak żeby to się już rwało i do sierpnia nie miało dotrwać. A ja miałbym swymi wystąpieniami ściągać oczka tej sieci i wzmacniać? Nie byłoby żadnego sensu i ja tego nie mogę uczynić. Boli mnie [...], że nie jestem z Tobą w zgodzie [...]. Czy nie byłoby to ostatnim stopniem lekkomyślności ze strony życzliwego człowieka utrwalać stosunek, którego zerwanie mniej uczyni krzywdy – niż trwanie?[20]

Pani S. „Dziwaśka" jak mówi Tymbeusz, ok. 1908–1912, rysunek zaginiony

W gruncie rzeczy romans Stanisława Ignacego Witkiewicza z Ireną Solską sprawia, że młody mężczyzna dojrzewa i uniezależnia się od nadopiekuńczego ojca.

Rok 1910 jest dla Ireny Solskiej intensywny nie tylko ze względu na romans z Witkacym. Odeszła z krakowskiego teatru, wyjechała do Berlina uczyć się języka. Pragnie dla siebie międzynarodowej kariery na miarę tej, którą za oceanem robiła Modrzejewska. Zrezygnuje jednak z tych planów dla ratowania życia i zdrowia córki Hani, która poważnie zachorowała na gruźlicę. Solska jedzie z małą do Davos, a kiedy tamtejsza kuracja nie pomaga, przywozi ją pod Giewont. To wtedy Witkacy fotografuje Irenę i Hanię, rysuje węglem ich portrety. No i pisze powieść *622 upadki Bunga, czyli Demoniczna kobieta*.

Jan Błoński komentuje:

> Romans Bunga z Akne to niby-pospolita opowieść o romansie smarkacza z wampem. Spotkali się sympatyczny chłopaczek i wielka aktorka, rozstali – zeszmacona nimfomanka i „ponury drab", który będzie teraz rozgrywał miłosne komedie jak partie pokera, gdzie odzywki w rodzaju „kocham cię" albo „nigdy cię nie opuszczę" oznaczają tylko etapy podboju czy uległości.[21]

W 1912 roku już są po zerwaniu. Świetne portrety Solskiej rysowane węglem (tzw. potwory) Witkacy tytułuje: *Pani Akne jest ciężkostrawna, Pani S. demon, wulgarny demon, Pani S. „Dziwaśka" jak mówi Tymbeusz*. Nazwy „potwory" na określenie młodzieńczych, mrocznych prac Witkacego pierwszy raz użył Stanisław Witkiewicz w liście do syna w lutym 1908 roku; przyjęła się i w rodzinnym gronie Witkiewiczów i wśród witkacologów. Witkacy określał te kompozycje

KOBIETA DEMONICZNA

Pani Akne jest ciężkostrawna, ok. 1909, Muzeum Tatrzańskie

z punktu widzenia treści [...] bardzo pesymistyczne i ponure. Ale objawiało się to nie w sposób brutalny, tylko nieznacznie i Bungo [literacki odpowiednik Witkacego] sam nie wiedział, jak dochodził do tego właśnie, a nie innego zestawienia figur i wyrazów twarzy, które zmieniały mu się w ciągu pracy, a stan, w który podczas rysowania wpadał, wykluczał wszelką kontrolę. Postacie rysowane przez Bunga cechowało zawsze pewne pokręcenie, dwoistość i przełamanie wewnętrzne.[22]

Poza zdjęciami i portretami Solskiej swojego autorstwa w jego zbiorze kuriozów ważne miejsce zajmują pornograficzne pocztówki z aktorką. Jarosław Iwaszkiewicz wspominał:

Witkacy miał swój «album osobliwości». W przystępie dobrego humoru pokazywał go przyjaciołom. [...] Wśród tych osobliwości z całkowitą swobodą Staś pokazywał cykl pocztówek (drukowanych) malarza Walerego Eljasza-Radzikowskiego, który dostał pomieszania zmysłów na tle miłości do Ireny Solskiej. Staś z taką dezynwolturą dawał do obejrzenia te pocztówki, że oglądającym do głowy nawet nie przychodziło, że dotykają w tej chwili bolesnej sprawy z życia samego Witkacego. Pocztówki były nader dziwaczne, wszystkie przedstawiały zgrupowane sylwetki nagich kobiet, wszystkie one miały rysy jednakowe i wszystkie przedstawiały nagą Solską. A więc naga Solska czerpała wodę ze źródła, podawała ją drugiej nagiej Solskiej, inna naga Solska kąpała się przy tym źródle lub nachylała się nad nim z góry. Całe gromady nagich Solskich siedziały na nagich gałęziach drzew jak stada wróbli i tak dalej.[23]

Wygląda na to, że Irena Solska rzeczywiście pragnęła formalnego związku z Witkacym. Jego kuzynka, Dziudzia Witkiewiczówna, opowiadała po latach Micińskiej: „Irena Solska w jakimś momencie była już gotowa wyjść za mąż za Witkacego, ale jemu już się znudziła i ją rzucił. Marzyła, że wyjadą razem za granicę i w Ameryce zrobi taką karierę jak Modrzejewska"[24].

Tę wersję wydarzeń słyszała pewnie od krewnych męża, a może i od niego samego, Nina Witkiewiczowa, która we wspomnieniach podała:

Staś był kilka razy zaręczony, a kochał się wiele razy. Pierwszą jego narzeczoną była Irena Solska, znana uwodzicielka pierwszej klasy. Opętała zupełnie Stasia do tego stopnia, że postanowił się z nią ożenić, ale rodzice nie pozwolili na to małżeństwo z dużo starszą od Stasia i [z] bogatą już przeszłością znakomitą aktorką. Potem utrzymywali ze sobą przyjacielskie stosunki i nawet po naszym ślubie, będąc w Warszawie, złożyliśmy wizytę Irence i później, gdy więcej bywaliśmy w Warszawie, chodziliśmy do niej nieraz na tradycyjną kawę podwieczorkową.[25]

Hanna Sosnowska wspominała, że i w Zakopanem, i w Warszawie, w kamienicy przy ulicy Dworkowej 9 Witkacy był traktowany wyłącznie jako przyjaciel domu. U Solskiej schodził się teatralny światek – Stanisława Wysocka, Leon Schiller, Teofil Trzciński, Wilam Horzyca, Aleksander Zelwerowicz.

W towarzystwie Irena i Witkacy mówią sobie per pan, pani. O miłości między nimi już dawno nie ma mowy. „«Jaka ona inna» – przemknęło mu przez głowę. [...] «Czyż to możliwe, żebym to z nią przeżył te wszystkie historie» – pomyślał znowu"[26].

W 1918 roku Witkacy dedykuje swojej dawnej miłości dramat *Maciej Korbowa i Bellatrix*. Cztery lata wcześniej w testamencie sporządzonym na Cejlonie, podczas przystanku w podróży do Australii zapisał Irenie Solskiej kompozycję *Błaganie o litość*, rysunek i portret olejny.

W 1914 roku Solska wyszła za mąż za urzędnika kolejowego Ottona Grossera, ale i ten związek nie należał do udanych. Niedługo nasilą się też jej dolegliwości zdrowotne, które powoli będą ją odsuwać od sceny.

Wielka tragedia aktorki zaczyna się już w 1906 roku – początkowo drżenie ciała, załamywanie się głosu są jeszcze niewidoczne dla publiczności, ale ją napawają obawami, każą szukać pomocy u kolejnych specjalistów. Po grypie hiszpance, którą aktorka przechodzi w 1919 roku, choroba Parkinsona jest już trudna do ukrycia, Solska coraz rzadziej pojawia się na scenie, choć w dwudziestoleciu międzywojennym jest jeszcze aktywna zawodowo (po raz ostatni wystąpi 28 stycznia 1938 roku na deskach Teatru Narodowego

Na dnie, ok. 1908–1910, rysunek zaginiony

w roli wdowy w *Balladynie* Słowackiego), w sierpniu 1926 roku we Lwowie zagrała kucharkę w *Małym dworku* Witkacego, zresztą tylko w jednym przedstawieniu. Po premierze wsiadła do samolotu i odleciała do stolicy. „Irenka jest świnia – pisze Witkacy do żony. – Uciekła do W[arszawy] aeroplanem, zostawiając rolę rekwizytorce, która zresztą gra tak [samo], a może lepiej. [...] Solska jest świnia *tout de même*"[27]. Ten incydent nie rujnuje jednak ich znajomości.

Przychodząc z wizytą na Dworkową, Witkacy przynosi jej zawsze do czytania swoje utwory, a ona lubi i ceni jego poczucie humoru. Ale już *622 upadki Bunga...* i pani Akne są dla niej nie do zaakceptowania.

Literatura literaturą, ale przecież każdy rozpoznałby w niechlubnej bohaterce – ją, wielką Irenę Solską. Nie może pozwolić, żeby opisy typu „była wprost potworna. Jej opuchłe, niewyspane oczy, obwiedzione sinymi, przechodzącymi w kawowy odcień obwódkami, były szczytem świńskiego rozbestwienia"[28], albo sceny perwersyjnej łóżkowej przemocy zostały wydrukowane, i kiedy w 1923 roku Witkacy wystąpił z pomysłem publikacji *Bunga*, Solska kategorycznie się temu sprzeciwiła. „Cała bażancioś umysłowa wyjrzała z formy tego zakazu"[29] – komentuje ten fakt Witkacy w liście do żony.

Lepiej zachować w pamięci inny obraz tego romansu niż ten uwieczniony w powieści kochanka oraz w prawdziwych, choć okrutnych szkicach węglem.

„Z galerii ludzi, którzy mnie interesowali, z wielką wdzięcznością wspominam Stanisława Ignacego Witkiewicza – notowała po latach Irena Solska. – To nie była strata czasu. Żyło się wśród bardzo ciekawych, niesfałszowanych urojeń"[30].

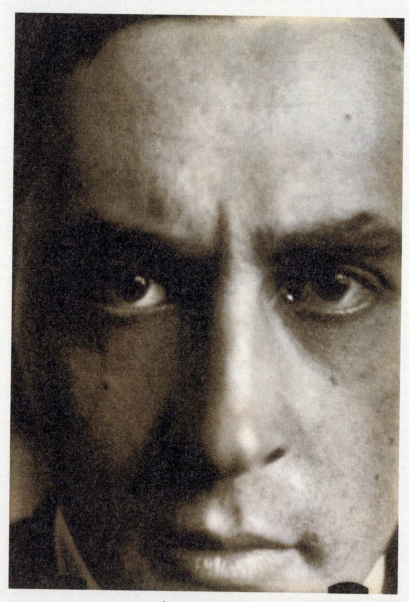

Autoportret, 1912

CIASNY KADR

Rękopis powieści *622 upadki Bunga* oraz albumy: jedne pełne fotograficznych portretów, drugie – zdjęć obrazów i rysunków – składają się na rodzaj dziennika młodego Witkacego – rejestr jego przyjaźni, fascynacji i miłości. Wśród modeli są między innymi Irena Solska, Bronisław Malinowski, Leon Chwistek, Tadeusz Miciński, Helena Czerwijowska, Eugenia Dunin-Borkowska, Zofia Dembowska. Ważne miejsce zajmują autoportrety samego Witkacego – Bunga.

Mamy tu więc do czynienia – pisze Anna Micińska – z procederem jedynym w swoim rodzaju. Artysta z równą wprawą posługujący się piórem co pędzlem i aparatem fotograficznym, gnany problemem dotarcia do istoty rzeczywistości oraz psychologicznej prawdy ludzi, którzy go otaczają – próbuje ich sportretować wszelkimi dostępnymi mu środkami artystycznymi, wszystkimi zaś włada w sposób tylko sobie właściwy. Literackie portrety jego przyjaciół zestawione z malarskimi i fotograficznymi – oto „wynalazek" Stanisława Ignacego Witkiewicza; aby go w pełni docenić, należałoby czytać *Bunga* z oboma albumami pod ręką...

Rzecz jasna, traktowanie owego obrazu nadto dosłownie, jako „pamiątkowej fotografii" bądź kroniki dziejów określonego kręgu osób z lat n-tych, byłoby równie uproszczone, co niebezpieczne. Nie należy bowiem zapominać, że – jakkolwiek oparte na autentycznych wydarzeniach i realiach – *Upadki Bunga* są dziełem literackim, w którym ów autentyczny surowiec uległ daleko idącej obróbce.[1]

Czerpanie z autobiografii i otaczającej rzeczywistości jest dla artysty czymś naturalnym. „Nie ma autora, który by nie zużywał introspekcji i obserwacji innych ludzi dla celów powieściowych – twierdził autor *Bunga*. – Przecież [...] zdolność transpozycji danej rzeczywistości [...] musi być zasadniczą cechą powieściopisarza. Trudno, żeby ktoś żyjący w pewnej atmosferze nie karmił się nią. Chodzi o to, w jaki sposób zużytkowuje ten pokarm"[2].

Poetka i tłumaczka Barbara Wołk-Czerwijowska występująca w powieści Witkacego jako „genialna poetka Eulalia Gagulin" mówiła Annie Micińskiej, że cały *Bungo* jest oparty na kluczu i że „obraz epoki prawdziwy. Tak żyli, tak rozmawiali, to ich zajmowało. «Klucz» prawidłowy – trafność opisów i portretów psychofizycznych występujących postaci"[3].

Do tekstu dochodzą zdjęcia, całe serie zdjęć, bo zdaniem Stanisława Ignacego Witkiewicza jedna fotografia nic nie mówi o człowieku, dopiero sekwencja ujęć – *en face*, z profilu, fragmentu twarzy czy w charakterystycznym dla niego tak zwanym ciasnym kadrze – daje wiarygodny obraz modela, ukazuje prawdziwe „ja".

Od dzieciństwa asystował ojcu przy fotografowaniu, opisie negatywów. W wieku dwunastu, trzynastu lat już samodzielnie wykonywał fotografie – portrety rodziców, zakopiańskie pejzaże, zdjęcia z górskich wycieczek. Z czasem Witkacy coraz śmielej i bardziej świadomie komponuje kadry, wykorzystuje światło, traktuje fotografowanie jako formę kreacji, jeszcze jedną możliwość przetwarzania rzeczywistości.

„Zajmujecie się fotografią, a ja się nią bawię"[4] – rzekł dwóm mistrzom fotografikom Marianowi i Witoldowi Dederkom pod koniec lat dwudziestych. Eksperyment wpisany jest w jego naturę.

Robi coraz bliższe ujęcia twarzy portretowanych osób, ścina je – kadruje tak, że zdają się nie mieścić na fotografii.

O tym swoim wynalazku, o „ciasno kadrowanych" portretach Witkacy pisze 28 sierpnia 1912 roku do przyjaciółki Heleny Czerwijowskiej: „Mam od dwóch dni aparat, do którego Helman przyczepił tamten obiektyw przy pomocy rury wodociągowej. Cudowne zdjęcia zrobiłem i jak odbiję, przyślę"[5].

Helenę też tak sfotografuje, bez żadnych upiększeń, dodatków, wypełni kadr jej białą piegowatą twarzą, w której błyszczą ciemne oczy; mięsiste, spierzchnięte usta są brzydsze, nie tak zmysłowe, jak na rysunkowych portretach. I zawsze niestety, nawet na tym ciasno skadrowanym zdjęciu, widać jej czarne włosy.

Czarne włosy są przekleństwem Heleny Czerwijowskiej – fryzjerskim problemem, który staje na drodze jej miłości i szczęścia ze Stanisławem Ignacym Witkiewiczem.

Portret panny C. Mona Lisa Czerwijowska, 1912

MONA LISA CZERWIJOWSKA

Kapelusz z wysoką budką i szerokim rondem dość skutecznie zakrywa mocne ciemne włosy. Gors sukni widoczny w wycięciu płaszcza ozdobiony jest aplikacją z jasnych koronek. Helena zawsze dodaje do stroju coś białego, choćby kokardę, która ją „rozjaśni", odwróci uwagę od tych fatalnych włosów. Boleje nad tym, że nie jest w typie Stanisława Ignacego Witkiewicza, który lubi lniane blondynki i rudowłose. Helena wie o jego miłości do rudej aktorki Ireny Solskiej, widzi, z jakim zainteresowaniem wciąż portretuje jej przyjaciółkę Eugenię Dunin-Borkowską.

Eugenia jest blondynką, a na dodatek artystką – ukończyła studia dramatyczne, ale nie występuje na scenie; maluje, pisze wiersze i publikuje je w artystycznym czasopiśmie „Maski".

Jerzy Eugeniusz Płomieński pisał o niej:

> Swoją subtelną inteligencją, bystrymi poglądami na sztukę i literaturę, wreszcie kulturą umysłową i estetyczną przypominała ona najlepsze egzemplarze rokokowych sawantek. Miała pastelową, trochę kameralną urodę i maniery wielkoświatowej damy; była jednak dziwnie ściszona i wbrew kobiecej naturze raczej małomówna. Bił z niej niewymuszony wykwint, na który nie pozowała bynajmniej wcale, uderzała przy tym pewnym pociągającym stylem organizacji psychicznej, wysoce wydelikaconej. W jej towarzystwie wypoczywałem

Portret Eugenii Dunin-Borkowskiej, 1912, Muzeum Narodowe w Krakowie

duchowo, chociaż prowadziliśmy nieraz wielogodzinne rozmowy o freudyzmie i spengleryzmie, o Huxleyu, o istocie dostojewszczyzny, o teoriach gnostycko-manichejskich, o neoplatonizmie, a przede wszystkim o Stasiu Witkiewiczu. [...] Uważała go za człowieka genialnego, marnującego swój geniusz w karłowatej, gnijącej atmosferze przedwojennego życia polskiego, chociaż na ogół umiała zachować pewną samodzielność sądów, umiała się przeciwstawić z macierzyńską wyrozumiałością ekstrawagancjom Stasia, nie ulegając hipnozie jego przytłaczającego oddziaływania.[1]

Witkacy maluje jej olejne portrety, tworzy cykle rysunków węglem – jedne bardziej oficjalne, *en face*, w eleganckim stroju i nakryciu głowy, drugie – w łóżku, na kanapie, w swobodnych pozach, z rozpuszczonymi włosami. W *Bungu* portretuje ją jako markizę Martę de Montfort: „Była to kobieta wysoka i szczupła. Miała złoto blond włosy zakręcone na uszach à la Cleo i ciemne jak skrzydła lecącego ptaka podniesione brwi. Niebieskie, smutne jej oczy miały wyraz prowokujący do najbardziej istotnych zwierzeń, i to specjalnie dotyczących nieszczęść jej interlokutora"[2]. Przyjaźń i podziw Witkacego dla Eugenii Dunin-Borkowskiej przetrwa lata – w 1920 roku napiszą razem dramat *Mister Price, czyli Bzik tropikalny*.

Helena nie dziwi się fascynacji Witkacego Eugenią. „Przyjaciółka moja [...] jest podobna do kwiatu niesłychanie wątłego o łudząco miękkich kolcach – stwierdza Czerwijowska. – Kocham ją bardzo, jest przenikliwa jak promień Roentgena – intuicja nadzwyczajna, rozumie w ludziach te rzeczy, które stoją poza nawiasem zwykłej świadomości"[3].

Helena spotyka Stanisława Ignacego Witkiewicza około 1909 roku w artystycznym kręgu przyjaciół małżeństwa Borkowskich (mąż Eugenii, Władysław, jest malarzem, z Witkacym poznali się prawdopodobnie w krakowskiej Akademii Sztuk Pięknych). „Wielu

ludzi poznaję w domu moich przyjaciół – notuje – przeważnie artystów, którzy stali mi się bliżsi niż wszyscy inni ludzie na świecie. Nikt specjalnie mnie nie zajmuje, zaciekawiają mnie wszyscy"[4].
Już wcześniej poznała młodego filozofa Bronisława Malinowskiego, który proponuje jej pomoc w nauce, bo panna z Podola niezbyt dobrze radzi sobie na studiach w Krakowie. Ludzi i zdarzenia z tego okresu Helena opisze w swego rodzaju pamiętniku – utworze wspomnieniowym. Gęsto zapełnia ołówkiem kartki szkolnego zeszytu – na papierze baśń miesza się z rzeczywistością.

Spacer ze Stanisławem Ignacym Witkiewiczem Helena relacjonuje tak:

> Pamiętam była wczesna wiosna – luty – szłam wieczorem obok plant z artystą – który przyszedł po mnie, by iść do mych przyjaciół – idąc, rozmawiałam o głębi psychologicznej Dostojewskiego – później szliśmy, nic nie mówiąc, a po chwili milczenia artysta z jakimś dziwnym oderwaniem od życia wskazał mi promienie światła lamp ulicznych, które tak tajemniczo podpatrywały liście drzew – powiedzenie było zupełnie proste nic nie znaczące – a zrobiły na mnie wrażenie i od tej chwili zaczęłam zwracać uwagę na tego człowieka – każdy mężczyzna, idąc ze mną, był mniej lub więcej mną zajęty – co mi psuło moją bezpośredniość stosunku do wszystkich i wszystkiego – tu szedł obok mnie ktoś, dla kogo byłam równie dobrze sobą jak lampą, drzewem, byłam tem, czem on dla mnie był, i to mi się szalenie podobało.[5]

Poznają się bliżej w Lovranie w kwietniu 1909 roku. Witkacy przyjechał odwiedzić ojca, Helena spędzała czas z przyjaciółką (przyszłą bratową) Barbarą Wołk. Nie jest to dla Stanisława Ignacego dobry czas – zakochany mężczyzna tęskni do Ireny Solskiej, ciągle o niej myśli i mówi. Nie stroni jednak od towarzystwa młodych kobiet, flirtuje z Heleną Czerwijowską – spełnia nawet jej pragnienie, żeby „w nocy być nad morzem", a kiedy dziewczyna mówi mu, że od dwóch lat nie słyszała rechotania żab, a bardzo je lubi, prowadzi ją nad jezioro, „w którym tysiące żab się darło". I wkrótce, bezwiednie, Helena zakochuje się w pięknym dandysie, obserwuje go bacznie, w milczeniu. „Był to wysoki, przystojny młodzieniec o nienormalnie grubych, choć kształtnych łydkach i dość szerokich biodrach. [...] Na nogach miał bryczesy, mimo że konno prawie nigdy nie jeździł, i żeby nie wzrost ogromny, mógłby z powodu ogolenia twarzy uchodzić za dżokeja"[6]. Sam Witkacy najchętniej zakłada pumpy i czarne pończochy robione przez matkę. Nosi się z elegancką nonszalancją. Wielki czarny beret dodaje mu artystowskiego czaru.

Kiedy dni spędzone w towarzystwie Stanisława Ignacego Witkiewicza dobiegają końca, Helena czuje, że pan I. (tak nazywa Witkacego w pamiętniku) „stał się [dla niej] jakby czemuś Koniecznym"[7]. Próbuje wyrzucić go z myśli, ale to na nic. Wyjazd Witkacego z Lovrany jest dla młodej kobiety początkiem zmagania się z własnymi uczuciami. Już po odprowadzeniu artysty na statek Helena przekonuje się, że w jej życiu zaszła zmiana. „Zrozumiałam wiele z chwilą, kiedy śruba okrętowa rozdzierała z hałasem morze. Stałam na molo i przez chwilę nie wiedziałam, dokąd iść, bałam się domu, tam obok był pusty już pokój, nie miałam drogi przed sobą. Wszędzie byłam z p. I. Bora była tego dnia, co potęgowało moją samotność i myślałam, że ja już też znam tęsknotę"[8].

Po powrocie do Krakowa zaczyna wręcz chorować z miłości – słabnie po każdym, nawet przypadkowym spotkaniu Witkacego na ulicy czy w teatrze.

Kiedy dostanie pierwszy list od Stanisława Ignacego Witkiewicza, z całych sił będzie starała się nie dać po sobie poznać, ile to dla niej znaczy: „Odpisać musiałam spokojnie, siliłam się na spokój, bo gdyby tak pisać, jak chciałam, to list mój spaliłby się od słów, które bym tak pisała"[9].

* * *

11 kwietnia 1911 roku Witkacy pisze do Heleny: „Czasami bardzo bym pragnął Panią widzieć. Nie dlatego, że Pani była wyrozumiałą (zanadto) na moje upadki, ale że mam dla Pani głęboką i poważną sympatię (mówiąc łagodnie)"[10].
Czerwijowska przeczekała Solską, zaprzyjaźniła się z artystą. Teraz korespondują regularnie, on zwierza się jej ze swoich uczuć, twórczości (informuje przyjaciółkę, że pracuje nad *Bungiem*), snów (kiedyś przyśniła mu się Helena i to był bajeczny sen). Troszczy się o jej zdrowie, kiedy choruje czy ma operację, odwiedza w szpitalu („Nikogo tak nie czekałam jak pana I., z daleka w korytarzu już poznawałam jego kroki"[11] – notuje Czerwijowska). Wyznają sobie miłość („[...] ja też Panią kochałem i kocham"[12]), Stanisław Ignacy Witkiewicz mówi Helenie, że jest dla niego ważna: „Czekam przyjazdu Pani jak zbawienia[13]", „Nie czuję się samotny jedynie w myślach o Pani"[14].

W liście z 5 maja 1912 roku Witkacy wspomina o seansie psychoanalitycznym u doktora Karola de Beauraina:

Kiedy Beaurain à propos snu wypytywał mnie o mój stosunek do Pani, powiedziałem mu mniej więcej tak: Jest to jedyna kobieta, z którą byłbym szczęśliwym w najgłębszym znaczeniu tego wyrazu. Dlaczego los prześladuje mnie w ten sposób, że ta kobieta jest czarna, i nawet gdyby wszystko było inaczej, gdybym miał jej wzajemność, co najwyżej mógłbym ją uczynić najnieszczęśliwszą z kobiet. Idąc kiedyś (temu niedawno) przez las, pomyślałem z pewną goryczą, czemu ja nikogo kochać nie mogę. I nagle pomyślałem o Pani, że Pani jest tą jedyną, którą mógłbym kochać naprawdę. I znowu zobaczyłem Pani czarne włosy i czarne oczy i pomyślałem, że nade mną ciąży jakieś potworne przekleństwo. Jakaś maskarada okropna, pomieszanie dusz i peruk. Problem głęboki i fryzjerski zarazem. I oczy Pani wydały mi się niezmiernie bliskie i przeklęte na zawsze. Te rzeczy były od samego początku. Pozwalam Pani pęknąć ze śmiechu na ten temat, bo po części jest to tego warte.[15]

Biedna Helena, wcale nie jest jej do śmiechu – w pamiętniku napisze:

Mówiłam ci, moja jedyna Matko, że życia nigdy nie poznam – mówiły Ci to jeszcze moje oczy, kiedy mówić nie umiałam. Zanim przyszłam na świat, przepowiedziała Ci mnie wróżka – mówiła, że będziesz mieć dziewczynkę o czarnych oczach i czarnych włosach – tylko nie powiedziała Ci – że moje czarne oczy i czarne włosy – staną się mym nieszczęściem w życiu.[16]

A Stanisław Ignacy Witkiewicz dalej pisze o śnie:

[...] miałem sen o Pani. Siedzieliśmy przy stole, przy lampie. Pani patrzyła na mnie wzrokiem jednocześnie diabolicznym i kochającym. [...] Czułem, że za chwilę będę musiał Panią całować, i miałem wrażenie, że to będzie ohydna zbrodnia. I obudziłem się ze strachu, żeby się to nie stało. To jest najistotniejszy wyraz mojego stosunku do Pani. Chwilami myślałem z rozpaczy: oświadczyć się Helenie. Jeżeli się zgodzi, ożenić się z nią natychmiast i konsekwentnie zrezygnować z życia na zawsze. [...] Pani byłaby nieszczęśliwa, ja byłbym tylko artystą, tj. właściwie czymś, czym jedynie byłem i jestem (ale tak byłoby to w inny jakiś, zbrodniczy sposób). Nie kompromis, tylko zbrodnia. [...] Jeżeli stosunek Pani do mnie zmienił się pod wpływem innego sądu o mnie, a nie nastąpił jako zmiana samych uczuć, nie chcę nigdy więcej Pani widzieć i znać. [...] Pani kochała mnie bez zastrzeżeń, człowieka pełnego perwersji i zastawek, zasłaniających rzeczy prawdziwie wielkie. Ale to jest to, co jest w najistotniejszym związku z moją sztuką. Dla mnie życie jest i będzie potworne, a każdy fakt mego życia za tym przemawia. Tego uczucia Pani nie byłem godnym (nie jest to frazes, tylko wyraża to, jak bardzo Panią cenię) i uważam, że dobrze, że mnie Pani już nie kocha, bo czy prędzej, czy później stałoby się to naszym (nie tylko Pani) nieszczęściem.[17]

Sny snami, a życie życiem. On ją czaruje, kreuje siebie w listach, kreuje ich oboje.

Witkacy grał przed Czerwijowską i w tej zabawie rodził się dandys – przekonuje Bożena Danek-Wojnowska w przedmowie do listów artysty do Czerwijowskiej. – Rozbity jako jednostka, wydany na pastwę przemijających wrażeń i rozproszonych przeżyć, pisarz nabierał koherencji jako postać. Postać w oczach innych, Czerwijowska – demon, Czerwijowska – lustro, obydwa te wcielenia Heleny uzupełniały się. Zabawa w system luster i przymierzanie wielu masek było częścią nieodłączną zachowania dandy. Dandys, aby przykuć uwagę, musi zdumiewać. Musi podniecać prowokacją. Dandy Witkacy „demonizował" Helenę, ale czynił to z pełną ironiczną samokontrolą, wie, że gra, prowokacja staje się u niego autoprowokacją.[18]

Ona też ma swoją metodę postępowania z artystą – kiedy jemu zależy bardziej, kiedy się roznamiętnia, wtedy ona zamyka się w sobie, wycofuje się, mówi, że całować już się z nim nie będzie, i oferuje mu przyjaźń.

MONA LISA CZERWIJOWSKA

Niech Pani pomyśli: Są między nami cudowne stosunki – pisze Witkacy w lutym 1913 roku. – Pani oświadcza, że ani żoną, ani kochanką być nie może, ale może „być przy mnie". Ja, który Panią kocham, przyjmuję Panią tak, robiąc sobie o to wyrzuty. Ale stosunek ten (perwersyjny) jest dla mnie b. szkodliwy i podobnie tak w lecie, jak i teraz, odbija się na moim zdrowiu. Chcę Panią prosić, aby Pani została moją kochanką, co przy pewnych ostrożnościach mogłoby być bez następstw. Wobec tego, że Panią kocham i uznaję ją tak jak nikogo, wszystkie te rzeczy giną za widzeniem się osobistym i nie mam odwagi zniszczyć czegoś i nawet wspomnieć nie chcę o tym wszystkim, bo główną rzeczą jest to, że Panią kocham. Na to Pani odmawia mi nawet swoich ust. Ja bez cienia zmiany istotnego stosunku, czego dowody dałem, przyjmuję tę zmianę po paru wahaniach nieistotnych i staram się ukręcić wszelkie uczucia zmysłowe, zachowując (co jest cudem nad cudami) wszystko inne. Na to list: byłoby by wszystko, żeby było, ale nie było, bo nie było. To jest treść prawdziwa.[19]

Trwa zabawa w „kocham, ale nie mogę z Panem/Panią być". W powyższym liście Witkacy pisze zresztą, że kocha Jadwigę Janczewską tak, że będzie mógł się z nią ożenić.

Wszystko to jest bardzo wyczerpujące dla Czerwijowskiej, która długo i wiernie kocha się w Stanisławie Ignacym Witkiewiczu. Jeden z jej portretów rysowanych węglem artysta tytułuje *Helena w niepewności*.

W tej grze i niepewności znajduje się i miejsce dla tego trzeciego – jeszcze w 1912 roku, podczas pobytu w szpitalu z powodu operacji wyrostka robaczkowego, Helena nawiązuje bliską relację z Bronisławem Malinowskim, który też ją codziennie odwiedza. W porównaniu z Witkacym może się wydawać bardziej prostolinijny i szczery, bez tych wszystkich „zastawek i perwersji". Ale jak

Helena w niepewności, ok. 1912

wspominała Barbara Wołk-Czerwijowska, „narzeczeństwo trwało tydzień, bo Helena nie chciała Bronia, tylko Witkaca"[20].

To nie pierwszy raz, kiedy przyjaciele Bronio i Staś tworzą skomplikowany trójkąt z tą samą kobietą, rywalizują ze sobą o jej względy, dyskredytują się nawzajem – tak już było w 1906 roku z młodą malarką Zofią Dembowską. Zakochana w Witkiewiczu dziewczyna znalazła oparcie w Malinowskim, który zaproponował jej „wysoką przyjaźń". Dla niej zaś sytuacja stała się trudna do zniesienia, albowiem jak wyznała w liście z 4 sierpnia 1906 do Bronia: „ta kombinacja «troje» nie może nigdy dobrze egzystować. Wtedy się tworzy dwoje i Jedno. Dwoje przeciw temu jednemu, które jest obnażone i krzywdzone"[21].

Kiedy wiosną następnego roku Helena znowu ma być operowana, pisze szczerze do Witkacego: „Jeżeli już nigdy Pana nie zobaczę, to niech Pan wie, że nie było sekundy, w której bym pana nie kochała, i że miłość moja była czysta, jak czysta jest tęsknota pól naszych – w miłości tej zamknęłam swoje życie"[22].

Już od czasu pobytu w Lovranie w 1909 roku Stanisław Ignacy Witkiewicz demonizuje Czerwijowską – z pewnością przekonywał do swojego punktu widzenia bliskich, skoro ojciec pisze do niego: „Panna H.C. przychodzi do nas – jest bardzo miła i nic nie demon"[23].

Pomimo że „ta kobieta jest czarna", Witkacy wykonuje jej portrety. W październiku 1912 roku pisze do Heleny: „Chcę narysować Panią najmniej 30 razy. Mam nienasycone pragnienie Pani twarzy"[24]. Śle zdjęcia do ojca, który komentuje jego malarskie dokonania: „Panna H.C. jest nadzwyczajna w wyrazie"[25]; w liście 7 sierpnia 1912 roku Stanisław Witkiewicz stwierdza: „Portretowanym damom uroku nie dodajesz. *Mona Liza Czerwijowska* ma żywy wyraz w oczach, ale przebrzydzona"[26].

Co do portretu psychofizycznego Heleny w *Bungu*, to jej rysy mają dwie postacie – gruzińska księżniczka Keskeszydze i Angelika.

Angelika była to nieduża i dość niezgrabnie zbudowana panna. Miała czarne włosy uczesane gładko na szczycie głowy, a stanowiące dalej wał otaczający ją dookoła; nos trochę zadarty do góry i bardzo ładne piwne oczy, które czasem były ponure, złe i uparte, a czasem zdziwione i dobre. [...] W gruncie rzeczy była wściekle uparta, ale cała jej wola nie skierowana do żadnego czynu, obracała się jakby przeciw niej samej. Była demonem, ale jedynie wobec samej siebie, i systematycznie niszczyła w sobie wszystko, co mogło ją do innego, bardziej czynnego życia pobudzić. Poza tym była niesłychanie dobrą, łagodną i do przesady delikatną. Wiedziała prawie zawsze ukryte myśli ludzi, którzy z nią mówili, a przynajmniej Bungo nic absolutnie ukryć przed nią nie umiał. Panny takie zdarzają się jeszcze czasem na Litwie, ale jest to rasa wymierająca. Bungo chciał początkowo wydobyć ją z tego życiowego marazmu, ale przekonał się wkrótce, że ma do czynienia z głęboką, powoli postępującą psychozą, wobec której czuł się zupełnie bezsilnym. Mówił do niej wiele, ona słuchała go, milcząc, i czasem jednym słowem dawała poznać, że rozumie wszystko, i Bungo czuł, że niezależnie od jej życiowego pesymizmu ona widzi wiele rzeczy jaśniej i prościej od niego. Ale właśnie przez to jako kobieta nie zajmowała go zupełnie. Miał w niej niezmiernie oddaną siostrę, za którą tęsknił od dzieciństwa, będąc niestety jedynakiem. Ale stosunek ten zaczął się nieznacznie zmieniać. Bungo czuł, że zaczyna się wiązać w jakąś dwuznaczną, niezdrową dla niego sytuację. Zaczęła go coraz bardziej opanowywać trwoga przed nią, przed niemożnością innej twórczości niż ta, którą mu ona narzucała. Czuł, że stosunek ten mimo całej wzniosłości Angeliki zaczynał działać na niego deprawująco. Ta lepsza strona jej duszy miała dla niego znaczenie tylko o tyle, że było mu z nią bardzo wygodnie. Poza tym narkotyzował się jej niszczącą psychozą i miał wrażenie, że coś podobnego zaczyna go powoli ogarniać. Chwilami kontrolował siebie, czy jest normalny, ale analiza ta nie przynosiła nic Nowego. Nie umiał uchwycić ze swoich stanów nic wariackiego, a jednak czuł się czasami sobie samemu zupełnie obcym i zaczynał się obawiać, że może skończyć obłąkaniem, sam nic o tym nie wiedząc. [...] Bungo, oderwany zupełnie od ludzi, zaczynał coraz bardziej odczuwać potworny ciężar stosunku swego z Angeliką. Nic między nimi nie zaszło, ani jedno dwuznaczne słowo nie zakłóciło idealności ich stosunku, a jednak Bungo czuł się oficjalnym narzeczonym Angeliki. Nie kochał jej zupełnie; miał dla niej przywiązanie, jakie można mieć dla dziwnego, cichego zwierzęcia domowego, a jednak czuł się w stosunku do niej do czegoś zobowiązanym. Ciągłe współżycie wytworzyło ten stan anormalny i Bungo wiedział, że ona myśli o ich stosunku w ten sposób, jak gdyby już nigdy rozstać się nie mieli. Czuł i w tym także milczący nakaz przyzwyczajenia się do tej myśli. A ponieważ nie miał dla Angeliki żadnych uczuć zmysłowych i widział w niej siłę bezwzględnie przeciwną jego zdrowemu *au fond* pojmowania życia, mimo że nowy rodzaj twórczości sprawiał mu przewrotną przyjemność, zaczął się potwornie męczyć. Ona okazywała mu dobroć i przywiązanie, graniczące z najwyższym poświęceniem. Bungo potrzebował tych objawów koniecznie, a jednocześnie czuł, że Angelika, nie wiedząc o tym, pogrążała i jego, i siebie, w nieuchwytną plątaninę, na dnie której jak olbrzymi pająk, czatował obłęd.[27]

Witkacy wmówił Czerwijowskiej winę za rozpad ich związku, nawet fakt zaręczyn z panną Jadwigą Janczewską zrzucił na karb postępowania Heleny. Twierdził, że dalej ją kocha, ale pokonał w stosunku do niej zmysłowość. Wszystko to jej wina – powiedziała przecież, że się już z nim całować nie będzie. „Przebaczam Pani okrucieństwo wobec mnie – czyta Helena słowa Witkacego – i czynię Panią odpowiedzialną za każdy krok w moim życiu, począwszy od 23 grudnia 1912 [wtedy to Helena uchylała się od pocałunków]. Możliwe, że popełniam szaleństwo, ale będę brnął dalej"[28].

Helena Czerwijowska – cierpliwa i zaprawiona w czekaniu, przeczeka i to narzeczeństwo Witkacego z Jadwigą Janczewską. Po jej samobójstwie przyjedzie do Zakopanego, żeby być blisko przyjaciela.

Barbara Wołk-Czerwijowska zapamiętała, że kiedy Witkacy wyjechał z Bronisławem Malinowskim w podróż badawczą do Australii (świetny pretekst do zniknięcia z Zakopanego, żeby uniknąć posądzeń w związku ze śmiercią narzeczonej), zrozpaczona Helena „w ciągu jednego wieczoru zdecydowała się na małżeństwo z Protassewiczem"[29].

Ślub Heleny Czerwijowskiej i podporucznika Leona Protassewicza z I Brygady Legionów Polskich odbył się 25 lutego 1915 roku w Białej. Ich świadkami byli: brygadier Józef Piłsudski i podpułkownik Kazimierz Sosnkowski.

Piłsudski zostanie ojcem chrzestnym ich jedynego syna Ziuka. W latach 1927–1937 Protassewicz pełnił funkcję administratora Belwederu. Potem przeszedł na emeryturę i rodzina zamieszkała w majątku Hajkowice w powiecie Lida.

W czasie drugiej wojny światowej Helena pracowała w Lidzie w garkuchni. Zmarła w 1942 na tyfus.

Pod koniec lat dwudziestych i w latach trzydziestych Stanisław Ignacy i Nina Witkiewiczowie utrzymywali towarzyskie kontakty z Protassewiczami, bywali u nich w Belwederze.

Witkacemu jeszcze czasami śni się czarnowłosa Helena. „Potworny sen o Helenie P[rotassewiczowej] – donosi żonie w lutym 1936 roku. – Jej mąż mnie więził (ale to nie był Leon)"[30].

Ciekawe, co o tym śnie rzekłby Witkacemu doktor Beaurain. Ten pierwszy polski psychoanalityk, zapalony freudysta, zainteresowany snami młodego Witkiewicza, zaproponował mu w 1912 roku „systematyczny «kurs praktyczny»", na co pacjent zgodził się z radością. W listach do Heleny w tym okresie sporo jest wspominania o snach i głębokiej ich analizy.

Badając Witkacego, Beaurain stwierdził u niego „kompleks embriona".

Stanisław Ignacy Witkiewicz na tle *Kompozycji*, autoportret, 1913

EMBRION

Nina doskonale zdaje sobie sprawę, że kwestia posiadania potomstwa ze Stanisławem Ignacym Witkiewiczem w ogóle nie wchodzi w grę. Tak wspominała moment oświadczyn: „[...] zapytał, czy mi bardzo zależy na tym, żeby mieć dzieci, bo on wolałby ich nie mieć, z obawy, że nie byłyby udane, jako że oboje do pewnego stopnia jesteśmy degeneraci"[1]. A ona od razu przystała na jego warunki. Gdyby się zawahała, nie doszłoby pewnie do małżeństwa. Nie wiedziała wtedy jeszcze, jak głęboka jest jego niechęć. Nie czuła, czym jest instynkt macierzyński.

Dwa lata później jest już pewna, że ulegając emocjom, zgodziła się zbyt pochopnie; zastanawia się, czy mąż nie zmieni zdania w obliczu nowych okoliczności. Zachodzi w ciążę i decyduje się urodzić. Długo zwleka z poinformowaniem męża, może liczy na to, że zaawansowana ciąża powstrzyma go przed namawianiem jej do aborcji. Za późno, i tyle. Stało się.

Skoro ona czeka na to dziecko, to i on może się ucieszy, może dziecko zrobi z nich małżeństwo. Marzenia ściętej głowy.

Jak dało się przewidzieć, gdy mu w końcu powiedziała o ciąży, spanikował i od razu rzekł: „skrobanka". „Bardzo mnie zmartwił Twój list – pisze Witkacy do żony 9 listopada 1925 roku. – Jest to nowy temat dodany do symfonii ponurości, która nas otacza. Jestem niespokojny o Ciebie, a jednocześnie myślę, że może Ci to dobrze zrobi na obojętność erotyczną"[2]. Jakby aborcja rozbudzała zmysły. Witkacy robi z zabiegu interesujący eksperyment, który może odmienić seksualność Niny. To dla niej właściwie sytuacja zbawienna – jego zdaniem, nie jej.

Sprawa skończyła się po myśli Witkacego. Co dosadniej pokazuje jego niechęć do potomstwa niż scena z dramatu *Tumor Mózgowicz*, gdzie dochodzi do wyrzucenia dziecka przez okno. Lęk przed wzięciem na siebie odpowiedzialności za dziecko i przed życiową zmianą jest większy od lęku o zdrowie żony. O empatii, o wczuwaniu się w jej potrzeby i pragnienia nie ma nawet mowy.

A więc aborcja. Nina na to przystaje i nie może się już nawet żalić, że postanowił za nich oboje. Wspólna decyzja. Trzeba tylko zdobyć odpowiednią kwotę na zabieg, który nie jest tani, zorganizować wszystko i żyć dalej.

„Najdroższa Nineczko – pisze do niej mąż 13 listopada. – B. mi przykro, że będziesz poddawać się temu, ale cała pociecha w tym, że może Ci to dobrze zrobi. Co do B., to nie uważam go za bękarta, ale nie mam o nim żadnego zdania – *der Kerl existierr für mich eigentlich nicht*[3] – ponieważ nie trzymałem Cię w zamknięciu"[4]. I jeszcze sugeruje, że nie z nim zaszła w ciążę.

Wsparcie okazywane przez męża jest dość specyficzne. I jak to w ich małżeństwie – listowne. Nina przebywa w Warszawie, Stanisław Ignacy w Zakopanem, gdzie zatrzymuje go sprawa honorowa z Karolem Stryjeńskim, który jest obrażony, że Witkacy rozpowiada o jego romansie z Ireną Domaniewską, żoną znanego zoologa i publicysty.

Kwestia, czy dojdzie do pojedynku między nim a Stryjeńskim („Może trzeba będzie puknąć w powietrze"[5]), przeplata się w listach z kwestią zabiegu żony. 14 listopada donosi:

> Za powodzenie Twojej operacji nie palę już 4ty dzień i czuję się z tym daleko lepiej. Bardzo czekam wiadomości. Ciekawym jest, jakich wrażeń doznasz od narkozy. Podobno

wielkich cierpień nie ma i to mnie pociesza. Na razie nie mogę jeszcze wyjechać. Postanowiłem nic sobie z tego nie robić (wewnętrznie), a wszystko robić, aby pewnych rzeczy, z których nic sobie można wewnętrznie nie robić, uniknąć (jednak). Nowy system b. ciężki do wprowadzenia w rzeczywistości. Z „frontu" nie mam żadnych wiadomości, ponieważ zostawiłem moją sprawę świadkom *à discrétion* do definitywnego załatwienia [...].
    Może Cię właśnie rżną i skrobią w tej chwili. Mój Boże – co bym dał, aby to widzieć!!![6]

Raczej nie takich słów oczekuje kobieta, która z powodu nalegań męża musi pozbyć się dziecka.

Nie wiadomo, czy zabieg odbywa się w klinice czy w mieszkaniu Niny na Brackiej.

Irena Krzywicka, która w tym samym okresie poddała się aborcji, wspominała, że przeprowadzono ją w domu, pod narkozą chloroformową. Jedynym skutkiem ubocznym, który potem odczuła, był rodzaj depresji nerwowej.

16 listopada Witkacy może odetchnąć z ulgą – Nina po zabiegu, sprawa dziecka definitywnie zamknięta.

Najdroższa Nineczko:
    Dziękuję za list. Cieszę się, że się szczęśliwie odbyło. Jeśli był i tak zdeformowany, to trudno, a zresztą. Stan mój opłakany. Mieszkam w nadbudówce psychicznej, w której trudno wytrzymać, tak jest rozrzedzone powietrze. [...]
    Całuję Cię, moja biedna męczennico miłości. Czy uczucia erotyczne nie zaczynają się w Tobie budzić?
    B. cierpię za Ciebie, ale już samym koniuszkiem duszy, bo sam jestem jak jedna wielka dupa wołowa.[7]

Jadwiga Janczewska czesząca włosy w willi Chata,
fot. Stanisław Ignacy Witkiewicz

EMBRION

Nina do końca życia będzie żałować, że uległa perswazji męża. Halina Leszczyńska, córka Marii Flukowskiej i pasierbica Stefana Flukowskiego, z którymi po drugiej wojnie światowej Jadwiga Witkiewiczowa była zaprzyjaźniona, opowiadała:

> Przyznała kiedyś, że podporządkowała mu się o jeden raz za dużo. Powiedziała o tym tylko kilku najbliższym osobom: mnie, mojej Mamie, Dziudzi Witkiewiczównie, którą uważała właściwie za swoją bratową, oraz Janinie Lovell, z którą przyjaźniła się w Krakowie, a skłonił ją tam do wynurzeń dwuletni chyba Marek Lovell, królujący w mieszkaniu na Krupniczej, nieustannie przypominający jej własny dramat. [...] Dokonała aborcji niemal w ostatniej chwili, kiedy właściwie już nie powinna. Co więcej, tak jak chciała – widziała swoje dziecko i był to chłopiec. W miarę upływu lat ogromnie swojej decyzji żałowała. Uważała ją za swój największy życiowy, nieodwracalny błąd, do którego nie powinna dopuścić nawet za cenę natychmiastowego rozstania.[8]

Cóż, sprawy potoczyły się zgodnie ze z góry ustalonym scenariuszem. A życie pokazało, że nie o każdym biegu wypadków Witkacy może w pełni decydować. Wystarczy wspomnieć nieszczęśliwą Jadwigę Janczewską. Wiele wskazuje na to, że pociągając za spust browninga, narzeczona samobójczyni była w ciąży ze Stanisławem Ignacym. Może Nina o tym nie wie, nie widzi analogii, a może we wspomnieniach o mężu kieruje się dyskrecją. O Jadwidze Janczewskiej napisze tylko:

> Niestety koniec był tragicznym, gdyż p. Janczewska odebrała sobie życie wiosną 1914 roku. Była to dość tajemnicza sprawa i przypuszczam, że ówczesna atmosfera Zakopanego przyczyniła się w pewnym stopniu do tak tragicznego zakończenia.

Autoportret, 1913, Muzeum Narodowe w Warszawie

EMBRION

Młoda panienka dostała się w otoczenie ludzi tej miary, co Staś, Tadeusz Miciński, Karol Szymanowski, Leon Chwistek, Tadeusz Langier i wielu innych – i po prostu w pewnej trudnej chwili nie wytrzymała napięcia naładowanego erotyzmem i wysokim poziomem intelektualnym „klimatu" Zakopanego. Powodem tego rozpaczliwego kroku było posądzenie jej przez Stasia o romans z Karolem Szymanowskim. Staś, który był z natury zazdrosny, a kochał ją szalenie, postanowił z nią zerwać, a ona z rozpaczy pojechała do Doliny Kościeliskiej i tam wystrzałem z browninga odebrała sobie życie. Nie rozpisuję się o tym dramacie, gdyż boję się napisać coś, co byłoby niezgodne z prawdą. To jedno jest pewne, że gdy przyjechali rodzice p. Janczewskiej i przeczytali pozostałe po niej papiery – dziennik zdaje się – oznajmili, że Staś jest w tym wypadku niewinny – to bardzo ważne. Śmierć p. Janczewskiej zrobiła na Stasiu potworne wrażenie – sam tylko myślał o samobójstwie i wszyscy przyjaciele robili, co mogli, żeby go od tego zamiaru odwieść.[9]

Stanisław Ignacy Witkiewicz zwierzył się Karolowi Ludwikowi Konińskiemu, że po przyjeździe rodziców Jadwigi odbyła się sekcja i „znaleziono embriona, była w ciąży"[10].

Po latach, ubierając wydarzenia w literaturę, opisze je w *Pożegnaniu jesieni*; narzeczoną Jadwigę Janczewską przedstawi pod postacią płowowłosej Zosi Osłobędzkiej.

Jadwiga Janczewska, fot. Stanisław Ignacy Witkiewicz, 1913

SAMOBÓJSTWO

Atmosfera w Zakopanem, zwłaszcza w pensjonacie Nosal na Bystrem prowadzonym przez Marię Witkiewiczową, jest zdaniem młodej kobiety *hoch interessant*.

Jadwiga Janczewska mieszka tu od października 1912 roku. Przyjechała do Zakopanego leczyć płuca. Z powodu choroby przerwała studia w Krakowie, gdzie przebywała razem z jedynym bratem, Leonem. Pochodzi z ziemiańskiej rodziny, jej ojciec dodatkowo jest adwokatem w Mińsku Litewskim; w 1906 roku został posłem mińskim do Dumy.

Z przekazów współczesnych wiadomo, że Jadwiga to niezależnie myśląca dziewczyna, inteligentna, utalentowana malarsko.

W Zakopanem, podczas godzin spędzanych na odpoczynku i werandowaniu, Jadwiga stale coś czyta albo pisze. Tudzież rozmawia z panem Stanisławem Ignacym Witkiewiczem. Przystojny syn właścicielki pensjonatu też jest *hoch interessant*. Miewa wprawdzie zmienne nastroje, czasami chodzi ponury jak drab, ale jest też uroczy, uprzejmy, ma wiele do powiedzenia – i o sztuce, i o przyrodzie. Fascynujące są chwile, gdy z zachwytem zwraca jej uwagę na otaczające ich piękno. „Patrzył na świat oczami artysty i potrafił zapatrzeć się nieraz na jakiś obłoczek dziwnego kształtu czy barwy, na cień o specjalnym kolorycie. Na wycieczkach czy to letnich czy narciarskich coraz to zatrzymywał się, aby nasycić się jakimś wspaniałym widokiem czy drobnym szczegółem, który nie zwróciłby niczyjej uwagi"[1]. Wspaniale jest poznawać przy nim nazwę każdego kwiatka czy trawki, każdego żuczka. No i pan Stanisław nie ma sobie równych, jeśli chodzi o znajomość astronomii. Nikt tak jak on nie opowiada o gwiazdach, konstelacjach niebieskich. I nie chodzi tylko o banalne stwierdzenia mające na celu uwodzenie kobiet, astronomią na poważnie interesuje się od dziecka.

Jadwiga starannie szczotkuje swoje wspaniałe włosy i układa je w puszysty wałek nisko nad brwiami, rodzaj kasku, tak że lśniącą ramą okalają jej twarz. Witkacy dobrze zapamięta i opisze to jej uczesanie „z zakręceniem dużych włosów dookoła głowy"[2]. Podoba mu się ta „złota blondynka z ciemnymi brwiami. Panienka z dobrego domu, o trochę przewrotnych skłonnościach, trzymanych silnym idealizmem"[3].

Zmienia fryzurę – za pomocą dwóch szerokich grzebieni uzyskuje efekt gładkiego pasma włosów nad czołem. Nigdy nie wiadomo, kiedy nowy przyjaciel poprosi ją o pozowanie do portretu. Fotografia to jedna z jego pasji. Ostatnio zauważyła, że jest jego ulubioną modelką. Pełna ufności patrzy w obiektyw aparatu, za którym stoi pan Stanisław.

Fotografia fotografią, ale najważniejszy jest obiekt – Witkacy coraz bardziej zachwyca się Jadwigą, która:

> była prawie lnianą blondynką [...] była prześliczną, szczególnie dla wysmukłych brunetów. Oczy jej zielone, trochę ukośne [...] miały w sobie dziewczynkowatą kotkowatość na tle bestyjkowato-lubieżnawym przy jednoczesnej głębi, zresztą chwiejnej, i mądrym, zimnym zamyśleniu. Pełne, bardzo świeże i czerwone, trochę niekształtne w rysunku usta, rozedrgane i niespokojne, stanowiły kontrast ze zwracającym uwagę klasyczną pięknością prostym i cienkim nosem. Była wysoka i w miarę pełna. Ręce i nogi cienkie w przegubach i długie, wrzecionowate palce.[4]

SAMOBÓJSTWO

Kiedy Witkacy prosi ją o rękę, Jadwiga zgadza się tak, jakby zgadzała się na pozowanie do fotografii. Jeszcze nie wie, że relacja z panem Stanisławem nie należy do łatwych, jeszcze nie boi się jego depresji i wybuchów sarkazmu i gniewu.
27 stycznia 1913 roku Witkacy pisze do przyjaciółki Heleny Czerwijowskiej:

> Przekonałem się właściwie, że *au fond des fonds*[5], mniej lub więcej świadomie kochałem się w pannie J. Oświadczyłem się jej i zostałem przyjęty. Postanowiłem się ożenić *coûte que coûte*[6] – dlatego, że inaczej życie moje zacznie przybierać formę potwornego bezsensu[7].

Już w lutym Witkacy donosi Helenie, że jego narzeczeństwo z Jadwigą zostało zerwane:

> Parę dni temu byłem bliski samobójstwa. Tylko p. J[anczewska] była tak dobra, że zwolniła mnie ze wszystkich słów i obowiązków. Bardzo dobrze mnie rozumie w każdym razie i mam do niej głęboką wdzięczność za to. Ja zacząłem walkę z obłędem, która musi się skończyć zwycięstwem albo śmiercią. Połowiczność wykluczona. [...] Niestety nie mogę nikogo kochać, bo nie mam czym. Kogo kocham, ten obraca się przeciw mnie, a skarby swoje rozdaje innym żebrakom. [...] jestem bardzo chory i zagmatwany w sobie aż do obłędu. [...]
> Wydaje mi się, że kocham p. J. tak, że będę mógł się z nią ożenić. Oczywiście z tego najgorsza tylko powstaje tragedia i na razie zostaję sam.[8]

Jadwiga musi czuć się zdezorientowana.
10 marca 1913 roku Witkacy donosi Czerwijowskiej: „Oczywiście definitywnie z mojego małżeństwa nic nie będzie, mimo że

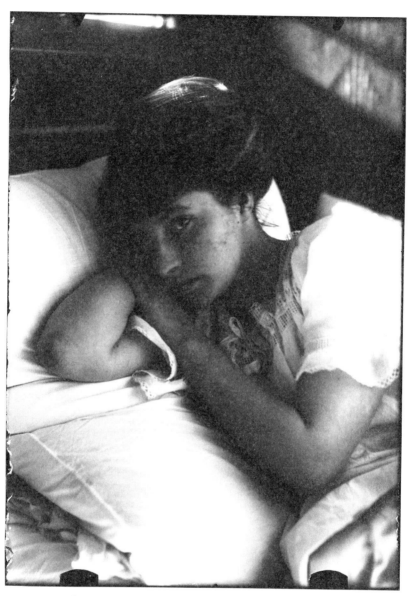

Jadwiga Janczewska, fot. Stanisław Ignacy Witkiewicz, 1913

z p. J. pozostaję w dobrych stosunkach. Ona jest osobą wyjątkową zupełnie, bo woli nawet, żeby tego nie było"[9].
A jednak Jadwiga Janczewska i Stanisław Ignacy Witkiewicz schodzą się ze sobą. Jadwiga już wie, czym jest jego nerwowość, zmienność humorów, pesymizm, a jednak decyduje się na małżeństwo z demonicznym artystą. Może myśli, że miłość wszystko przezwycięży.

> Wielokrotnie obijały mi się o uszy rozmowy [...], z których dowiadywałam się, że ten „piękny Witkiewicz", mając naturalnie wielki wpływ na swą narzeczoną, z młodziutkiej, wesołej, niefrasobliwej dziewczyny – urabia jakiś zgorzkniały, posępny i zniechęcony typ istoty wykolejonej i rozczarowanej – wspominała Helena Duninówna. – Pani Witkiewiczowa podobno bardzo się gniewa, że Staś zatruwa ją swoim pesymizmem, że mówi o życiu jako o nędznej i głupiej farsie lub dramacie, twierdząc, że właściwie każdy człowiek o głębokiej duszy, doszedłszy do pełnego pojęcia i zrozumienia życia – powinien skończyć samobójstwem. Śmierć... oto jedyny, cudowny balsam, lek na wszystko, ucieczka od tego, co tu, na świecie, nęka, dławi, udręcza.[10]

Na zdjęciu zrobionym około 1913 roku w jadalni pensjonatu Nosal Witkacy uwiecznia swoje dwie najbliższe kobiety – matkę i narzeczoną. Siedzą przy długim stole, podczas obiadu, obie zamyślone, bez uśmiechu. Jadwiga ubrana w ciepły żakiet, z mankietami ozdobionymi wielkimi guzikami, z zatroskaniem oparła policzek na dłoni. Matka unosi sztućce nad talerzem, patrzy przed siebie z jakąś natężoną uwagą. Żadna z nich nie spogląda w stronę fotografa.

Życie pod jednym dachem sprawia, że narzeczeni spędzają ze sobą wiele czasu, ich relacje są intensywne i szybko prowadzą do intymnej zażyłości. Przesiadują w jego pokoju, który jednocześnie

Jadwiga Janczewska, fot. Stanisław Ignacy Witkiewicz, 1913

służy za pracownię. Witkacy odwiedza Jadwigę w jej sypialni. Panna najwyraźniej nie należy do wstydliwych, bo pozwala nawet, żeby narzeczony robił jej zdjęcia, kiedy leży w łóżku w pościeli, ubrana jedynie w płócienną białą koszulę nocną ozdobioną nicianymi koronkami. „Wynurzyła się spod kołdry z wyrazem skupionym i dalekim wszelkim ziemskim sprawom"[11] – napisze Stanisław Ignacy Witkiewicz w *Pożegnaniu jesieni*.

Czy to w tym łóżku, czy w innym doszło między nimi do stosunków, co do których Witkacy był niemal pewien, że „nie mogła ona zajść od tego w ciążę"[12].

Na większości portretów Jadwiga wygląda dziewczęco i naturalnie. Tylko na dwóch zdjęciach jest teatralna i dekadencka – w wielkim kapeluszu, z twarzą przysłoniętą koronkową, żałobną woalką.

SAMOBÓJSTWO

Jadwiga Janczewska na tle *Kompozycji*, Pensjonat Nosal, ok. 1913

Entuzjazm z okazji zaręczyn po raz kolejny przechodzi w fazę pesymizmu, w ból istnienia, bo przecież zdaniem Stanisława Ignacego każdy myślący człowiek powinien prędzej czy później palnąć sobie w łeb.

Przynajmniej czas po Bożym Narodzeniu zapowiada się milej, bo do willi Nosal mają przyjechać przyjaciele – kompozytor Karol Szymanowski z bratem i poeta Tadeusz Miciński. Zrobi się *hoch interessant*, zrobi się weselej, bardziej młodzieńczo i beztrosko. Nawet Witkacy stwierdza: „Cieszy mnie, że tyle gości będzie"[13].

W grudniu 1913 roku Stanisław Ignacy Witkiewicz jedzie do ojca do Lovrany (wtedy Stanisław Witkiewicz i syn widzą się po raz ostatni). 20 grudnia narzeczony wysyła widokówkę do Jadwigi: „Ostatni dzień w Lovranie. Ojciec nie obejrzał drugi raz moich kompozycji. Okropnie ciężko stąd wyjeżdżać, a zostać niepodobna.

W ogóle straciłem wiarę w potrzebę mojego bywania w Lovranie. Przywożę bowiem «woreczek z niechęciami». Sepia jest wszystkim. Pogoda cudowna, bez chmurki. Wszystko jeszcze tragiczniej się przedstawia. Stan mój okropny. Zupełny brak wiary w sens życia i pracy. Jestem niepotrzebny"[14]. Dwa dni później donosi: „stan lepszy"[15].

Po powrocie do Zakopanego nadal jest w depresyjnym, podłym nastroju – w styczniu 1914 roku pisze do Bronisława Malinowskiego: „Koniec mojego życia będzie okropny. Wystawa pośmiertna może być interesująca. Na razie nic nie mogę napisać. Stan moich nerwów jest fatalny.

Mieszka u nas Karol Szymanowski. Ma być Miciński z Wielopolską"[16].

Witkacy ma z Szymanowskim problem. W towarzystwie lubi przecież grać pierwsze skrzypce, a przy atrakcyjnym Karolu nie zawsze mu się to udaje, bo ten „odbijał zdecydowanie od ponurego Stasia Witkiewicza"[17].

Jadwiga z przyjemnością patrzy na uśmiechniętą, życzliwą twarz, bierze udział w lekkich i interesujących rozmowach, które nie kręcą się jedynie wokół tematu śmierci. Zdaniem Karola Matlakowskiego „młody kompozytor, opromieniony sławą, był człowiekiem czarującym, nic więc dziwnego, że podobał się również narzeczonej Witkiewicza"[18].

Witkacy jednak reżyseruje życie po swojemu – zamiast wesołej atmosfery sytuacja staje się coraz bardziej napięta, aż dochodzi do punktu kulminacyjnego. Biedna Jadwiga nie ma już siły przekonywać narzeczonego, że go nie zdradza z Karolkiem. Na jego insynuacje reaguje gwałtownie, z rozpaczą i oburzeniem – wszystko na nic. „To jest najgorsze, że nic nie wiadomo, co w tym wszystkim jest prawdą, a co jest blagą, podłą blagą"[19] – pisze Witkacy w dramacie *Matka*. Jak bardzo te słowa pasują do sytuacji między narzeczonymi.

SAMOBÓJSTWO

Z relacji Konińskiego wynika, że Witkacy „podejrzewał tę pannę [Janczewską], że oddawała się ona Szymanowskiemu, i po wiele razy dręczył ją, pragnąc z niej wydobyć absolutne zapewnienie, że jego podejrzenie jest niesłuszne"[20]. Jeżeli prawdą jest, że Jadwiga była w tym czasie w ciąży z młodym Witkiewiczem i że on o tym wiedział, to jego postępowanie jest wyjątkowo okrutne. „Kochał najbardziej wtedy, kiedy krzywdził – napisze w *Pożegnaniu jesieni* – litość i wyrzuty brał za miłość, ale z tego nie mógł sobie zdać sprawy w tej chwili"[21].

W tym kontekście *Pożegnanie jesieni* okazuje się więc powieścią z kluczem, gdzie czytelnik odnajduje wątki z biografii autora.

20 lutego niczym nie różni się od poprzednich dni – trudne rozmowy, ciężkie spojrzenia, atmosfera tragedii, ponurości. Na dodatek wieje wiatr halny, który wzmaga nerwowość narzeczonych. „W piątek dwudziestego było między nami nieporozumienie, które było powodem tej strasznej katastrofy"[22] – napisze Witkacy.

> Owego dnia [20 lutego], Karol oraz narzeczeni znajdowali się w gronie innych jeszcze osób w willi Witkiewiczów – opisywał po latach Jerzy Mieczysław Rytard. – Od pierwszej chwili wyczuł Karol między nimi dramatyczny nastrój. W pewnym momencie Staś podszedł do narzeczonej i ściszonym głosem zaczął nalegać, żeby wyszła z nim razem. Gdy po pewnym czasie wrócili, odniósł Szymanowski wrażenie, że ich nieobecność miała na celu wypróbowanie jego uczucia w tak typowych dla Witkacego demonicznych spięciach psychologicznych. Zakończenie wewnętrznego konfliktu młodej panny nastąpiło tak szybko i przybrało tak fatalny obrót, że wszyscy byli tym zaskoczeni, a najbardziej zdaje się sam Staś. Tego dnia bowiem, późnym wieczorem, a może w nocy [...] narzeczona Witkiewicza odebrała sobie życie.[23]

Furia adormentata, 1913, Muzeum Sztuki w Łodzi

SAMOBÓJSTWO

Stan rozpaczy i desperacji Jadwigi osiąga punkt kulminacyjny. Okrutny narzeczony mówi jej, że wybiera się na wycieczkę, a ona ma się namyślić i dać mu ostateczną odpowiedź. Czy znowu dręczy ją o Karola Szymanowskiego, czy chodzi o usunięcie ciąży, nie wiadomo, choć w *Pożegnaniu jesieni* pojawi się sprzeczka „o kwestię dziecka".

Skoro on wyjdzie, to ona popełni samobójstwo – tak mu powiedziała, zagroziła. Zignorował jej słowa i ją zostawił. Po latach Witkacy powie Konińskiemu, że „był pewien", że „wydaje na nią [Janczewską] wyrok śmierci".

Wzięła dorożkę, pojechała do Doliny Kościeliskiej. Miała przy sobie rewolwer narzeczonego. Na miejsce śmierci wybiera podnóże Góry Pisanej.

Pisząc *Pożegnanie jesieni*, Witkacy wróci do tego wydarzenia:

> [...] przyciskając lufę do lewej piersi, z zawziętością taką, jakby strzelała do swego śmiertelnego wroga, wypaliła sobie w serce. [...] Straszliwy żal za życiem zatrząsł jej wnętrzem, rzucając ku sercu całą krew z obwodu. O czemuż to uczyniła? [...] Serce uderzyło raz i nie napotykając oporu, stanęło nagle. Trysnęła fala krwi z rozdartej głównej arterii, zalewając wnętrzności i buchając gorącym strumieniem na zewnątrz. Ostatnia myśl była: czy dziecko już umiera i kto pierwszy umrze? Męka tej myśli była tak straszna, że z bezmierną ulgą powitała Zosia bezprzedmiotową czarność, która od mózgu przez wzrok spłynęła na jej ciepłe, rygające krwią ciało. Umarła.[24]

Ulga, jaką odczuwa Atanazy Bazakbal na wieść o tym, że Zosia popełniła samobójstwo, jest pewnie ulgą samego Witkacego. „Zosia nie żyje [...]. Ach – więc ten syn także już nie żyje. Tu jakiś ciężar spadł z niego [...]. I dopiero teraz, kiedy ucieszył się prawie, że nie będzie miał syna, zrozumiał nagle, że stracił ją"[25].

Kompozycja z kobietą i potworami (Samobójstwo),
1920, kolekcja prywatna

Dwa dni później krakowski „Czas" doniósł:

Samobójstwo w Zakopanem. W Dolinie Kościeliskiej odebrała sobie onegdaj życie wystrzałem z rewolweru panna Zofia [sic!] Janczewska, lat 22, rodem z Litwy. Zwłoki znaleźli przypadkowo w lesie przechodzący gajowi i wysłali zaraz wiadomość do Zakopanego. Nikt nie był świadkiem zamachu; nie pozostało też żadne pismo. Przyczyny samobójstwa są dotychczas nieznane. W Zakopanem – jak nam donoszą – przypuszczają, że powodem była nieuleczalna nerwowa choroba. Denatka mieszkała w pensjonacie pani Witkiewiczowej, gdzie miała bardzo troskliwą opiekę. Zwłoki sprowadzono do Zakopanego i złożono w kostnicy.[26]

Wszystko to bardzo dziwne i mętne, Zakopane huczy od plotek. Wyrzuty sumienia oczywiście przychodzą poniewczasie. Rozpacz Witkacego po stracie Jadwigi jest ogromna, non stop myśli o samobójstwie, analizuje swoje i jej uczucia. Teraz, kiedy Jadwiga nie żyje, Witkacy czuje, że kocha ją tak, jak powinien był „kochać od początku"[27].

„Wszystko moja wina okropna"[28] – przyznaje w liście do Bronisława Malinowskiego.

Do matki zaś Jadwigi Janczewskiej pisze: „Moje winy najgorsze, bo Ona mnie naprawdę kochała".

Kaja się nieustannie: „Nikt tego nie będzie mógł zrozumieć, bo nikt nie wie, co było. Straciłem honor. Nie dlatego, co było ostatnią przyczyną mojego zerwania. Ona miała zawsze rację i to, że ze mną tyle czasu mogła wytrzymać, dowodzi, jak piękne było to uczucie, które miała dla mnie. [...] Każdy mój czyn był zły. Ale nie świadomie, właściwie półświadomie. Wierzcie mi"[29]. I jeszcze: „Żadna kobieta tego by nie wytrzymała. Ona była święta, że tyle czasu znosiła takie życie jak ze mną. [...] Faktycznie byłem dla niej biednej niedobry"[30].

Latami będzie wracał do postaci Jadwigi – zanurza w odczynnikach szklane klisze i robi odbitki jej portretów – z ciemności wyłania się jasna twarz o lekko asymetrycznych oczach, które „wielkie, szare, niewinne [...] zniewalały raczej do czci jakiejś nieziemskiej, niżby budzić miały myśli śliskie i nieczyste [...]"[31]; maluje obrazy, jak ten z 1920 roku, na którym przedstawia upadłą na twarz martwą kobietę na tle śnieżnego górskiego pejzażu. Na seansach spirytystycznych ze znanymi w okresie dwudziestolecia międzywojennego mediami – Janem Guzikiem i Frankiem Kluskim – widzi jej ducha.

W 1936 roku, śląc do przyjaciela Jerzego Eugeniusza Płomieńskiego widokówkę z widokiem Krzyża Pola z Doliny Kościeliskiej, Witkacy napisał: „Miejsce, gdzie zginęła moja narzeczona w r. 1914"[32].

Od lewej: Stanisław Ignacy Witkiewicz, Krystyna Ejböl, Jadwiga Witkiewiczowa, Sopot, lipiec 1936

FLOTA

Nina wygląda zawsze szykownie. Elegancko ubrana, starannie uczesana, dyskretnie umalowana. Nawet na górskich wycieczkach – w spodniach, w prostej białej koszuli z kołnierzykiem i ciemnym krawacie, w dopasowanej wełnianej kurtce zapinanej na zamek błyskawiczny jest uosobieniem stylu. Nawet stara, biedna i schorowana będzie nosić ekstrawaganckie spodnium z darów z zagranicy, wyliniałe futrzane boa, beret à la Witkacy, byle tylko nie dać się powojennej tandecie. Lubi modę, sama przyznaje, że przywiązuje dużą wagę do zewnętrznego wyglądu, do ubrania. Stanisławowi Ignacemu dostało się kiedyś od żony za to, że w tajemnicy przed nią dał do zafarbowania na kolor *lie de vin* swój stary wojskowy szynel. Na taki szalony kolor Nina przecież nigdy by się nie zgodziła – zbyt intensywny, zbyt ostentacyjny, bez elegancji. „Gdy mi z dumą pokazał ten płaszcz, zapowiedziałam mu, że może go nosić, ale nie wtedy, gdy idziemy gdzieś razem – rzekła mężowi. – Mimo to w Warszawie zjawił się po mnie w tym bajecznie kolorowym płaszczu. Kategorycznie zaprotestowałam przeciw tej maskaradzie i Staś z wielkim żalem musiał się przebrać"[1]. Jadwiga z Unrugów trzyma fason w każdej sytuacji, choć kupno nowej rzeczy to zawsze wyrwa w małżeńskim budżecie Witkiewiczów i rzadko może sobie pozwolić na nowe rękawiczki, buty, torebkę. Witkacy ubiera się skromnie, a „jedyne «luksusy», na które sobie pozwalał, to częste wycieczki, nieraz kilkudniowe, w góry – wtedy nie liczył się z wydatkami. Zdarzały się czasem «szaleństwa» – to kupno laski, to wspaniałe pończochy czy buty – ale to były tak zwane szaleństwa, po prostu wydatki trochę powyżej przyjętego standardu życiowego"[2]. Nikt by się nie domyślił, że wytworna Nina donasza suknie po bogatej krewnej męża, Dziuni Reynelowej. Dziunia (naprawdę ma na imię Władysława) jest wnuczką Elwiry Jagminowej, siostry Stanisława Witkiewicza. Jest jedenaście lat młodsza od Witkacego. I bynajmniej nie tytułuje go „wujkiem". W rodzinie mówią na nią „piękna Dziunia", „Madame Lala", „Grande Dame", bo taka efektowna, postawna, wysoka i zadbana. Dla związku z finansistą Leonem Reynelem naraziła się na towarzyski skandal. Kilka lat żyła z nim bez ślubu, czekając, aż się rozwiedzie i przechrzci. Oboje Reynelowie pozostają ze Stanisławem Ignacym w wielkiej przyjaźni (którą Witkacy po swojemu w końcu zerwie) i nieustannie ratują go z kłopotów finansowych. W listach do Dziuni i Leona wciąż przewija się temat finansowego dna, prośby o pożyczki itp. „Niestety nie mogę Ci zwrócić nic z długów (1100 zł p[olskich]), bo jestem zupełnie goły"[3] – pisze Witkacy do Leona Reynela z Zakopanego 8 czerwca 1925 roku. We wrześniu donosi: „W ogóle sytuacja pod psem. Wobec tego proszę Cię, Leonku, żebyś jak najprędzej przesłał przez bank te 5000 [...]. Bardzo Cię więc proszę o pośpiech, bo inaczej będziemy zgubieni"[4]. 31 grudnia pisze: „Nie masz pojęcia, jak mi przykro zwracać się do Ciebie. Wiesz, że lubię płacić długi i po N[owym] Roku obiecują mi nową serię portretów tu i w Warszawie. Sytuacja beznadziejna, bo weksel na 600 zł, o ile nie zapłacimy do 3 I, będzie zaprotestowany i odbędzie się licytacja. O ile możesz, pożycz mi 600, które albo Ci spłacę w lutym, albo może chcesz mój portret olejny (na tle pejzażu włoskiego) robiony przez Ojca (jest u Żeleńskich). Może jaki znawca oceni. O ile tak, to prześlij tę flotę telegraficznie zaraz. O ile nie, to trudno – ale lepiej uczyń to. Nie uważam się za zwolnionego z tamtego długu] (1100) i częściowo uważam go za umieszczony w moich obrazach i szkicach

Jadwiga i Stanisław Ignacy Witkiewiczowie w Tatrach, lata 30.

ojca. Rachunki takie przeprowadzam dokładnie i według oceny tzw. znawców"[5]. Leon jak zawsze niezawodny ratuje i tym razem, i za każdym następnym.

Nic dziwnego, że trochę noszone suknie i kostiumy Dziunia darowuje Ninie. Każda pomoc się przyda.

Poza damską konfekcją Nina dostaje też od Reynelowej porady w kwestiach małżeńskich. A w każdym razie Witkacy prosi o to Dziunię w chwilach, gdy sytuacja między nim a żoną wchodzi w krytyczną fazę, jak w 1927 roku, gdy Nina urażona romansem Stasia z Lilką Pawlikowską wprowadza prawie dwuletnią separację.

> Kochana Dziuniu – pisze Witkacy w liście z 6 grudnia 1927 roku. – Jako osoba, która przeszła w stan, w którym kobieta powinna się znajdować, powinnaś wpłynąć na Ninę, aby się ze mną nie rozstawała. Kocham Ją do utraty przytomności i życie bez niej jest dla mnie męczarnią. Dziś dostałem list, w którym zrywa definitywnie. Jestem w stanie prawie samobójczym.
>
> Proszę Cię, pomów z Nią.
> Nie jest moją winą, że jestem taki.
> Trzeba się z tym pogodzić.
> Całuję Cię, Reynela też trochę, ale gdzie indziej.
> Życie moje będzie złamane, a jej też to na dobre nie wyjdzie.
> Użyj całej perswazji, zwierzeń osobistych, teorii i praktyki.[6]

Mimo separacji Stanisław Ignacy stara się co miesiąc wywiązywać ze zobowiązań finansowych i śle Ninie 200 złotych na utrzymanie. Żyją głównie z jego honorariów, zarobkowego malowania portretów. „Często wyjeżdżał na tzw. «występy gościnne» – wspominała Nina. – Ponieważ miał moc znajomych, zapraszali go do siebie, upewniwszy się, że będzie miał kilka zamówień na portrety. Wyjeżdżał tak m.in. do Katowic, Nowego Sącza, nie mówiąc o Krakowie czy Lwowie, gdzie przeważnie łączył zarobkowy wyjazd z wygłoszeniem odczytu filozoficznego"[7].

Na to, że finansowo będzie im ciężko, nastawiał ją już w okresie narzeczeństwa:

> Poza tym muszę Ci napisać parę rzeczy, o których mówiliśmy, ale nie wiem, czy *au fond*. Kiedy byłaś tu, mało myślałem o realnej stronie «naszego» życia. Teraz przychodzą mi myśli dość stosunkowo czarne i muszę je wypowiedzieć. Ale proszę cię, nie myśl, że to są jakieś odpadki stanu zagmatwania, w ogóle zawsze przyjmij wszystko, co mówię i piszę takim, jakim jest, i nie doszukuj we mnie podwójnego dna i ukrytych szufladek.
> 1. Hotel mój daje b. mało i czasami jest zupełny brak gotówki. Zawsze (o ile hotel będzie trwać, co nie jest zupełnie pewne) jest żarcie i mieszkanie.
> 2. Oświadczam z góry, że nie potrafię wyrzec się mojej istotnej pracy dla podniesienia standardu życia. Mogę robić, co będę w stanie, obok istotnej linii, ale jeśli moje obrazy i sztuki nie będą miały powodzenia, nie będę wystawiać nieistotnych rzeczy dla reklamy i mogę tylko ograniczyć się do portretów, w co nie mogę wpakować całego siebie i dojść w tym do doskonałości. [...]
> 4. Mogę wywiesić szyld na ulicy – poza tym nic. Może będę mógł drukować artykuły, ale cała prasa mnie dotąd bojkotuje. [...]
> 5. Stan niezadowolenia ze mnie w tych ciężkich warunkach może być dla mnie ciężarem nie do zniesienia. [...] Piszę to, nie aby Ciebie do mnie zniechęcić, tylko żebyś jasno widziała całą grozę sytuacji.[8]

Fakt, że narzeczony nie był człowiekiem zamożnym, że dochody jego były nieregularne i niepewne, nie zniechęcił Niny

Jadwiga i Stanisław Ignacy Witkiewiczowie,
Zakopane, willa „Zośka", ok. 1930

do małżeństwa. Przecież ona sama, jak pisał o niej przed ślubem Witkacy do Bronisława Malinowskiego w marcu 1923 roku: „Nie posiada żadnych dóbr materialnych, ale rozumie, co to jest fantastyczność w życiu, i poza życiem"[9]. Dopiero dziesięć lat później, w kwietniu 1933 roku, Nina zaczyna pracować w Głównym Urzędzie Statystycznym, gdzie opracowuje obcojęzyczne wersje *Małego słownika statystycznego* i ma stałą pensję 230 złotych miesięcznie. „Żona na posadzie – przynajmniej jest czymś"[10] – komentuje ten fakt Witkacy w liście do przyjaciół Heleny i Teodora Białynickich-Birulów.

Teraz ona mogła od czasu do czasu wesprzeć męża finansowo, kupowała konieczne ubrania. Chociaż trzeba przyznać, że Witkacy jako „dobry mąż" i tak co miesiąc przysyła Ninie obiecane 200 złotych. A ona, nawet w okresach separacji, załatwia jego sprawy finansowe w stolicy, ściąga z redakcji zaległe honoraria za artykuły, należności za portrety. W korespondencji Witkacego do Niny wciąż powracają słowa „flotę wyślę" albo „floty ni gugu".

Nawiązując do pierwszych dni pracy Niny w GUS-ie, Witkacy pisze: „Najdroższa Nineczko: B. dziękuję Ci za list, ale mi przykro niezmiernie, że taka jesteś osłabiona. Nie odmawiaj sobie w żarciu i piciu, bo przecież «urobię sobie ręce po łokcie» i zedrę z nich skórę, aby Ci jak najwięcej floty dostarczyć"[11].

Portret P. Zofji Ż. (Żeleńskiej), 1913

KORALE

Drzwi do mieszkania na pierwszym piętrze kamienicy przy ulicy Smolnej 11 zawsze są w sobotę uchylone. Popołudnie u Żeleńskich. Goście wchodzą i wychodzą bez dzwonienia, pukania, odprowadzania do drzwi. Witkacy wszedł tak kiedyś przebrany za Hucuła, niezauważony przez nikogo, przemknął do toalety, usiadł i czekał. Podobno odkrył go tam sam gospodarz – Tadeusz Boy-Żeleński. Wygłup artysty przeszedł do towarzyskiej anegdoty, cała Warszawa się zaśmiewała.

Ciemnawy, dość ciasny przedpokój zastawiony jest po sufit książkami, na podłodze piętrzą się paczki z egzemplarzami książek „Biblioteki Boya" (ta seria wydawnicza to wspólne dzieło Żeleńskich – przekłady Tadeusza w redakcji Zofii). W niewielkim salonie jest tłoczno, na kanapie i fotelach przysiadają bywalcy sobót. U Żeleńskich gromadzi się artystyczna i intelektualna elita, i to nie tylko Warszawy, bo na soboty wpadają również zaprzyjaźnieni krakusi. Wśród stałych bywalców są skamandryci, malarze, ludzie teatru – między innymi Antoni Słonimski, Jan Lechoń, Julian Tuwim, Leon Schiller, Karol Frycz, Stefan Jaracz, Franciszek Fiszer, Mira Zimińska, Zofia Stryjeńska, Maria Pawlikowska-Jasnorzewska, Stanisław Ignacy Witkiewicz. Coraz to ktoś sięga po pyszne ptifurki ułożone kunsztownie na paterze – maleńkie ciasteczka Zofia Żeleńska robi własnoręcznie (ta umiejętność pomoże jej przetrwać ciężkie lata drugiej wojny światowej, bo w czasie okupacji będzie

Portret Tadeusza Boya-Żeleńskiego, 1928,
Muzeum Pomorza Środkowego w Słupsku

dostarczać wypieki do warszawskich kawiarń). Słodkimi cudami według tych samych przepisów raczył się zapewne Stanisław Wyspiański w słynnym salonie artystyczno-literackim Elizy Pareńskiej, matki Zofii, na Wielopolu w Krakowie. Receptury na ciasta i torty to rodzinny skarb pań Pareńskich. Podobnie jak przepis na udane spotkanie towarzyskie.

Wokół uznanych sław przemykają młodzi przyjaciele syna gospodarzy, Stanisława Żeleńskiego. Jeszcze niedawno Staszek uciekał ze szkoły w Zakopanem, żeby za ostatnie pieniądze pojechać na przedstawienie teatralne do Krakowa czy Warszawy; swoje marzenie o aktorstwie spełni, grając na deskach stołecznych teatrów. Część towarzystwa krąży między salonem a gabinetem Boya. Na ścianach wisi przegląd polskiego modernizmu – obrazy Wyspiańskiego, Wojtkiewicza, Stanisławskiego, Malczewskiego. Ale najwięcej jest Witkacego. Nina Witkiewiczowa wspominała, że na Smolnej „całe ściany wypełnione były pracami Stasia"[1], a Słonimski w poemacie *Popiół i wiatr* pisał: „Ze ścian patrzy Witkacy – demon zakopiański".

Wizyta u Żeleńskich to intelektualna przyjemność. Zdaniem Ireny Krzywickiej „główną atrakcją tych zebrań była rozmowa, czasem poważna, a czasem żartobliwa, w której pani Fusia – nie mniej od męża atrakcyjna – celowała. Dla tej rozmowy, której kunszt coraz bardziej się zatraca, ludzie się właśnie schodzili"[2]. „Bywałem w salonie Żeleńskich, głównie ze względu na panią Zofię Żeleńską, bardzo nieprzeciętną, bardzo inteligentną i czarującą kobietę"[3] – wspominał Jerzy Giedroyc, przyjaciel Staszka, i dodawał, że atmosfera domu Żeleńskich wywarła niewątpliwy wpływ na jego gusta literackie.

Ze względu na panią Zofię bywa na Smolnej także Stanisław Ignacy Witkiewicz. Podczas pobytów w Warszawie sobotnie popołudnia obowiązkowo spędza u Zofii, w salonie zawsze czeka na niego ryza papieru i pudełko z pastelami, ołówkami, węglem. Portretuje gospodarzy i gości.

Ciekawym (ale raczej psychologicznie niż malarsko) zjawiskiem był biegnący tuż pod sufitem rodzaj fryzu portretowego: kilkadziesiąt chyba portretów Boya, jednakowego formatu, namalowanych kredką na różnobarwnych papierach, jak to zwykle czynił Witkacy – wspominała Krzywicka. – Tych parę dziesiątków (a może ich było kilkanaście) twarzy Boya, spotwornionych, udziwnionych, czasem uderzająco podobnych, czasem zupełnie odrealnionych, przykuwało wieloraką ekspresją, zastanawiającym wyrazem i w rezultacie więcej mówiło o modelu niż [...] portret narysowany przez Wyspiańskiego.[4]

Krzywicka zapamiętała, że w domu Żeleńskich Witkacy „zachowywał się nieznośnie, nie tylko jakby to on był panem domu, ale wręcz panującym. Wszyscy inni musieli wypełniać jego życzenia i znosić jego kaprysy. Raził mnie ten nadrzędny ton i celebrowanie własnej wielkości"[5]. Witold Gombrowicz, który również za Witkacym nie przepadał, mówił, że nawet towarzyski talent Zofii Nałkowskiej

> załamywał się jedynie wobec Witkiewicza – gdy pojawiał się ten olbrzym ze swoją miną chytrego schizofrenika, pani Zofia rzucała swoim zaufanym rozpaczliwe spojrzenia, od tej chwili bowiem diabli brali konwersację, a głos zabierał Witkacy. Ten człowiek umierał, gdy choć przez chwilę przestawał być w centrum zainteresowania – albo o nim musiało się mówić, albo do niego, albo on mówił – innej sytuacji nie znosił i gdy czasami kurczowym wysiłkiem gospodyni udawało się zorganizować jakąś wymianę zdań na boku, natychmiast zaczynał się nudzić tak intensywnie i milczeć w sposób tak bijący w oczy, że wszyscy czuli się jak w stanie grzechu śmiertelnego. A trzeba dodać, że Witkacy nie był z tych, co to po prostu się

wypowiadają, nic bardziej pokręconego, dziwacznego, trudnego niż jego sposób mówienia, obliczony na efekt, zawsze na pograniczu zgrywy, błazeństwa, cyrku.[6]

Nina Witkiewiczowa przyznawała, że mąż w towarzystwie bywał

nad wyraz drażliwy i nigdy nie wiadomo było, czym można go było urazić. Gdy znajdował się w dobranym gronie bliskich znajomych, był przemiły – dowcipny, rozmowny, pełen humoru, zabawiał całe towarzystwo, o ile nie prowadził poważnych rozmów i dysput filozoficznych. Często zaczynał wizytę od przeglądania książek, wydawnictw z reprodukcjami itp. i wtedy zapominał zupełnie o ludziach. Gdy w domu znalazł się fortepian, zasiadał do grania jedynie swoich utworów. Kiedy był w dobrym usposobieniu, wykonywał tzw. chlusty – dzikie improwizacje, które jednak według zdania muzyków – Karola Szymanowskiego, Rubinsteina – nie były pozbawione sensu. [...]

Gdy towarzystwo nie odpowiadało mu, siedział ponury i milczący i rozpaczliwe wysiłki gospodarzy spełzały na niczym albo jeszcze pogarszały sytuację. Potrafił doszukać się w zupełnie nieszkodliwym zdaniu niepochlebnej aluzji do siebie i albo podnosił tę sprawę, robiąc niesłuszne wyrzuty swemu rozmówcy, albo milczał nadal, przybierając coraz bardziej ponury wyraz twarzy. Nie był megalomanem – daleki był od tego – ale lubił zawsze przewodzić w towarzystwie i naginać rozmowę do tematu, który właśnie jemu odpowiadał, bez względu na to, czy innych gości właśnie ten temat interesował. Gdy był w dobrym nastroju, szczególnie wieczorem, po kilku kieliszkach wódki – pokazywał różne sztuki, popisywał się swoimi wspaniałymi naśladownictwami, śpiewał, grał i wykonywał dzikie tańce. Po takich występach bywał nieraz niezadowolony z siebie, że robi z siebie pajaca, którego zapraszają i dają „żreć", aby zabawiał towarzystwo.[7]

U Żeleńskich wódki nie podają, ale Witkacy i tak tańczy autorskie „tango futurystyczne", przedstawia jednoosobowe scenki, imitując kilka osób – od oprycha po młodocianą służącą – i z upodobaniem parodiuje cienki głos Boya. A Boy śmieje się cienko z żartów kochanka Zofii. Ceni Witkacego. Po lekturze *Pożegnania jesieni* (Witkacy zadedykował powieść Żeleńskim) bronił go w liście do Heleny Staniewskiej: „Co do Witkiewicza to zdaje mi się, że nie da się tak ryczałtem uporać, załatwić z jego powieścią. Mnie samego, tak jak panią, wiele rzeczy w niej brzydzi i odpycha, ale wiele rzeczy wydaje mi się tam głębokich, świetnych i mocnych. Co poradzić na to, że w takiej formie się przejawiają? Trzeba go brać tak, jak jest, ze wszystkimi jego dzieciństwami i zboczeniami"[8]. Zdaniem Karola Estreichera Witkacy nie znosił Boya. Niezmiennie jednak zależy mu na Zofii, nawet wtedy, gdy ich romans dobiegnie końca. „Kto była kobieta 10 lat temu, nie wiem – pisze Witkacy do żony w liście z 5 sierpnia 1930 roku, w odpowiedzi na jej dopytywanie. – Była Zofia Ż. [Zofia Żeleńska, przyp. MCZ], potem Irena G. [Irena Gaszyńska], a potem parę tak sobie, potem Halina J. [Halina Judt,], a potem Ty. Więcej sobie nie przypominam. Skąd ją wzięłaś?"[9]
„Do Zofii pisałem całe życie" – informuje żonę.

* * *

Nie wiadomo, w którym pokoju Zofia zawiesiła ten swój uroczy portrecik narysowany przez zakochanego Witkacego w 1919 roku. Dziewczęcy profil, krótkie wijące się włosy wystające spod kapelusika na karku i skroniach. Na szyi długi sznur ciemnych korali. Delikatną urodę, kruchość sylwetki i młodzieńczość rysów twarzy Zofia Żeleńska zachowa do późnej starości. Stan zamyślenia, tak dla niej charakterystyczny, widać na wielu jej zdjęciach i portretach. Wszystkie trzy córki doktora Stanisława Pareńskiego, znanego krakowskiego internisty, położnika i chirurga, oraz Elizy z domu Mühleisen, mecenaski artystów (zwłaszcza Wyspiańskiego), są interesujące i piękne, wielokrotnie portretowane przez malarzy i poetów Młodej Polski (w średniej pannie Pareńskiej Wyspiański zobaczył prototyp literackiej Zosi z *Wesela*).

Wyspiański, jak później Witkacy, uchwycił jej aurę alienacji, malując osiemnastoletnią Zosię podczas pobytu w letnim domu Pareńskich w Tenczynku w 1904 roku. Siedzi niedbale, zgięta wpół jak wiejska dziewczyna, z rozpuszczonymi kędzierzawymi włosami, z dłońmi splecionymi poniżej kolan. Była wtedy świeżo po ślubie z młodym lekarzem Tadeuszem Żeleńskim, który zaleczył już serce po szalonej miłości do Dagny Przybyszewskiej i postanowił się ożenić. Niebawem Żeleński porzuci medycynę i zajmie się literaturą – pisaniem do Zielonego Balonika, recenzjami teatralnymi, a przede wszystkim przekładami francuskich klasyków od Moliera po Prousta. Już w następnym roku Wyspiański sportretuje Zosię w pięknym pastelu *Macierzyństwo*, w skupieniu pochyloną nad niemowlęciem u jej piersi. Artysta zatytułował obraz *Żeleńska z dzieckiem*. Wisi w kolejnych mieszkaniach Zofii i Tadeusza, w Krakowie, potem w Warszawie, i właściciele z trudem dają się namówić na wypożyczenie go na wystawy. Intymna scena stanowi rodzinny skarb.

Romans Zofii z Witkacym zawiązał się w czasie, kiedy już dawno przepłakała swoje w małżeństwie z Tadeuszem, gdy przebolała jego zdrady (przede wszystkim romans z aktorką Jadwigą Mrozowską, który zaczął się w 1911 roku, trwał dwa lata i spowodował kryzys związku Żeleńskich) i zaczęła wieść własne niezależne życie miłosne, pozostając jednocześnie z mężem nie dość, że pod jednym dachem, to na dodatek w głębokiej przyjaźni i wspólnej pracy twórczej. Biografka Boya, Barbara Winklowa, pisała: „Zerwanie, rozpacz, bezradność, a potem długie mozolne szukanie innych form, ażeby skleić rozsypujący się związek, zachować pozory, ocalić dom dla Staszka, rodziny, a nawet przyjaciół – wreszcie na nowo, inaczej się pokochać, docenić i na trwałe zaprzyjaźnić"[10]. Zdaniem bratanka Boya, Władysława Żeleńskiego, „po pierwszych burzach i dramatach życie tej rodziny pełne było harmonii i wielkiego przywiązania wzajemnego"[11].

Wiadomo, że Tadeusz Żeleński był kochliwy i sentymentalny (po Mrozowskiej będą kolejne aktorki: Anna Leszczyńska i Janina Szreniawa, aż w końcu ostatnia wielka miłość Boya, Irena Krzywicka). A i Zofia przecież, taka jeszcze młoda, choć już nie młodzieńczo naiwna, chciała miłości. Tak jak Zosia w *Weselu*:

Chciałabym kochać, ale bardzo,
ale tak bardzo, bardzo mocno.
[...]
chciałabym, żeby się kto zjawił,
kto by mi nagle się spodobał,
żebym się jemu też udała
i byśmy równo na to przyśli.
Widzisz, takiego bym kochała,
i to tak bardzo, bardzo, bardzo.

I zjawił się, inny bohater *Wesela*: dziennikarz, czyli Rudolf Starzewski, od 1905 roku redaktor naczelny „Czasu", ten sam, którego Jacek Malczewski z kolei sportretuje w stroju Stańczyka. Fakt, że rudy Dolek kocha się w Zosi, rzucał się w oczy od dawna i nie umknął bystremu spojrzeniu Wyspiańskiego. Ponownie *Wesele*:

– Pan skąd się tu bierze?
– Ja nie patrzę, lubię i nie wierzę,
za to wierzę w panią.

– Za co?
– Za tę minkę, oczy, gest.
– Podobam się?
– W tym coś jest.

Nic dziwnego, że od 1919 roku Starzewski z niepokojem obserwuje częste pobyty Zofii w Zakopanem („Dość ożywiona kolonia artystyczna robi się w Zakopanem – Fuś tam teraz dosyć dużo przebywa"[12] – pisze Boy), przyjazdy Stanisława Ignacego Witkiewicza do Krakowa, jego pomieszkiwanie u Zofii i Tadeusza. „Starzewski żywił do Boya gorącą przyjaźń, także z powodu uwielbienia, jakim darzył jego żonę, piękną panią Zofię – pisał Karol Estreicher. – Głęboko odczuł, niczym niedoświadczony młodzieniec, gdy u Żeleńskich na Krupniczej zamieszkał Witkacy, młody i pewny siebie w postępowaniu. Nie mógł przeżyć tego i wielu innych zawodów"[13].

Fascynację Zofii zakopiańskim ekscentrykiem widać gołym okiem. „Boyowa przewiesiła obrazy w domu – zauważa Leon Wyczółkowski – usunęła Wyspiańskiego, a zawiesiła Witkiewicza, przez co straciła kucharkę, która była u niej od 16 lat. – Ja nie będę w takim domu, gdzie się Wyspiańskiego usuwa, a Witkiewicza zawiesza"[14].

Być może nowa miłość Zosi do Witkacego była przyczyną samobójstwa Rudolfa Starzewskiego. 22 października 1920 roku znaleziono go martwego w mieszkaniu na zapleczu redakcji „Czasu". „Miał miłości szalone i sentymentalne, przelotne i wierne, przynoszące uśmiechy szczęścia i smutki tragiczne – napisał o Dolku wiele lat po jego śmierci Stanisław Lam, dawny współpracownik «Czasu». – Podobno ostatnia była powodem samowolnej śmierci. Dla wszystkich ogłoszono, że zmarł nagle w pięćdziesiątym roku życia"[15].

Kilka miesięcy przed tą tragedią Witkacy ukończył dramat *Tumor Mózgowicz*. W dedykacji napisał: „Poświęcam Pani Zofii i Tadeuszowi Żeleńskim". Krakowska premiera *Tumora Mózgowicza* odbyła się 30 czerwca 1921 roku. Jarosław Iwaszkiewicz pisał o tym wydarzeniu:

> Zupełnie abstrakcyjnie, jak wspomnienie snu, jak wizję teatralną widzę zawsze z tamtej epoki pochód następujący: chyba ulicą Batorego, środkiem jezdni, bo samochodów licznych wtedy nie było, kroczą Boy w letnim ubraniu, pani Zofia Żeleńska w czarnej sukni, ale z gołą głową (kobieta z gołą głową, dama, w owych czasach, na ulicy!), i Witkacy wyprostowany, wyprężony, jak on to był zwykł chodzić, w jasnym, szarym, letnim garniturze, w czarnym żałobnym toczku pani Zofii na głowie, którego czarny welon w obfitych fałdach spadał mu na plecy.
>
> Było to w dzień premiery *Tumora Mózgowicza* w Teatrze im. Słowackiego. Witkacy był bardzo czuły, bo zamierzałem wprowadzić jego dramat na sceny warszawskie i byłem gorącym obrońcą jego sztuki wobec Skamandrytów, a szczególnie wobec wszechpotężnego Grydzewskiego, który czuł nosem wartość i siłę Witkacego, ale sam sobie nie dowierzał. Jakoż byłem tego wieczora w Teatrze im. Słowackiego na premierze *Tumora Mózgowicza* i asystowałem przy paradoksalnym momencie, kiedy odsłaniająca się kurtyna Siemiradzkiego ukazała perwersyjne gniazdko „salonu" Mózgowiczów. Siedziałem w loży Trzcińskiego na pierwszym piętrze i klaskałem entuzjastycznie spektaklowi, Witkacemu, pięknie wyglądającej Pancewiczowej. Wszyscy klaskali.[16]

Zofia jest szczęśliwa i dumna z kochanka. Trudno stwierdzić, czy czarna sukienka i czarny toczek z welonem to znak żałoby po Rudolfie Starzewskim, czy jedynie żart w witkacowskim stylu.

KORALE

* * *

W Zakopanem nikt za kołnierz nie wylewa. „Nie wiadomo, czy to robi podkład zakopianiny, czy wzniesienie ponad poziomem morza, dość, że ludzie z łatwością przeistaczają się w gąbki, w zlewy, odprowadzające bez szkody dla siebie hektolitry ognistej wody – pisze malarz Rafał Malczewski, kronikarz tutejszej bohemy. – W tej aurze, skoro nadejdzie sezon, pławią się przyjezdni, tubylcy zaś nurzają z całą wygowatością zawodowców w magmie parującej paroma grzechami głównymi"[17].

U rzeźbiarza Augusta Zamoyskiego sezon trwa okrągły rok, towarzystwo bawi się znakomicie i często do upadłego. Odkąd Gucio w 1918 roku pojawił się pod Giewontem razem z poślubioną rok wcześniej żoną – włoską tancerką Ritą Sacchetto – i kupił dom na Skibówkach, codziennie schodzi się u niego tutejsza banda. Witkacy nieraz wyciąga go „na dziewczynki". Gucio zawsze ma flotę od mamy hrabiny. Podobno zdarza im się zniknąć i na trzy dni.

W ogromnym archiwum Zamoyskiego zachowały się zdjęcia zakopiańskiego towarzystwa – na ganku domu artysty, na górskich wycieczkach. Wśród bohaterów fotografii są Witkacy i Zofia Żeleńska. Rafał Malczewski pisał:

> August Zamoyski, rzeźbiarz i oszalały narciarz, biega po Skibówkach, gdzie wówczas posiadał własny domek, w łowickich portkach. Z daleka widać go zziajanego i rozkrzyczanego, gdy pędzi z pagóra, pasiasty jak pomarańczowo-zielona liszka, lub wcina „Wiener Schnitzel" u Karpowicza, przerykując jazgot orkiestry, szum potoku i śpiewy pijanych woźniców. Do miasta, czyli do Trzaski, gdzie zbierał się tak zwany świat artystyczny, chodzi, podpierając się zielono pomalowanym kosturem. [...] Różne orgie – jak mówił Witkacy – odbywały się w domku Gucia na Skibówkach. Spotykał się tak zwany

świat artystyczny: Karol Szymanowski, malarz Gilewski, Karol Stryjeński, Jaś Pawlikowski, Witkacy itd.[18]

Znakomity opis sceny po orgii u Zamoyskiego daje pisarz Jerzy Mieczysław Rytard. Brali w niej udział Witkacy i Zofia Żeleńska.

Jak to zostało w kilka dni później obliczone, pochłonęliśmy od piątej po południu do jedenastej w nocy... pięć litrów. Brr... – wspominał po latach Rytard. – I stało się coś, czego potem Witkacy nie mógł absolutnie zrozumieć. Prowadziliśmy go mianowicie z panią Zofią pod ręce kompletnie zamroczonego [...]. Przy każdej pompie wodociągowej, które rozmieszczone są wzdłuż zakopiańskich dróg, odbywał się koński zabieg cucenia. Witkacy, zgięty wpół, obejmował jedną ręką słup wodociągu i, podtrzymywany za drugie ramię przez panią Żeleńską, wsadzał głowę pod kran, a ja pracowałem przy lewarze [...]. Jak nam to później opowiedziała pani Zofia, która mimo dionizyjskiego doprawdy szaleństwa, jakie w tym dniu ogarnęło całe towarzystwo na Skibówkach, oczywiście znacznie mniej od nas wypiła, po którymś z rzędu tym razem intensywniejszym pryszniciu Staś trochę gruntowniej oprzytomniał. Stojąc o własnych siłach, oparty o sztachety, zapalił papierosa i po kilku potężnych, jak miał w zwyczaju, zaciągnięciach się, ryknął nagle rozkazująco: „Sophie! Wysyłamy depeszę do demona Grydzewskiego: telegrafować natychmiast, w którym rozdziale bohater Rytarda ekratyzuje w kosmos, szlus z naszą cierpliwością, odpowiedź zapłacona". Wydawszy tę dyspozycję, ruszył chwiejnym krokiem, wykrzykując z pasją: „Szlus, szlus, szlus, potrójny generalny szlus".[19]

Następnego dnia zapewne był w stanie „glątwy", jak nazywał marne samopoczucie po pijaństwie.

KORALE

Zofii Żeleńskiej takie zachowanie bynajmniej nie gorszy, ona sama lubi się bawić i miewa poranny ból głowy spowodowany nadużyciem alkoholu. Zdarza się w Warszawie, że po wieczorze na mieście z rąk Witkacego odbierał wesołą Zofię Tadeusz. Kochanek odprowadza ją do drzwi mieszkania, mąż pomaga trafić do łóżka. Tadeusz jest od niej starszy o dwanaście lat i czas szalonej zabawy i upijania się do nieprzytomności ma już za sobą, Zofia i Witkacy są rówieśnikami.

Niech nikogo nie zwiedzie jej delikatna powierzchowność, Zosia jest zaprawiona w zakrapianych wieczorkach. W końcu i w krakowskim salonie Elizy Pareńskiej, i na letnisku w Tenczynku panowała luźna atmosfera. Aktor Jerzy Leszczyński wspominał, że w Tenczynku „już bez żenady goście rozłazili się po całym domu i ogrodzie, tworzyły się kółka i kółeczka, a na trawie lub sianie całą duszą oddawano się karciętom. Mogliśmy robić, co nam się podobało, nie krępując się niczym. Byliśmy jak u siebie w domu"[20]. Zosia nieraz zapewne pomagała uprzątać baterię butelek, kiedy na niedzielę zjeżdżał do Tenczynka poważny, zapracowany doktor Pareński. Towarzystwo brało się wtedy w garść, karty, wino i nalewki szły w odstawkę.

W Zakopanem Zosia przesiaduje często u Witkacego na Chramcówkach. Po wyprowadzce z Nosala Maria Witkiewiczowa prowadzi teraz pensjonat w willi Tatry. Łączy Zosię z matką Witkacego szacunek i zaufanie – zakwaterowała u niej Staszka, kiedy wspólnie z Tadeuszem zadecydowali, że zbuntowanemu nastolatkowi dobrze zrobi zmiana szkoły i towarzystwa. Co Maria Witkiewiczowa sądzi o romansie syna z Żeleńską, nie wiadomo. Zawsze była tolerancyjna dla jego miłostek i sposobu prowadzenia się. Będzie przymykać oko na wybryki syna nawet po ślubie z Niną, o co synowa ma do teściowej uzasadniony żal.

U Witkacego właśnie poznał Zofię Żeleńską Jerzy Mieczysław Rytard. Zapamiętał, że „siedziała zagłębiona w fotelu – paląc prawie

Dwie głowy, 1920, Muzeum Sztuki w Łodzi

bez przerwy, z niezwykłym rozsmakowaniem w tej czynności. Zasłuchana w witkacowską paradę słów, obserwowała moją reakcję na nie z pełnym sympatii zainteresowaniem"[21].

Romans Zofii i Witkacego to oczywiście towarzyska tajemnica poliszynela – informacja pojawia się w wielu wspomnieniach ich współczesnych, między innymi u Magdaleny Samozwaniec czy Ireny Krzywickiej. „Niebywale piękny – pisała o Witkacym Krzywicka – miał ogromne powodzenie u kobiet, łączył go wieloletni romans z panią Boyową, bynajmniej nie wyłączny z jego strony, gdyż Witkacy nie rozumiał takich słów jak wierność". „Wieloletni romans" trwał jakieś trzy lata. Jeszcze w maju 1922 roku Witkacy dedykuje Zofii *Mątwę, czyli Hyrkaniczny światopogląd*. W lutym 1923 roku był już zaręczony z Niną, w kwietniu żonaty. Zofię boli to posunięcie kochanka. W liście z 25 marca 1923 roku Witkacy pisze do Niny

„potworne komplikacje z Żeleńskimi, które Ci ew[entualnie] ustnie wyjaśnię"[22].

Ze trzy lata zajmie Zofii uporanie się z emocjami. On zabiega o utrzymanie ich kontaktów. Najwyraźniej żadne z nich nie chce definitywnego rozstania, bo ostatecznie oprą znajomość na nowych zasadach, na współpracy i przyjaźni – korespondują ze sobą, Witkacy przesyła Zofii do czytania swoje rękopisy, ciekaw jest jej opinii. W 1927 roku Żeleńska nawet zastępuje Ninę przy korekcie jego artykułów do „Przeglądu Wieczornego".

„Stosunki z Boyami doskonałe – donosi Witkacy matce na początku listopada 1927 roku. – Dostałem książkę. Zofia *aux anges*[23]"[24].

W okresie choroby matki Witkacego w listopadzie 1931 roku przyjaciółka śle Witkacemu pieniądze. „Poczciwa Zofia Ż. przysłała 50 dol[arów] i książkę o astronomii – informuje Witkacy żonę. – Chyba flotę jej *odeszlę*"[25].

Nina oczywiście zna Zofię i od czasu do czasu bywa na sobotnich spotkaniach na Smolnej, a potem na Krakowskim Przedmieściu, dokąd Żeleńscy przeprowadzają się w 1936 roku, zachowując tradycję towarzyskich sobót. W nowym mieszkaniu obrazy Witkacego zawisną w tej samej konfiguracji co na Smolnej. Kolekcja portretów Zofii i Tadeusza stale się zresztą powiększa. „Najdroższa Zofio! – piszą Witkiewiczowie w odpowiedzi na zaproszenie 6 grudnia 1937 roku. – Zaklinamy Cię i błagamy o przebaczenie, że Ci tę tak już wprost niemal straszną krzywdę robimy, pozbawiając Cię i tak niesłychanie miłego naszego towarzystwa, ale nam Obojgu się dziś wszystko skołtubasiło i jako kurdypiełki nędzne Oboje jesteśmy, całujemy, liżemy i przytulamy się Oboje do Was ze czcią i miłością. Wasi Ukochani Witkacowie"[26]. Bilecik absolutnie w stylu Witkacego.

* * *

„Czekam ich ciągle, każdy powrót do domu to nadzieja listu, albo zobaczenia, zastania w domu, każdy dzwonek to myśl, że to może już"[27] – pisze Zofia Żeleńska w listach z okresu niemieckiej okupacji. Lata drugiej wojny światowej to czas tęsknoty, rozstań, które miały być tymczasowe, a okazały się ostateczne, bez możliwości pożegnania się. Tadeusz Żeleński, który we wrześniu 1939 roku przedostał się do Lwowa, już nie wrócił, został zamordowany wraz z grupą polskich profesorów lwowskich uczelni w nocy z 3 na 4 lipca 1941 roku na stoku Góry Kadeckiej. Zofia nie wie nawet, gdzie jest jego grób. Nie żyje Witkacy. W powstaniu warszawskim spłoną wszystkie jego obrazy, które były u Żeleńskich na Krakowskim Przedmieściu. Nawet duplikat jego sławnego albumu ze zdjęciami, reprodukcjami obrazów, pamiątkami, kuriozami. „Mieszkanie opuściliśmy po powstaniu, tak jak staliśmy"[28] – powie Stanisław Żeleński.

Po wojnie, w kolejnych mieszkaniach, najpierw na warszawskiej Pradze, a od 1950 roku znowu na Krakowskim Przedmieściu, Zofia zawiesi trzy czy cztery obrazy Witkacego odzyskane przez profesora Stanisława Lorentza z jej dawnych zbiorów. Ucieszy ją prezent od krewnego Jana Leszczyńskiego, który w 1955 roku podaruje jej witkaca ze swojej ogromnej, choć również przetrzebionej przez wojnę kolekcji. „Dziękuję jeszcze raz bardzo za pastel Witkiewicza. Prześliczny, szalenie mi się podoba"[29] – pisze do Leszczyńskiego. Obrazy są jak cienie dawnego życia.

Nic już nie jest jak dawniej, mimo że jej życie upływa wśród książek – współpracuje z Państwowym Instytutem Wydawniczym, robi korekty kolejnych wznowień książek męża, zawsze w cieniu jego sławy. Rzeczywisty wkład Zofii w pracę translatorską Boya nadal czeka na weryfikację, na badania stylometryczne. Była z pewnością więcej niż redaktorką jego przekładów. „Bibliotece Boya" poświeciła kawał życia oraz pieniądze z posagu. Nie eksponowała swojej osoby, nie chciała występować jako współautorka przekładów. Być może powodem była zła prasa, która w dwudziestoleciu międzywojennym lekceważyła kobiety tłumaczki, oraz ataki krytyki wycelowane w Tadeusza. Zamknięta w sypialni, bo najchętniej pracowała w łóżku, obstawiona słownikami, termosem z herbatą i nieodłączną popielniczką pozostała cichą wspólniczką pracy męża. „Widzę ją przez pryzmat tego, co napisał Wyspiański w *Weselu* – wspominała Zofię Żeleńską Barbara Winklowa. – Taka właśnie była. Bardzo delikatna, jakby prześwietlona"[30].

Lata temu, w 1920 roku, Witkacy namalował siebie i Zofię na pięknym obrazie *Dwie głowy*. Zosia znowu ma na szyi ten ulubiony długi sznur korali, policzek oparła na dłoni. Niby są blisko, wtuleni w siebie, a jednak odlegli, dwoje ludzi skazanych na samotność, bez możliwości porozumienia. Smutne, zamyślone twarze kochanków, i oczy namalowane tak, że sprawiają wrażenie wypełnionych łzami.

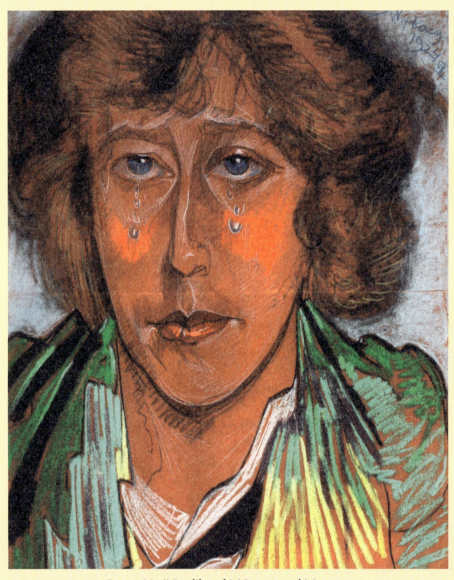

Portret Marii Pawlikowskiej-Jasnorzewskiej, 1924,
Muzeum Literatury im. Adama Mickiewicza w Warszawie

KUZYNKA

Co za ironia losu – kiedy Nina odpoczywa od męża u swoich krewnych Kossaków w Krakowie, Staś w Zakopanem uwodzi jej kuzynkę Marię z Kossaków Pawlikowską, zwaną w rodzinie Lilką. Piszą sztukę teatralną. Z każdą inną kobietą w takiej sytuacji Nina podejrzewałaby Stasia o flirt czy coś więcej, ale przecież nie z Lilką! Znają się od dziecka, każde wakacje spędzały razem u ciotki Zofii z Kossaków Romańskiej w Hrusiatyczach, w pięknym dworze otoczonym ogromnym parkiem. Tańczyły wspólnie, gdy Lilka upadła tak niefortunnie i złamała rękę. Źle założony ciężki gips zrobił z niej kalekę na całe życie. Wadę postawy i wystającą łopatkę starannie ukrywa pod eleganckimi strojami, falbankami, szalami, ale ma na tym punkcie kompleks i nieustannie odczuwa dolegliwości zdrowotne. Kuzynki Kossaczki, Madzia i Lilka, nazywały Ninę „królową dzieci". Już wtedy rzucało się w oczy jej opanowanie i dystynkcja w zachowaniu. Nawet wuj Wojciech Kossak, odwiedzając pod koniec września 1917 roku w Warszawie ciężko chorą siostrę Jadwigę Unrużynę, zwrócił uwagę na to, że dwudziestojednoletnia Nina z oddaniem opiekuje się umierającą matką, „a przy tym jest ubrana, uczesana, domyta i spokojna"[1]. Dał siostrzenicy dwieście marek na lekarskie konsylium i przekazał prezent od Lilki – rękawiczki, które Ninę „strasznie uradowały". Kiedy po śmierci matki Nina zostaje sama w Warszawie, wuj zamierza nawet przygarnąć ją na stałe do Kossakówki. Kończy się jednak na tym, że kupuje dziewczynie futro i pisze do żony: „Wezmę ją ze sobą do nas na dwa tygodnie wakacji i do Zakopanego, dzielne, kochane biedactwo"[2]. Nina jest oczywiście mile widziana w Kossakówce, wuj i ciotka często ją goszczą i wspierają finansowo, bo nie dość, że samotna, to jeszcze chorowita, a to przechodzi czerwonkę, a to niedomaga na płuca. Nie pokazuje po sobie kompleksu ubogiej krewnej. Zresztą może nawet niczego takiego nie odczuwa – rodzinne koneksje z Kossakami, Puzynami itp. oraz arystokratyczne nazwisko po ojcu czynią zadość jej snobizmowi. Po ślubie wprowadzi męża na Kossakówkę, a zaprzyjaźniony z Lilką i Madzią Stanisław Ignacy Witkiewicz będzie tu chętnie bywał. „Kłaniaj się ode mnie Cioci i Lilce – pisze jesienią 1924 roku do żony przebywającej u krewnych w Krakowie. – Żeby one nie były tak bezczelnie zmaterializowane, toby były sympatyczniejsze. Ale Madzia to okaz 3 kl[asy] i ma zły wpływ na Lilkę"[3].

Oczywiście Nina nawet nie domyśla się, jakiego typu związek łączy Witkacego z Pawlikowską, zakłada, że kuzynki obowiązuje względem siebie niepisany pakt o lojalności. Błędne założenie, które będzie ją kosztowało cierpienie i długi okres separacji z mężem.

* * *

Lilka Pawlikowska jest pod wrażeniem portretów, które w 1924 roku robi jej Witkacy. Szczególnie poruszający jest ten smutny, prawie tragiczny, świetnie oddane podobieństwo rysów twarzy – pociągły owal, cienki nos, ciężkie powieki, niebieskie oczy, z których spływają na policzki łzy. „Nie widziałem jeszcze Lilki portretu przez Stasia, ale ona mówi o nim z zachwytem"[4] – pisze Wojciech Kossak do córki Magdaleny w sierpniu 1925 roku. Na drugim portrecie Lilka wygląda młodziej, bardziej dziewczęco, choć też poważnie i bez uśmiechu. Na zdjęciach również jest poważna, z czasem odęcie wokół drobnych ust przekształci się w dwie pionowe bruzdy i nada twarzy wyraz znużenia i zniechęcenia.

Portret Marii Pawlikowskiej-Jasnorzewskiej, 1924, kolekcja prywatna

Zdaniem pisarki Ireny Krzywickiej „twarzyczka Lilki nasuwała dziecinne, czarodziejskie skojarzenia. To była twarz wróżki, cała z płatków różanych, pyłków kwietnych, przelotnych cieni i łagodnych świateł. Nosek leciutko zaostrzony, różowawy i przezroczysty jak muszla, usta wrażliwe, małe, zmienne, czasem żałosne, czasem drwiące. Nie tylko ta twarz decydowała o uroku Lilki, ale przede wszystkim nieodparty wdzięk, stokroć ważniejszy od urody, wdzięk w każdym ruchu, słowie, uśmiechu, nikt nie mógł mu się oprzeć"[5]. Krzywicka dodaje, że Lilka mimo ułomności „pełna była szczególnego uroku, i to uroku czysto fizycznego. Dowodem – trzech mężów i wielu zakochanych"[6].

Urok młodej poetki (debiutowała na łamach „Skamandra" w 1922 roku) najwyraźniej działa i na Stanisława Ignacego Witkiewicza. Kiedy się do siebie zbliżają, Lilka jest już w separacji z mężem Janem Gwalbertem Pawlikowskim. Koniec tej wielkiej miłości jest dla niej szczególnie bolesny. Nic dziwnego, że roni łzy.

Z Pawlikowskim kochali się przecież jak nikt na świecie. A przynajmniej tak to wygląda na papierze – w listach i w wierszach. „Dla Ciebie wszystko, dla Ciebie tylko! – pisała Lilka do swojego Jasia Gwasia. – Oczarować Cię chcę, podobać Ci się do szału, do obrzydzenia i znów do szału – skarbie mego życia, Mężu!"[7]. On odpowiada: „Jakże szczęśliwą jesteś, Malutka, że ja Cię tak kocham"[8].

Poznali się w zakopiańskiej kawiarni i z miejsca się w sobie zakochali. Kolejny przykład oczarowania u podnóża Giewontu. Zdaniem Witkacego Zakopane sprzyja erotycznym fascynacjom i namiętnym, niełatwym związkom.

> Miłość staje się tutaj wzajemnym zagłębianiem się dwojga istot w nieistniejącej komplikacji uczuć, łączeniem się w rozdwojeniu, rozdwajaniem się w jedności, upoczwornianiem się w niedopasowaniu porozumień, nieporozumieniem w absolutnej zgodzie o nieskończonowościowym

wykładniku bezdennej zawiłości. [...] Jak można mówić o czymś tak tajemniczym i potwornym, co łączy w Zakopanem dwie dusze, a nawet ciała w terminach tak wulgarnych jak miłość np.? Jak można profanować tak szalone misterium, jakim jest połączenie się dwojga istot w zakopiańskich wymiarach? Istnieje bowiem zakopiański wymiar psychiczny, tak niedostępny dla duchowego «cepra», jak niedostępnym jest wymiar siódmy dla istoty w sześciu tylko wymiarach żyjącej.[9]

Siostra Lilki, Magdalena Samozwaniec, pisała o Pawlikowskim, że wyglądał jak bóstwo góralskie – kształtna sylwetka i uderzająco piękna twarz. Kasztanowate włosy czesał jak paź, z przedziałkiem pośrodku. Na akwarelach, które Lilka z talentem maluje, Jaś jest niczym rycerz, trubadur, giermek królowej, ona zaś – damą jego serca, wróżką, elfem, panującą. Dla miłości z przystojnym Janem Gwalbertem Maria bierze rozwód z pierwszym mężem, austriackim porucznikiem Władysławem Bzowskim. A raczej ojciec, Wojciech Kossak, kupuje jej rozwód kościelny, nieźle się wykosztowując. Rozwód to wówczas skomplikowana i droga sprawa.

Zakochani – on nazywa ją Szczurkiem, ona jego Kwakiem, pobrali się w 1919 roku i zamieszkali w zakopiańskim domu Pawlikowskich Pod Jedlami.

Teść Lilki, Jan Gwalbert Pawlikowski senior, jest człowiekiem wszechstronnym – dyplomowanym rolnikiem i profesorem Akademii Rolniczej w Dublanach, sprawnym zarządcą rodzinnego majątku w Medyce, a do tego badaczem poezji Słowackiego, wytrawnym taternikiem, znawcą folkloru Podhala, społecznikiem, a nawet pionierem ochrony przyrody w Polsce. W połowie lat dziewięćdziesiątych XIX wieku Pawlikowski postanowił wybudować w Zakopanem dom. Za namową Stanisława Witkiewicza kupił działkę na Kozińcu i zamówił u niego projekt letniego domu, który

Maria Pawlikowska-Jasnorzewska

szybko przekształcił się w prawdziwe góralskie dworzyszcze w zakopiańskim stylu.

Przez chwilę Lilka wiedzie życie członkini tutejszej bohemy, przesiaduje w lokalach u Karpowicza i Trzaski, słucha przygrywania góralskich kapel i własnego męża wyśpiewującego arie operowe, gdzieś po nocy, na kamienistej drodze do domu. „Nie pisałam, bo nie było na czym i przy tym jakoś ani chwili spokoju – donosi młoda mężatka matce, Maniusi Kossakowej. – Ciągle a to Witkacy, a to Kwak, a to znów jakieś bydło, np. Chwistek – ciągną nas po różnych kawiarniach"[10].

W 1921 roku już jest po wszystkim, już jest po wielkiej miłości. Jaś już kocha osiemnastoletnią Austriaczkę Wally Konchinsky, tancerkę z zespołu baletowego Rity Sacchetto, żony rzeźbiarza Augusta Zamoyskiego. Z trupą Rity jedzie nawet w tournée po Europie i występuje na scenie (dla niepoznaki w masce i pod pseudonimem „książę Orłow"). Wkrótce tancerka rodzi Jasiowi córeczkę. Magdalena Samozwaniec wspomina, jak to Pawlikowski wyskoczył z pokrętnym pomysłem, żeby Lilka zaadoptowała dziecko jego i Wally. Pomysł nie do przyjęcia i z miejsca skazany na porażkę. Według Wally Pawlikowski twierdził, że co do Lilki to owszem, znakomita poetka, ale „trudno się było do niej dostać"[11]. Rozwód wezmą w 1929 roku.

Poetka Maria Pawlikowska tak o tym napisze:

Gdy się miało szczęście które się nie trafia
Czyjeś ciało i ziemię całą
A została tylko fotografia
To to jest bardzo mało.

Rozstanie z Jasiem Gwasiem jest dla Lilki kłopotliwe, także pod względem jej pobytów w Zakopanem. Najwyraźniej stara się unikać niezręcznych sytuacji, krępujących spotkań. A przecież nietrudno natknąć się na siebie w tak małej społeczności. Cała artystyczna brać przesiaduje w kilku zaledwie kawiarniach. Jeszcze na początku separacji w 1922 roku Pawlikowski pomagał żonie przy wyborze wierszy do jej debiutanckiego tomiku *Niebieskie migdały*. Z czasem ich stosunki najwyraźniej się pogarszały. „Musisz się uniezależnić od problemu miejsca przebywania kochanek Jasia – przekonuje przyjaciółkę Witkacy w liście z 10 marca 1926 roku. – To już zbyt byłoby głupie"[12].

Wiadomo, że w październiku 1925 roku Maria Pawlikowska i Stanisław Ignacy Witkiewicz pracują wspólnie nad sztuką teatralną. Witkacy donosi o tym w liście do przyjaciółki Kazimiery Żuławskiej, podaje tytuł: *Ostatnia godzina Heleny Pfeiffer*. „Sztuka nasza jeszcze nie przepisana. Jak tylko będzie, przyszlę lub przywiozę"[13] – informuje Lilkę 3 listopada 1925 roku. Utwór niestety zaginął.

Pewne jest jednak, że jeśli chodzi o humor, to oboje lubią purnonsens. Lilka taktownie tonuje ponurość Witkacego. Krzywicka twierdzi, że Pawlikowska

> była osobą niezwykłego, wysokiej klasy dowcipu. Sama śmiała się cichutko ze swoich nieoczekiwanych skojarzeń, skrótów i zagęszczeń i sypała uroczymi słowami, nie wymawiając litery r. Otaczała jakąś hipnotyczną mgiełką swego rozmówcę, który natychmiast ulegał jej władzy, i zaczynały go od razu bardzo nudzić jego własne, osobiste sprawy, kłopoty, radości, tak prostackie, grube, nieporadne w tym świecie ze snu nocy letniej. Tym czarom przypisuje fakt, że Lilka mimo swej ułomności tak bardzo była przez mężczyzn kochana.[14]

Witkacemu zależy na Lilce i raczej nie chodzi tylko o twórczość literacką. Usilnie namawia ją na spotkanie. „B. mi Ciebie brak – pisze na początku lutego 1926 roku. – Tak bym chciał pisać z Tobą coś nadzwyczajnego i myślę o Tobie b. często. [...] Jak Nina wyjedzie, musisz tu przyjechać. Zrobimy coś piekielnego"[15]. Nie wiadomo, czy Lilka ma obiekcje przez wzgląd na kuzynkę, czy też inne sprawy zatrzymują ją w Krakowie, czy raczej unika widoku Kwaka i jego Wally. W połowie marca Witkacy nadal usilnie nalega na jej przyjazd:

> Nina wyjeżdża za 10 dni i myślę, że przyjedziesz, i cieszę się b., i mam nadzieję, że napiszemy coś piekielnego. [...] Tylko w Zakop[anem] (ja Ninie wytłomaczę tak, że myślę, że za jej pobytu mogłabyś przyjechać) urządź się tak, aby być niezależną od idiotycznych fantazji Jasia, jego Wali i całej tej bandy jełopów, w której on króluje. Ja do Trzaski chodzić nie będę, czas już, żebyś się *wyemancypowypowała* – a co u diabła –?? Kończę.
> Moja dziecinko kochana – nie masz pojęcia, jak potrzebuję Twego towarzystwa. Tak się cieszę, że tu będziesz. Tylko nie zwlekaj. Czy za Niny, czy po Ninie, zaraz przyjedź.[16]

Kwestia ustawiania terminów pobytów żony, przyjaciółek i kochanek w Zakopanem to stały problem Stanisława Ignacego Witkiewicza. Kalendarz chwilami wygląda karkołomnie, nieraz będzie musiał słać rozpaczliwe kartki, jak ta do Jadwigi Neutzel, nauczycielki w Łodzi, z którą podobno łączył go romans w latach trzydziestych. „Zaklinam Cię, tylko nie przyjeżdżaj w 11 giej połowie sierpnia, bo będę zgubiony i nigdzie nie pójdziemy. Odpisz zaraz do Zak[opanego] «Olma» ul. Zamoyskiego, a napiszę więcej, bo adres niepewny"[17].

Fizyczne zbliżenie, do którego bezsprzecznie dochodzi między autorami *Ostatniej godziny Heleny Pfeiffer*, przynosi im najwyraźniej wzajemne rozczarowanie, być może spotęgowane majaczącą w tle, niczym wyrzut sumienia, postacią Niny – żony i kuzynki.

WITKACY I KOBIETY

Nasze erotyczne (pożal się Boże) stosunki były nonsensem, bo nie mieliśmy tego, czegośmy chcieli, i stąd, jako paliatyw, wyszło to paskudztwo – pisze Witkacy do Lilki 7 lipca 1927 roku. – To skończone chyba na wieki i teraz chcę, aby stosunek nasz był czysto duchowy. Uważam Ciebie za b. wartościową osobę, na b. złej drodze wewnętrznej. Higienicznie doskonale, ale wewnętrznie pod psem. Twoja lektura musi się zmienić i całe menu psychiczne.[18]

W tym czasie Nina wie już o całej sprawie i między małżonkami dochodzi do kolejnego poważnego kryzysu. Sam Staś powiedział jej o romansie z Lilką. Czy to tylko męski egoizm, czy już chęć budowania małżeństwa opartego na bezwzględnej szczerości i wolności? Urażona Nina Witkiewiczowa odmawia goszczenia męża u siebie na Brackiej podczas jego pobytów w Warszawie. Okres separacji między nimi potrwa prawie dwa lata. 31 sierpnia 1927 roku Witkacy pisze do żony:

Wielkim błędem było Twoje opowiadanie o Lilce (np. Madzi). O ile mi się zdaje, rozpowszechniło się mniemanie, że ja do szaleństwa kochałem się w L., a ona, uniesiona szlachetnością, zerwała ze mną dla Ciebie. Madzia wszystko mówiła L., a ona rozpowiadała o tym w deformacji.[19]

W 1931 roku Maria Pawlikowska poślubi kolejnego przystojnego mężczyznę, dużo młodszego od siebie – Stefana Jerzego Jasnorzewskiego, porucznika lotnictwa. Wprawdzie on też nie będzie wzorem wierności (zdaniem siostry poetki, Magdaleny Samozwaniec, uchodził za „pułkowego uwodziciela"), ale okaże się wiernym towarzyszem Lilki na emigracji i w chorobie, kochającym mężem i sprawdzonym przyjacielem. „I słodko musiało być Lilce – pisała Krzywicka – gdy wśród powszechnej zgrozy, której dała wyraz w ostatnich swoich utworach i wśród własnego lęku przed nadchodzącą ciemnością, czuła jego przywiązanie i widziała, jak się pochyla nad nią ładna, młodzieńcza twarz męża"[20].

Po Lilce będą inne kobiety w życiu Stanisława Ignacego Witkiewicza, wiadomo. Ale romans kuzynki i Stasia zranił i upokorzył Ninę podwójnie i nie może tego im, a zwłaszcza jej, darować.

I co z tego, że Witkacy po swojemu obraża się w końcu i na poetkę, że 26 lutego 1938 roku pisze do żony: „Temu bydlęciu Lilce nie kłaniaj się, *brońboże*, ode mnie"[21]. Nawet wtedy jeszcze tkwi w niej ta zadra. Zaprzyjaźniona z Niną lekarka, doktor Halina Leszczyńska, twierdziła, że Nina przebaczyła kuzynce „dopiero po jej śmierci, gdy dowiedziała się o raku, na który cierpiała, tęsknocie za krajem, ostatnich, przejmujących wierszach"[22].

Maria Pawlikowska-Jasnorzewska zmarła w lipcu 1945 roku w dalekim zimnym Manchesterze. Można ten portret płaczącej Lilki malowany przez Stanisława Ignacego Witkiewicza potraktować jako portret proroczy – tak pełne cierpienia były ostatnie jej lata. O samobójstwie Witkacego Lilka dowiedziała się w połowie marca 1940 roku z listu siostry Magdaleny.

W dzienniku pod datą 30 stycznia 1942 roku zanotowała:

Dziś Witkacy – wspaniały – samotnik, namawiał mnie do samobójstwa i dotknął mojego ramienia, nie we śnie, rzeczywiście. Czułam długo po obudzeniu to kilkakrotne uderzenie w prawe ramię. Duch był w pokoju.[23]

Nena Stachurska, fot. Stanisław Ignacy Witkiewicz

TYP ALCOFORADO

Nena Stachurska ma przepiękne ręce. Pracuje w księgarni Zwolińskiego przy Krupówkach i kiedy pakuje książki, trudno oderwać oczy od tych jej rąk. Jeden klient tak się na nie zapatrzył, że oświadczył się ekspedientce, zanim skończyła owijać książki w papier. Wąskie dłonie, długie smukłe palce można podziwiać choćby na zdjęciu, na którym Nena trzyma Schyzię, ukochaną kotkę Witkacego.

Schyzia nie każdego lubi i Witkacy za pomocą kotki testuje znajomych i nieznajomych, o czym wiadomo między innymi z opowieści innej jego przyjaciółki, Edyty Gałuszkowej-Sicińskiej. Wspominała:

> Pierwsze moje poznanie z Witkacym było dość niecodzienne. Witkacy bowiem siedział wtedy w ogromnym gumowym tubie i szorował się zapamiętale szczotką do szorowania podłogi. Zapukaliśmy do drzwi (było to w Zofiówce w Zakopanem, gdzie mieszkał z matką) i na wezwanie „proszę wejść" zastaliśmy wyżej opisany widok. Ale było to poznanie powierzchowne, gdyż wycofałam się od razu wstydliwie i zaczekałam na werandzie, dopóki nie ukazał się Witkacy ubrany. Przyniósł mi zaraz swoją kotkę syjamską, nazwaną Schizofrenią, a zdrobniale „Schyzią", i czekał, jak ona mnie przyjmie. Gdy kotka zaczęła się łasić do mnie i w końcu siadła, mrucząc z zadowoleniem na moich kolanach, orzekł,

że może do mnie czuć sympatię, ponieważ zdałam egzamin przed kotką. Kotka była probierzem. Do kogo ona miała sympatię, tego Witkacy przyjmował do swego grona, kogo natomiast darzyła antypatią, do tego również jej pan odnosił się nieufnie.[1]

Nena nie ma wątpliwości, że Witkacego nie zniechęciłoby, nawet gdyby Schyzia od niej uciekła gdzie pieprz rośnie. Za każdym razem gdy mija ją na Krupówkach albo zachodzi do księgarni Zwolińskiego przeglądać mapy i książki, wpatruje się w nią tak intensywnie, że Nena cała oblewa się pąsem. Postawny czterdziestolatek wciąż zwraca uwagę.

Nena widuje go od dziecka. Ma pewnie analogiczne wspomnienia jak Irena Krzywicka, która zobaczyła Witkacego na ulicy jako dziewięcioletnia dziewczynka, i na zawsze zapamiętała wrażenie, jakie na niej zrobił ten „wspaniały wielkolud". „Twarz przepiękna – pisała po latach – o ponurym spojrzeniu przepaścistych oczu i rysach pozostawiających niezatarte wspomnienie"[2].

Nena miała osiem lat, kiedy „wspaniały wielkolud" cmoknął ją w dłoń! Akurat przyjechały wtedy z matką do Zakopanego. Helena Stachurska z córkami Jadwigą – Neną i Modestą (Mią) – zaczynały nowe życie w nowym miejscu. Modesta opowiadała po latach Annie Micińskiej, że po separacji z ich ojcem matka z dwiema córkami w roku 1913 wylądowała w Zakopanem. Zaprotegowana przez swoją przyjaciółkę Idalię Rusteyko trafiła do domu Ireny Solskiej jako opiekunka jej córki Haneczki, z którą dziewczynki się bawiły. Solska miała wówczas romans z aktorem Marianem Mariańskim [...] oraz z p. Bogdańskim – wieczorami. Z Witkacym już było po zerwaniu, ale zachowali stosunki towarzyskie. Któregoś dnia przyszedł piękny, chmurny, z czołobitnością i szacunkiem przywitał się z Solską, która golusia w trawiastozielonym krepdeszynowym peniuarze ciaśniutko opiętym kokietowała go straszliwie i powłóczyście ciałkiem, oczami i głosem. Potem przedstawiła mu dziewczynki Stachurskie, ośmioletnia Nenusia zawstydzona, ze spuszczoną głową wyciągnęła do niego łapkę, którą on z galanterią ucałował...[3]

„Czerwone kokardy we włosach i czerwone szarfy u pasa. Co do nóg, okaże się później" – pisze Witkacy w *Straszliwym wychowawcy*[4]. Osiem lat później widują go na pierwszych zebraniach Towarzystwa Teatralnego. Modesta Zwolińska zapamiętała, że na którymś spotkaniu padła propozycja, żeby obie siostry Stachurskie zagrały dziewczynki w *Małym dworku*. „Czyż to nie jest wzruszające – pisał Witkacy. – Te moje dwa aniołki? To są czyste duszyczki, zamknięte w jakichś mgiełkach eteru. Ja czasem dziwię się, że one jedzą, piją, śpią i budzą się"[5]. Role jednak wziął ktoś inny.

Trzeba było kolejnych paru lat, żeby Nena Stachurska i Witkacy poznali się oficjalnie. Pretekstu dostarczyła Nenie ciotka, która we wrześniu 1928 roku przyjechała z wizytą do jej matki. Mąż polecił jej, żeby podczas pobytu w Zakopanem koniecznie zamówiła sobie portret u Witkacego. Wśród inteligencji i mieszczan zaczęła się już moda na jego portrety, które wielu traktuje jak droższą i lepszą pamiątkę z Zakopanego. Po powrocie do rodzinnego miasta zawsze można się pochwalić, że było się w pracowni u „tego" Witkacego, zacytować regulamin jego Firmy Portretowej, opowiedzieć anegdotę o artyście i zaprezentować swój wizerunek. Jeśli rodzina i znajomi zaczną za bardzo wydziwiać, że dzieło nabazgrane i że model w rzeczywistości wygląda inaczej, to na potwierdzenie wartości portretu zawsze można pokazać odpowiedni wycinek z zakopiańskiej prasy. Entuzjastka Witkacego, dziennikarka Helena Brudzińska, pisze na łamach „Głosu Zakopiańskiego":

Portrety S.I. Witkiewicza mówią zawsze same za siebie i za autora, który uparcie idąc w swoim własnym oryginalnym kierunku, używa tylko coraz większej ilości liter i znaków „magicznych" do kreślenia swoich zapatrywań na portret (Typ: A. B. C. D. E. i C_2H_5OH). Jakkolwiek się one zwą, zawsze są to te same doskonałe „Witkiewiczowskie" obrazy – portrety. W tych portretach nic mnie nie obchodzi, kogo one przedstawiają, czy lewe, czy prawe oko złe (u Witkiewicza są nawet najbrzydsze oczy prześliczne, widocznie przechodząc przez jego własne, tak głęboko artystyczne oczy, piękniej ą i nabierają wyrazu jakiejś głębi psychicznej), czy kredką, czy węglem lub guaszem robione – wszystko jedno – są nadzwyczajne jako kompozycja. Takie tło np. jak w portrecie żony artysty, lub w portrecie p. S. wydobycie efektów rysunkowych i malarskich środkami „witkiewiczowskimi" jak kolor papieru, kredki, węgiel etc., to są rzeczy nieprzeciętne, nie byle kto się odważyć na to może, chyba ten co mierzy „siły na zamiary".

Dlatego jestem wielką wielbicielką talentu Witkiewicza, i oglądam z zajęciem każdy jego portret, choć zawsze są w tym samym stylu utrzymane technicznie, jako portret każdy stanowi nowe dzieło tej niepospolitej twórczości. Choć jako kobieta mam jeszcze trochę „pretensji" (a Witkiewicz czasem „zbrzydza"), to jednak zgodziłabym się służyć za model takiemu Artyście, nawet w typie X.Y.Z. – Czy też w ogóle bez oznaczania literami tego typu – byle „przepuszczona" przez pryzmat jego sztuki portretowania.[6]

Nenę ciągnie do Witkacego, jest podekscytowana, że wreszcie ma okazję stanąć z nim oko w oko. Dosyć już jego namiętnych spojrzeń i jej rumieńców. Nie jest dziewczynką, tylko dorosłą, dwudziestotrzyletnią kobietą. W Zakopanem oczywiście krąży o artyście morze plotek, ale to też jest intrygujące. Fakt, że jest żonaty, nie jest

Portret Neny Stachurskiej, 1928, Muzeum Tatrzańskie w Zakopanem

bynajmniej przeszkodą. Jest tak, jak pisał w liście do żony: „A przy tym ja się chwalę wszędzie, że stanowimy idealne *małżożeństwo* à la Boyowie [...], więc każda baba czuje, że ma wolną rękę"7.

Nena śmiało idzie do niego do Zośki umówić termin pozowania ciotki, a potem towarzyszy krewnej do pracowni malarza. Według relacji Mii Zwolińskiej Witkacy ciotkę „szybko zmachał, a potem poprosił Nenę o pozowanie".

Zgłębia jej twarz, tak jakby portretując, brał ją w posiadanie. Przy niechcianym kliencie portret jest żmudnym „wydłubywaniem mordy", przy interesującej kobiecie – grą, flirtem, uwodzeniem. Bywa wtedy, że rysuje modelkę w chwili ekstazy, z odchyloną głową, z przymkniętymi w rozkoszy oczami i rozchylonymi ustami. Ten typ portretu nazywa „Alcoforado" na cześć Marianny d'Alcoforado, zakonnicy żyjącej we Francji w XVII wieku. Jej listy miłosne pisane do francuskiego oficera, który ją uwiódł, rozkochał i porzucił, zostały uznane za arcydzieło powieści epistolarnej. Witkacy zna listy mniszki z przekładu Stanisława Przybyszewskiego. Idealna kobieta jest namiętna. Nenę też tak będzie malował.

Pierwszy portret Neny Stachurskiej jest z września 1928 roku. Od tego momentu Witkacy portretuje ją przy każdej nadarzającej się okazji, portretów Stachurskiej było około setki.

Nena jest oczywiście dumną posiadaczką „legitymacji klientki honorowej" Firmy Portretowej. W zachowanej książeczce z Regulaminem Firmy Portretowej Witkacy nakleił jej zdjęcie, odręcznie napisał poświadczenie na 1933 rok i podał jej rysopis:

> Oczy – śliczne i nieprzytomne zresztą niebieskawe – źrenice bardzo rozszerzone nos – jak to teraz mówią „falisty". usta – jadowito uśmiechnięte ale względnie dobrze narysowane, choć nieco miejscami pod względem wywinięcia à la Van Dyck przesadzone. (oczywiście jak na dzisiejsze czasy) Włosy – niemożliwie wijące się Owal – umiarkowany.

wzrost – mierny ale nie mizerny. W ogóle tak, ale po co o tem gadać.

Witkacy maluje jej portrety we wszystkich typach, od tych najsłodszych, wylizanych jak cukierek, po najbardziej ekspresyjne i spotwornione. Okiem artysty, okiem mężczyzny dostrzega, że w niewysokiej, szczuplutkiej, wytwornej Nenie (siostra mówiła, że była delikatna, wrażliwa, ambitna) zdają się drzemać demony, bo przecież kobieta Witkacego musi być demoniczna. Falujące włosy raz wzburzoną grzywą opadają na czoło i oko, raz są starannie przyczesane, ujarzmione, ucywilizowane. Krwistoczerwona szminka na ustach bywa kuszącym akcentem twarzy, spod rozchylonych warg wyglądają drapieżnie drobne białe ząbki. Do obrazu pasują słowa Witkacego, choćby z opisu bohaterki *Nienasycenia*, Persy Zwierżątkowskiej.

> Stanowiły ją: 1) mokre, poziomkowo czerwone usta, 2) gołe, lśniące nogi i 3) gładko zaczesane popielate włosy. To wystarczy – chodzi o to jak, jaką atmosferę stwarzały dookoła siebie te banalne elementy seksualnego wciągu. [...] Genezyp zmartwiały z przerażenia (aż wszystkie żądze uciekły mu w sam czubek intelektu, tak się przeraził) ujrzał wcielenie doskonałości kobiecej ponęty i piękności, od popielatej blondynowości włosów (i tych i tamtych) do paznokci palców od nóg. Stężał. Niedostępność, niezdobytość widoku graniczyła z absolutem. – Czymże była wobec tego ściana Mount Everestu od strony lodowca Rongbuk – Głupią farsą.[8]

Do skomentowania portretu z 1929 roku, na którym Nena ma przymknięte powieki, spod których widać tylko cienkie kreseczki oczu, można by znowu użyć słów z *Nienasycenia*: „I oczy fiołkowe z ciemną rzęsą, która uginała się lekko w kącikach, nadając

Portret Neny Stachurskiej, 1929, Muzeum Tatrzańskie w Zakopanem

spojrzeniu podługowatość falistą, ciągnącą się gdzieś aż w nieskończoność nienasyconej żadną rozkoszą żądzy", albo: „Bo czyż jest coś bardziej nieprzyzwoitego jak spuszczone niby to ze wstydu, orzęsione powieki kobiece?".

Romans kwitnie pod życzliwym okiem najbliższej rodziny dziewczyny. Mia wspominała, że „Witkacy bywał w domu za cichym i dyskretnym pozwoleniem matki, która umiała tak taktownie zachować się wobec córki i jej «przyjaciela», że była jedną z nielicznych pań, które Witkacy całował w rękę i darzył ogromnym szacunkiem. Nigdy nie było o tym mowy, ani między siostrami, ani wobec matki. Dyskrecja, takt – publicznie zawsze mówili sobie *per* pan i pani"⁹. Sam Witkacy też jest powściągliwy i dyskretny w sprawach życia intymnego: „To sprawy, o których można mówić tylko szeptem i pod kanapą" – powtarzał często. Nena jednak najwyraźniej mogła mieć nadzieję na stały związek z artystą. Zachował się zabawny list, który wspólnie napisali do Marii i Edmunda Strążyskich, z datą 10 sierpnia 1929 roku, podpisem obojga i dopiskiem „zaręczeni".

Nena mieszka z matką i rodziną siostry. Mia jest zamężna z Tadeuszem Zwolińskim, który wspólnie z bratem Stefanem prowadzi zakopiańską filię księgarni Zwolińskiego (centrala założona przez ich ojca Leonarda Zwolińskiego w 1892 roku mieści się w Krakowie). Obaj bracia są zapalonymi taternikami, grotołazami, badaczami jaskiń. Tadeusz Zwoliński zajmuje się kartografią, sporządza mapy, opracowuje przewodniki po Tatrach i Podtatrzu. Znakomite zdjęcia Zakopanego i Tatr autorstwa braci Zwolińskich reprodukowane w formie pocztówek krążą po całej Polsce.

Księgarnia Zwolińskich mieści się na parterze kamienicy przy Krupówkach 37. Działa tu wypożyczalnia powieści i nut oraz czytelnia czasopism. W sezonie jest tłoczno. Mieszkania nad księgarnią zajmują Zwolińscy i panie Stachurskie. Witkacy będzie tu częstym gościem. Zachowało się wiele zdjęć z imienin Neny i innych towarzyskich spotkań przy stole u Zwolińskich. Przy tym stole, w czasie

W księgarni braci Zwolińskich, S.I. Witkacy, Nena Stachurska,
Stefan Glass, Tadeusz Zwoliński, Zakopane 1929

Od góry: Modesta Zwolińska, Nena Stachurska, Helena Stachurska,
Tadeusz Zwoliński, Stanisław Ignacy Witkiewicz, Zakopane ok. 1930

rozmowy, Nena i Mia podsuwały Witkacemu „coraz nowe kartki i zbierały te jego rysunki, których jest ponad 50. Gejzery humoru wyobraźni. W ogóle Witkacy fascynował, był wspaniały, dowcipny, błyskotliwy – zawsze się razem cudownie bawili"[10].

Zabawę często przenoszą w plener. Witkacy towarzyszy Nenie i Zwolińskim na wycieczkach samochodowych po Podtatrzu. Jeżdżą na Słowację, między innymi do Podspadów, Kieżmarku, Popradu, Liptowskiego Mikułasza i Zamków Orawskich, do Morskiego Oka, na Bukowinę, do Jurgowa, do Czorsztyna i Niedzicy. Wystarczy byle postój czy piknik, a już Witkacy inscenizuje szaloną scenę, którą fotografuje Tadeusz. A to zbierają kamienie i robią nad nimi miny, jakby to były bryły złota czy inne skarby, a to udają, że łamią już złamane drzewo, a to Witkacy leży otoczony butelkami ulubionego „pyfka", a Nena klęczy nad nim z oczami wzniesionymi ku niebu, z dłońmi złożonymi w modlitewnym geście. Z tego zdjęcia powstanie zabawna pocztówka – święty obrazek: Nena w habicie i welonie, a dookoła chmury, lilie, serce gorejące. W górnych rogach dwa aniołki, w dolnych diabełki, a między nimi napis:

Święta Nenaljo
módl się za nami grzesznikami.

Podobno Nena

mimo dużej różnicy wieku nie dawała sobie w kaszę dmuchać. Owszem – czytywała filozoficzne buchy, którymi ją karmił, ale były rzeczy, przeciw którym się buntowała. Na przykład przeciw myciu się szczotkami Sennewaldta! [...] Bywała w Warszawie i tam też się widywali, ale żona W[itkacego] nigdy nie ingerowała, choć wiedziała o wszystkim. Pierwszy raz obie siostry zobaczyły Ninę Witkiewiczową na pogrzebie Marii Witkiewiczowej, matki Stasia.[11]

Nina Witkiewiczowa rzeczywiście „wie o wszystkim". Trudno byłoby przeoczyć liczbę zdjęć portretów Stachurskiej, które Witkacy z pewnością jej posyła z prośbą o umieszczenie w albumie. Wspomina też o Nenie w listach do żony. Nina pewnie prędzej niż bezpośrednio zainteresowana dowiaduje się, że Nena bynajmniej nie jest jedyną kobietą, z którą w tym momencie romansuje Witkacy. „Co robić, że Inka Turowska coraz więcej mi się podoba i boję się, że się zakocham i zrobię jakieś głupstwo – pisze Witkacy do żony 30 czerwca 1930 roku. – Ach, Nineczko, jak ciężko jest żyć poligamicznemu erotomanowi, to nie wiesz. [...] Stach[urska] coraz mniej tego, mimo że psychicznie b. ją uznaję"[12].

A jednak bardzo jest zazdrosny, kiedy młody filozof Jan Leszczyński, którego wprowadził do Zwolińskich, zaczyna się interesować Neną. Witkacy najwyraźniej robi jej sceny. Wystarczy zacytować fragment wierszyka:

> Staś nie przychodzi,
> Lecz co to obchodzi,
> Gdy pełne Leszczyńskich księgarnie.
> Czasu, ach, nie ma –
> Życie – enema,
> Już nowy Leszczyński nos wtyka,
> [...]
> Wiersz ten tak głupi,
> Nikt się nie skupi,
> Czytając te bzdurę niesmaczną,
> Trza czekać aż świńscy,
> Mali Leszczyńscy,
> W księgarnie schodzić się zaczną[13].

Posądzenie o zdradę jest dla Neny bardzo przykre, tym bardziej że Witkacy łatwo zacietrzewia się w złości, wpada w ponury i przykry

TYP ALCOFORADO

Stanisław Ignacy Witkiewicz i Nena Stachurska
na wycieczce do Czorsztyna, fot. Tadeusz Zwoliński, 1931

ton. Na dowód swojej niewinności daje więc zazdrośnikowi fotografię, przedstawiającą ją i Leszczyńskiego siedzących w góralskich saniach podczas przejażdżki, z podpisem: „Oto wszystko, do czego doszłam z Jasiem".
  Kolejna kobieta, którą Witkacy zapozna z Leszczyńskim, Inka Turowska, zajdzie z nim aż do ołtarza. Trójkąty i inne wielokąty to specjalność Witkacego, jest zaprawiony w takich konfiguracjach. Wszystko dobrze, dopóki jest na wygranej pozycji – ani w związku, ani w towarzyskim układzie nie lubi grać drugich skrzypiec.
  Mia Zwolińska opowiadała Annie Micińskiej: „Rozdźwięki między Neną a Witkacym na tle ambicjonalnym. Już była Czesia na tapecie. Nie brakowało też innych flam. Nena umiała się z tego wywikłać z honorem, bez ostentacyjnego zerwania, ale bardzo cierpiała: ambicjonalnie i uczuciowo"[14].

Święta Nenalio módl się za nami starymi grzesznikami, fotokolaż, 1931

„Z «Panną» skończone def."[15], informuje Witkacy żonę 12 sierpnia 1930 roku. Nawet jeśli chodzi tu o Nenę, to nie był to koniec definitywny. Na darowanej jej we wrześniu 1933 roku broszurze ze swoim dziełem filozoficznym *Pojęcie Istnienia i wynikające z niego pojęcia i twierdzenia* pisze: „Pannie Nenie Stachurskiej z wyrazami szacunku i przyjaźni ofiarowuje Wujcio Witkacy".

Jeśliby zainteresowanie Witkacego Nenią mierzyć liczbą portretów, to od początku lat trzydziestych ich liczba będzie spadać – w 1932 wykonuje już tylko dwa, w kolejnych latach po jednym. Po raz ostatni maluje ją 5 lipca 1935 roku.

Być może urażona ambicja sprawiła, że pozwoliła sobie na plotki na temat byłego kochanka. Z listu, który Witkacy pisze do żony 7 kwietnia 1938 roku, wynika, że podejrzewa Nenę o jakieś intrygi, które dotarły do Czesławy Oknińskiej-Korzeniowskiej i psują jego relację z Czesią: „Trzymam się. Ale bądź co bądź to przykre z tą Czesią, i nic nie wiem, o co poszło. Czy Stachurska zrobiła nowe rewelacje, czy mój list jeden się nie spodobał"[16].

Mia Zwolińska opowiadała, że po rozstaniu z Witkacym w połowie lat trzydziestych:

> Nena jeździła do Warszawy na zimę, komuś sekretarzowała i poznała nowego faceta. Zabrała go wojna. Nena w abnegacji i prostracji nie chciała się leczyć, choć odnowiła się jej gruźlica. Zmarła 21 listopada 1945 roku w Zakopanem. Przed śmiercią – latem – słaniając się na nogach, chodziła między szufladami a kuchnią – paliła papiery po Witkacym. Na pewno nie rękopisy i rysunki, ale listy i intymności.[17]

Portret Ireny Krzywickiej, 1928,
Muzeum Pomorza Środkowego w Słupsku

ORGIA

Możliwość pokazania się u boku przystojnego Witkacego działa na wiele kobiet jak najlepszy komplement, kieliszek musującego wina, co tam kieliszek – cała butelka. Jego zainteresowanie uderza paniom do głowy niczym bąbelki. No może nie wszystkim – z Deborą Vogel toczy dyskusje na tematy filozoficzne, ma przyjaciółki, które podziwia i szanuje, jak na przykład Władysławę Włodarską i Kazimierę Żuławską, oraz przeróżne *dzifki*.

Jadwiga Trembecka, żona sędziego Mariana Zięby z Huty Królewskiej, i jakaś jej znajoma czy krewna aż przysiadły na ogrodzeniu przed pomnikiem Tytusa Chałubińskiego w Zakopanem, żeby jak najkorzystniej wypaść na zdjęciu z artystą. Dwie modnie ubrane, rozbawione kobietki, a między nimi chmurny demon zakopiański – Stanisław Ignacy Witkiewicz.

Nawet Irena Krzywicka, choć za nim nie przepada, podczas któregoś swego pobytu w Zakopanem łapie się na lep legendy i urody Witkacego i daje się zaprosić na bal w Jaszczurówce. Artysta wprawdzie od razu asekurancko i niezbyt grzecznie zaznacza, że wspólne wyjście na bal nie nakłada obowiązku wspólnego powrotu, ale pal sześć konwenanse. Przewidywane wrażenie, jakie zrobi, wchodząc na salę taneczną z pięknym uwodzicielem, tak Krzywickiej pochlebia, że puszcza w niepamięć pogardliwe uwagi Witkacego na temat jej romansu z Boyem. „Kobietki lecą na Boyusia, numerek niezawodny. Phh!"[1] – rechocze artysta. Randka z zakopiańskim demonem to dla Ireny również ambicjonalna rozgrywka, w końcu Witkacy nadal adoruje Zofię Żeleńską, mimo że ich romans to już skończona historia.

„W kobiecie interesują mnie tylko usta, nogi i środek. Piersi dla mnie mogą w ogóle nie istnieć"[2] – mówi Witkacy Krzywickiej.

Dwa dni później, w wieczór umówionego spotkania, właściwie tuż przed północą, Irena czeka w pensjonatowym pokoju gotowa do wyjścia – wystrojona w wieczorową suknię, z włosami starannie pokrytymi brylantyną. Na łóżku leży futro, które zaraz narzuci na ramiona nakryte jedynie balową narzutką, bo za oknem trzaska mróz. Wsłuchuje się w dzwoneczki sań zajeżdżających przed budynek pensjonatu. Obiecuje sobie po tej nocy dobrą zabawę.

Pierwsza nieprzyjemna niespodzianka czeka na nią tuż za progiem domu, bo w saniach, którymi przyjechał po nią Witkacy, siedzi już jakaś młoda i ładna kobieta.

Ta nieprzewidziana obecność, bez mojej uprzedniej zgody, zdziwiłaby mnie zapewne, gdyby cokolwiek mogło mnie zdziwić ze strony Witkacego – wspominała po latach. – Trochę mi to jednak popsuło humor. Co innego było wejść samej, w towarzystwie, w towarzystwie tego wspaniałego mężczyzny, a co innego we dwie. Cały efekt na nic.[3]

Potem było jeszcze gorzej, bo nie dość, że okazało się, że Witkacy bynajmniej nie zamierza tańczyć z żadną ze swych towarzyszek, to na sali w Jaszczurówce, w zarezerwowanej przez niego loży siedziało jeszcze kilka kobiet, pięć czy sześć: „kongres kobiet czy też harem"[4].

Dwóch towarzyszących im mężczyzn było, zdaniem Krzywickiej, nijakich z wyglądu i nieciekawych z zachowania, zresztą obaj byli pod wpływem wina czy narkotyków i nie interesowali się otaczającymi ich kobietami. Wszystkie kobiety za to zaczęły usługiwać Witkacemu i Krzywickiej,

Portret Ireny Krzywickiej, 1928, Muzeum Pomorza Środkowego w Słupsku

nalewały wina, wyrywały z rąk kelnerom półmiski, aby nam nakładać na talerze. Jedna z nich poczęła ściągać ze mnie wieczorową narzutkę, druga, przeciwnie, zarzuciła mi swojego lisa na szyję, mówiąc, że wieje. Inna nalewała wina, inna chciała koniecznie sprawdzić, czy nie przemoczyłam pantofli, wysiadając z sanek. Troszczyły się o mnie bardziej niż o Witkacego. Zakotłowały się koło mnie obnażone ramiona i szyje, ściskały mnie na wszystkie strony, malowane twarze zaglądały mi w oczy – myślałam, że się uduszę. Byłam oszołomiona i przerażona przesadną uprzejmością tych nieznajomych pań, które nie wiem czemu, rzuciły się na mnie z tak zaborczą gorliwością. Spojrzałam bezradnie na jedyną znajomą w tym towarzystwie osobę, na Witkacego, prosząc go wzrokiem o pomoc, bo jasne było, że pozostali dwaj panowie są już mocno zamroczeni. Witkacy siedział chmurny, popijał wino i czasem tylko rzucał uwagę (rozkaz), że jestem nie dość dobrze obsłużona. [...] I nagle zrozumiałam: na dzisiejszy wieczór (bo chyba nie na dłużej) ja miałam być uznaną faworytą, a wszystkie inne kobiety moimi niewolnicami. Ale wytresował sobie Witkacy to stadko![5]

Nastrój przy stole zależy od zmiennego humoru Stanisława Ignacego, który jest to ponury i milczący, to znów ożywiony i czarujący. Co jakiś czas wstaje od stołu, znika z sali (kobiety w loży przestają wtedy zajmować się Krzywicką), po chwili wraca, tryskając energią. Działanie narkotyku trwa jakiś czas, i tak w kółko. Nawet jego żarty są przykre, jak wspomina Krzywicka,

> ten, nad którym Witkacy zaczynał się pastwić, bladł, przymrużał oczy pod razami, mienił się na twarzy, ale znosił wszystko i czekał, kiedy pioruny i drwiny trafią w następną osobę. [...]

Wreszcie kolej przyszła na mnie i na drwinę, która mi była szczególnie przykra (już kto jak kto, ale on się umiał dobrać do „bebechów" – to jego słowo). Witkacy poraził mnie najpierw żywym ogniem, po czym, biorąc obecnych na świadków, powiedział: „Wyobraźcie sobie, że ona jest przyjaciółką Boya. Naszego nieocenionego Boika! Erotyka, łechtanie seksualne, łatwizna. Brrr!" – tu wybuchnął śmiechem, a wszyscy mu zawtórowali. „Ale my jej wybijemy z głowy to drobnomieszczańskie upodlenie".

Tu zaczął małpować gesty, głos, zachowanie Boya, z wielkim aktorskim talentem. Było mi nie tylko przykro, że ośmieszał człowieka, którego kochałam i wielbiłam, ale że pamiętałam, z jakim szacunkiem Boy mówił o nim.

No i to robienie pośmiewiska ze znakomitego pisarza, z którym bądź co bądź łączyły go (albo dzieliły) stosunki dość dwuznaczne, ze względu na panią Fusię, która trwała przy swoim mężu jak oddana przyjaciółka. Popełniał gruby nietakt i wobec niej, i wobec mnie, a nade wszystko względem Boya.[6]

Nina Witkiewiczowa przyznawała, że mąż po alkoholu stawał się agresywny i potrafił mówić bardzo przykre rzeczy, mimo że był w normalnym stanie bardzo delikatny[7]. Z kolei Rafał Malczewski, towarzysz licznych zakopiańskich „papojek", wspominając Witkacego, pisał:

> Potrafił pić, i to w wielkich ilościach, szklankę, niczym Józefinkę czy Zubera. Miał twardy łeb i nie urzynał się tak łatwo. Nigdy nie popadał w chamskie maniery. [...] Umiał z własnej fantazji przestać pić na wiele miesięcy, jak też nie palić, potrafił także zacząć z kopyta. Wte i wewte, służyło mu to do podniecenia wyobraźni i tak pracującej z siłą atomową.[8]

Irena Krzywicka, 1933

Krzywicka zbytnio daje się ponieść literackiej fantazji, kiedy opisuje lożę w Jaszczurówce niczym jakiś sabat czarownic skupionych wokół diabła – Witkacego, mnoży metafory w stylu „znów buchał ogniem i siarką" albo „znów powiewał nieistniejącą grzywą i grzebał pół końskim, pół szatańskim kopytem"[9], ale pewnie dużo ma racji, twierdząc, że cała sytuacja trąci przybyszewszczyzną. Podczas tej nocy była jeszcze świadkiem sceny z rewolwerem, który jeden z panów najpierw przyłożył sobie do skroni, a potem zaczął celować w towarzyszy w loży, a „Witkacy, groźny i wspaniały, nie ruszył się z miejsca i hipnotyzował kandydata na mordercę swoim przepastnym wzrokiem"[10]. Zabawy z bronią to stały element pijacko-narkotykowych orgii, nieraz już jakiś uczestnik spotkania chciał popełnić samobójstwo, na co Witkacy reagował spokojnie, że skoro człowiek chce ze sobą skończyć, to należy mu na to pozwolić. Szczęściem nigdy nie doszło do tragedii.

Wieczór ze Stanisławem Ignacym Witkiewiczem Irena Krzywicka musi uznać za zupełną klapę. Ani wrażenia przy wejściu – zawistnych spojrzeń kobiet na parkiecie i przy sąsiednich stolikach, ani tańców, ani najmniejszej choćby przyjemności. Pozostaje tylko skorzystać z początkowych ustaleń, że wspólne wyjście nie gwarantuje wspólnego powrotu. Pijany gazda, który odwozi ją sańmi do domu, jeszcze po drodze komentował zachowanie Witkacego wykrzykującego pod Jaszczurówką: „Taki pon to też się schla jak bydlę"[11].

„Ów bal w Jaszczurówce pozostawił mi wspomnienie smutne, kabotyńskie i komiczne zarazem – pisała po latach. – Dziwiłam się kobietom, które tego rodzaju urokom ulegają"[12].

Akurat kobiet, które ulegają urokowi Witkacego, nigdy nie brakuje. Nina Witkiewiczowa wie o tym najlepiej. „Staś podobno zanadto otacza się kobietami, nie przebierając na ich urodzenie i wychowanie, jak Ciebie nie ma – pisze Witkacy żartobliwie do żony. – Z tego względu lepiej może, żebyś przyjechała. Trzeba go wyrwać z niestosownego towarzystwa i przypomnieć mu (biedaczkowi), że są maniery na świecie"[13].

Nie każda orgia kończy się dla niego dobrze, samopoczucie nazajutrz bywa fatalne: „Jestem bardzo zgnębiony po orgii – żali się Ninie. – Ale musiałem przez to przejść, żeby zobaczyć, co jest na dnie"[14].

Jadwiga Witkiewiczowa na tle swojego portretu
i Stanisław Ignacy Witkiewicz w odbiciu w lustrze
w mieszkaniu przy ul. Brackiej 23, ok. 1930

PORANNA PIOSENKA

W listach Niny do męża regularnie przeplatają się pretensje i żale, „symfonie ponurości", jak mówi Witkacy. Na wieść o kolejnych komplikacjach Stasia z kobietami i swojej w tym układzie roli żona miewa ochotę wyskoczyć przez okno z piątego piętra. Listy w takim tonie jak ten z 27 czerwca 1930 roku krążą między nimi regularnie:

Najdroższa Nineczko:
    To, co piszesz o zdrowiu i niechęci do życia, jest okropne. Jest to dla mnie nuż w brzuch dosłownie. I temu jestem winien. Bo to jest jasne, że gdybym mógł być dla Ciebie normalnym mężem, to byłoby lepiej. Kwestia jest postawiona tak: ponieważ Ty mi się dostatecznie nie podobasz, muszę mieć inne kobiety, więc nie chcesz żyć. I to z twoim „temperamentem" i usposobieniem. Robisz ze mnie zbrodniarza, a ja wiem, że żyjąc tak, musiałbym znienawidzić Ciebie, zwariować, być niczym i ostatecznie, w najlepszym razie, skończyć samobójstwem. I to dla rzeczy, która nie zależy od woli – ostatecznie zależy, ale za cenę wszystkiego, bo nie mogę żyć w więzieniu. Przy tym ja Ciebie kocham, chcę być z Tobą, tęsknię za Tobą itd. Więc możesz sobie wyobrazić mój stan po takim oświadczeniu: wyprute flaki na patelni. [...] Błagam Cię, zmień to. Życie bez Ciebie jest dla mnie okropne. Na myśl, że Ciebie może nie być, ogarnia mnie przerażenie. Nie mogę więcej pisać.[1]

Ich wspólne życie miewa jednak jasne i zabawne strony, chwilami nawet przypomina kolorowy film. Kiedy już z trudem ustalą datę jej przyjazdu do Zakopanego albo jego pobytu w Warszawie, zdarza im się dobrze ze sobą bawić. W końcu, jak pisał Witkacy do Malinowskiego w okresie narzeczeństwa, Nina doskonale „rozumie, co to jest fantastyczność w życiu i poza życiem"[2]. Ma swoje zasady i fumy arystokratki, ale najwyraźniej ma też fantazję i dystans do siebie i świata. Wystarczy wspomnieć cudowne wygłupy, w których bierze udział z mężem niedługo po ślubie, jak na przykład bitwa na laski i rakiety tenisowe, którą Witkiewiczowie stoczyli z Antonim Słonimskim, Heleną Roj-Rytardową i Jerzym Mieczysławem Rytardem.

Nina lubi pomieszkiwać z mężem. „Staś w pożyciu domowym był najmilszym, dobrym, choć czasami bardzo męczącym dzieckiem"[3]. Od rana słyszy, jak przekrzykując szum wody, śpiewa w łazience pod prysznicem autorskie kompozycje. Skalę głosu ma szeroką, z łazienki dobiega nawet sopran. Oczywiście szoruje się szczotką Sennewaldta, którą uważa za podstawowe akcesorium higieniczne i nawet jako prezent ofiarowuje te szczotki przyjaciołom i kochankom: „a rozdałem już przeszło dwa tuziny dla propagandy"[4], pisze w *Narkotykach*. Niektóre kobiety się buntują i nie chcą szorować się do krwi twardą szczotką, którą bracia Sennewaldt polecają do bielizny (firma z Białej koło Bielska zaopatruje w szczotki eleganckie hotele w całej Europie, a w swoim czasie nawet dwór cesarza Franciszka Józefa). Inne jednak dają się przekonać. „Znałem panie skarżące się na chroniczną chropawość skóry – pisze Witkacy. – Po użyciu szczotek stały się gładkie jak alabastry"[5]. Twarde włosie działa na skórę jak mechaniczny peeling. Trudno stwierdzić, czy Nina ulega mężowi pod tym względem. W każdym razie 27 lutego 1932 roku Witkacy pisze do żony: „Zamówiłem taką szczotkę dla Ciebie"[6].

Poranki są więc urocze i Nina w roli żony-przyjaciółki doradza mężowi w kwestii ubioru, bo „ta czynność tak prosta była dla

Jadwiga i Stanisław Witkiewiczowie w Tatrach, lata 30.

niego zawsze trochę skomplikowana"[7], wysłuchuje jego narzekań, że mężczyźni ubierają się bezbarwnie (on nosi kolorową bieliznę, a krawat i koszule dobiera zależnie od nastroju) i bierze udział w tak zwanych badaniach smrodologicznych – Witkacy przynosi jej do obwąchania koszule, które miał na sobie raz czy dwa razy. „Po dokładnym obejrzeniu zapadała moja decyzja, którą Staś przyjmował przeważnie bez sprzeciwu"[8].

O ile na początku małżeństwa męczył ją pośpiech i intensywność życia towarzyskiego, w jakim u boku Witkacego uczestniczyła, o tyle teraz, gdy widują się od czasu do czasu, lubi atmosferę purnonsensowego wygłupu. Chętnie pozuje do inscenizowanych scenek fotograficznych – jak ta podczas górskiej wycieczki, kiedy nagi Witkacy siedzi na kamieniach w potoku pod wodospadem, a ona elegancka, zapięta na ostatni guzik, przygląda mu się z góry niczym herszt rozbójników. Nie ma też oporów przed zrzuceniem ubrań i pozowaniem nago w tatrzańskim plenerze. Jest zgrabna i pociągająca. Jak ulał pasują do niej słowa Witkacego:

> O! Gdybym mógł cię naprzód zróżniczkować, zbadać każdą nieskończonostkę twojej przeklętej, rudej krwi, każdy element twojej pachnącej żarem białości, a potem wziąć, stłamsić i nareszcie pojąć, czym jest ta piekielna siła nieuchwytności, która mnie spala aż do ostatniego włókna mego chamskiego mięsa.[9]

O każdej porze dnia można ich zobaczyć, jak ramię w ramię idą do kina – choćby do Europy na rogu Nowego Światu i Świętokrzyskiej, do Splendidu na Senatorskiej, do Imperialu na Marszałkowskiej. W Warszawie kino jest niemal na każdym kroku, w międzywojniu w stolicy działa kilkaset sal kinowych. „Staś był wielkim amatorem filmu – wspominała Nina. – Chodziliśmy bardzo często do kina. Lubił szczególnie rysunkowe filmy Disneya, a z aktorów Gretę Garbo, Coopera, Rudolfa Valentino, Dorothy Lamour, Keatona, Chaplina i Langdona. Po jakimś filmie, który mu się specjalnie podobał, w czasie porannej toalety próbował naśladować aktorów, co mu się zawsze udawało"[10].

Wspólnie biorą też udział w amatorskim filmie kręconym przez Gucia Zamoyskiego, szczęśliwego posiadacza kamery Pathé 9,5 mm, którą nabył we Francji.

Miejsce akcji filmu: most Poniatowskiego i nabrzeże Wisły. Czas akcji: piękny zimowy dzień pod koniec lat dwudziestych lub na początku lat trzydziestych. Obsada: Nina i Stanisław Witkiewiczowie, Roman Jasiński, Feliks Rzewuski i jego żona Halina (jedyna w tym gronie profesjonalna aktorka). Całą grupą zainscenizowali komediową scenę, zdaniem Niny niezbyt udaną, a potem już ona i Witkacy wykazali się prawdziwym talentem aktorskim, odgrywając scenę uwodzenia, między innymi grają razem w łapki – jest kłótnia, szarpanina i bójka, tarzanie się w śniegu. Film trwa około pięciu minut, wszystko dzieje się w konwencji obrazów z Charliem Chaplinem. Witkacy oczywiście nie może się powstrzymać, by nie zaprezentować sekwencji swoich popisowych min. Ma w sobie coś i z Flipa i Flapa, i z Bustera Keatona. Mówi non stop, więc tym bardziej szkoda, że film jest niemy. „Niestety nie oglądaliśmy nigdy tego filmu, gdyż odbitka posłana dla nas przez Gucia zginęła, ale podobno wszyscy zachwycali się tą próbką, a Gucio nawet twierdził, że nie tylko Staś, ale ja również wspaniale grałam"[11] – wspominała Nina. Film szczęśliwie przetrwał we Francji w archiwum po Auguście Zamoyskim.

À propos gadania do kamery – Antoni Słonimski twierdził, że:

jednym z piękniejszych wyczynów Witkacego była pierwsza próba wprowadzenia filmu mówionego. Wiadomo było, że są już na świecie kina dźwiękowe, a u nas za parawanem przygrywała na pianinie anonimowa paniusia. Byliśmy z Guciem Zamoyskim wszyscy trzej lekko pod gazem. Poszliśmy do kina. Witkacy objął w filmie rolę kobiecą i wykrzyknął piskliwie: „Ryszardzie, czy sttamsisz mnie i porzucisz z dzieckiem?" – „Nigdy – odpowiedziałem basem – nie porzucę cię, póki nie zgnije najdrobniejszy korzonek mego drzewa ginekologicznego". Prowadziliśmy dłuższą chwilę ten pełen napięcia dialog, gdy wreszcie zrobiła się awantura. Pani zza parawanu oświadczyła: „Albo ja, albo ci panowie". Wyproszono nas z kina przy czynnej pomocy miejscowego policjanta. Już przy wyjściu Witkacy nagle postawił sprawę na gruncie towarzyskim: „Pan się nam nie przedstawił". Policjant stuknął obcasami i oznajmił, że nazywa się Pieniążek. Witkacy mruknął: „Witkiewicz", Gucio dodał: „Zamoyski", a ja, by nie obniżyć lotu, przedstawiłem się: „Sienkiewicz".

Policjant był zgorszony i zasmucony: „To panowie mają u nas własne ulice, a nie potrafią się zachować w bioskopie".[12]

No, takiego zachowania w kinie Nina Witkiewiczowa raczej by nie zniosła. Chociaż kto wie.

Mąż jest jak duże dziecko – kiedyś zobaczył u niej warkocz z czarnego sukna, który Nina używa jako kołnierz, i ubłagał, żeby mu go dała. Czasami spaceruje po mieszkaniu z warkoczem przytwierdzonym pod marynarką, odwraca się do żony tyłem i macha tym sukiennym ogonem. Ninie trudno zachować powagę.

W każdym razie po wyjeździe Stasia na Brackiej 23 znów zapanują ciche poranki, bez piosenek. Niektóre utwory z porannego repertuaru Witkacego to wspólne dzieło małżonków. Tematu dostarcza byle rozmowa, jak na przykład ta na temat psychoanalizy. Nina pisała:

Specjalne zainteresowanie psychoanalizą powstało jeszcze w młodości Stasia, gdyż w latach przed I wojną mieszkał w Zakopanem doktór de Beaurain, zaprzyjaźniony z domem Witkiewiczów; zapalony psychoanalityk robił stale eksperymenty z tej dziedziny ze Stasiem. Zarzucał zawsze swoim przyjaciołom i znajomym, że za mało siebie analizują, gdyż dzięki [rozwiązaniu] „kompleksów" uniknęliby wielu nieporozumień w stosunkach między ludźmi i życie byłoby o wiele łatwiejsze i przyjemniejsze. Powstała nawet na ten temat około 1930 r. tzw. poranna piosenka: *Analyse yourself at once, I say – If not immediately, but by the way. And If you don't, and If you don't, you are a lazy mastodont*[13]. (To ostatnie zdanie ja mu podałam, gdy idąc do Ogrodu Botanicznego oglądać kwitnące magnolie, komponował tę piosenkę i nie znalazł od razu odpowiedniego zakończenia – oboje byliśmy ogromnie dumni z mojego „wyczynu").[14]

Na pocieszenie Nina organizuje brydża, z którego rezygnuje podczas obecności męża na Brackiej, bo Witkacy uważa, że karty to nieistotna strata czasu. Jego zdaniem rozrywka należy się po intensywnej pracy. Przy brydżu trzeba myśleć, więc to żaden relaks. „Grywał natomiast czasem w pokera w dawnych latach oraz stawiał kabałę swojego wynalazku – ale warunkiem było, że tylko raz jeden na całe życie. Były w tej kabale zupełnie specjalne określenia: procent pustki wewnętrznej, przeżycia erotyczne, Wielka Miłość itp."[15] – relacjonowała Nina.

Magdalena Samozwaniec wspominała, że stawiając kabałę, Witkacy zazwyczaj oznajmiał ponuro „sto procent pustki" i mieszał karty.

Pobyt Witkacego w Warszawie nigdy nie jest długi, kilka tygodni i wystarczy. Trzeba mu jechać do Zakopanego. Ma te swoje życia równoległe, domy równoległe, związki równoległe. Po powrocie napisze do Niny, że Zakopane jakieś okropnawe, a on sam zmęczony jest drogą, i bardzo żałuje, że tak mało ze sobą byli. Ale przecież nie może mieć do niego pretensji o czas spędzany z Czesławą, powiedział żonie jasno, że bez Czesi jego życie traci sens. Przez roztargnienie zostawił w mieszkaniu na Brackiej szarą kamizelkę i książeczkę wojskową, prosi więc Nineczkę, żeby odesłała mu te rzeczy na Antałówkę.

A tak w ogóle to trzeba, żeby Nina wzięła urlop i przyjechała do Zakopanego, widać, że ją męczy ten GUS, wciąż powtarza, że jest ogólnie zniechęcona do życia. „Zmarnowane było wiele w naszych latach poprzednich przez Twoją niekongruencję z moimi planami, programami i żądaniami – pisze Witkacy do żony 27 lipca 1933 roku. – B. mi przykro, ale wszystko mogło być inaczej: Filozofia, Zakopane, Twoja praca. Nie robię wyrzutów, tylko się tłomaczę właśnie oto"[16]. Ale Nina nie przyjedzie na urlop do męża do Zakopanego, ma inne plany. „Ha – trudno" – skwituje jej decyzję Witkacy. Nie sposób zrozumieć kobietę. Opisać też niepodobna, choć ciągle próbuje.

Stanisław Ignacy i Jadwiga Witkiewiczowie
w tatrzańskim schronisku, ok. 1930

Już w młodości doszedł do tego wniosku, w przedmowie do *622 upadków Bunga* pisał przecież:

> Opisać kobietę „od środka" jest nie sposób. Na tym załamują się największe tytany literatury. Kobietę „od środka" może opisać tylko kobieta, rzecz dziwna – nigdy tego nie robi. [...] Bynajmniej nie znaczy to, że kobieta jest potworem, którego nikt zdemaskować nie może. Prawdziwa kobieta nie jest ani zła, ani dobra, jest kobietą, a winni są zawsze tylko i jedynie mężczyźni.[17]

Na dowód wspólnie spędzonych przez małżeństwo Witkiewiczów chwil zostają fotografie – z górskich wycieczek, wypadów narciarskich, orgii u znajomych i te z momentów wspólnego pomieszkiwania pod jednym dachem – w Zakopanem oraz w Warszawie.

Stanisław Ignacy Witkiewicz fotografuje żonę we wnętrzu mieszkania na Brackiej – Nina leży na tapczanie, na tle ściany zawieszonej kilimem, powyżej wisi jej portret autorstwa męża.

Na innym zdjęciu małżonkowie są razem – ona siedzi w fotelu, on przysiadł na oparciu, jeszcze w domowym rozchełstaniu, w rozpiętej koszuli bez kołnierzyka, w pumpach i butach, ale z gołymi łydkami.

„Jakże tęsknię do Ciebie i Twego domu, gdzie mimo, że jestem tylko księciem-małżonkiem trzymanym na pasku [...], jestem u siebie"[18] – pisze Witkacy do żony.

Portret Janiny Turowskiej-Leszczyńskiej, 1932, kolekcja prywatna

INCA LE SPHINX

Nina mogłaby stwierdzić, że w miarę starzenia się jej mąż ulega urokom coraz to młodszych kobiet. Typowe. Jeszcze trwa historia z Neną Stachurską, już trwa niby to największa jego miłość do Czesławy Oknińskiej-Korzeniowskiej, a tu Stanisław Ignacy myśli żenić się z dwudziestoletnią Inką Turowską. W pracowni na ścianie wiesza jej zdjęcie – wiotka kobieta w letniej sukience w kwiaty, w jedwabnej chustce na głowie, spod której figlarnie wystaje kosmyk włosów, zmysłowo ułożona na stogu siana. Nagie ramiona założyła za głowę i radośnie uśmiechnięta patrzy w obiektyw aparatu. A dopiero niedawno Witkacy pisał do żony: „Nie ma żadnej g. p. [*grande passion*], tylko dwie poprzednie zdradziłem z trzecią. Ale Ciebie zawsze kocham i takiej g. p., jak miałem do Ciebie, już pewno w życiu mieć nie będę"[1]. Ileż razy Nina zarzucała mu, że kocha ją na papierze. Znowu słowa: „Wiedz, że nie kocham nikogo prócz Ciebie, a reszta to zabawa. Ani żadnych ist[otnych] przyjaźni kobiecych nie mam prócz kobiet M.H. [Metafizycznego Haremu]"[2]. I pisze to dokładnie w czasie, gdy na serio smali cholewki do Turowskiej!

Interesująca jest ta Inka („Bardzo rasowa i wściekle wprost ponętna, demoniczna dziewczynka"[3]), bardzo w jego typie, choć można by przecież złośliwie powiedzieć, że niemal każda kobieta, o ile tylko nie jest wstrętnym „kobietonem" albo demonem trzeciej klasy, jest w jego typie. Nie od razu zwrócił na nią uwagę, najpierw zainteresował się jej starszą siostrą Felicją, zwaną Litką. To ją pierwszą portretował. Poznali się pod koniec 1928 roku, miesiąc później Witkacy wolał już malować młodszą siostrę. „Turowska (druga siostra tancowszczyca)"[4] – pisze do żony. I dalej: „...dziś skończyłem 2gą Turowską, tancerkę w typie E"[5]. Nic dziwnego, że odrzucona Litka będzie odradzać Ince związek ze starszym o ćwierć wieku Witkacym. Że niby za stary, że ciągnie się za nim zła reputacja. „Krążą o mnie plotki wyssane z wielkiego palca czyjejś brudnej nogi – donosi Witkacy żonie. – Przyjechała Halpernowa i twierdzi na podstawie tychże (kich że?), że ja rozpowiadam wszystko o moich kochankach i «uwieczniam» to w powieściach. Fi! Dą!"[6]. To wszystko zniechęca też do niemłodego absztyfikanta ich matkę Janinę Turowską oraz wuja Stanisława Turowskiego – polonistę, doktora filozofii, dyrektora zakopiańskiego państwowego liceum Liliana, który jest opiekunem owdowiałej bratowej i osieroconych bratanic. W liście do Janiny Turowskiej, w lipcu 1930 roku, Witkacy wyjaśnia:

> Zupełnie nie jestem „demonem", za którego mnie uważają. Jestem człowiekiem b. nieszczęśliwym, który całe życie miota się wśród strasznego zamięszania i komplikacji. Nie zawsze była moja w tym wina. Kocham Inkę i nigdy Jej nie skrzywdzę. Chciałbym, aby mnie poznała i albo uznała za kogoś jej godnego, albo odtrąciła na zawsze, ale nie na podstawie plotek i literatury, tylko prawdy. Na to trzeba trochę czasu, tym bardziej jeśli chodzi o życie, albo choćby część jego.[7]

Kilka dni później pisze znowu w tym samym tonie:

> Niech mi Pani wierzy, że gdybym nie miał głębszych uczuć dla Inki i gdyby mi o nią samą nie chodziło, nic bym nigdy jej o tym nie powiedział. Zresztą może z punktu życiowego ona ma rację, że ja ją nic nie obchodzę. Chodzi mi tylko o to

Portret Felicji Turowskiej, 1930, Muzeum Tatrzańskie w Zakopanem

teraz, ażebym nie był uważany za takiego, jakim nie jestem. Nie pisałem do niej, bo moje życie jest piekielną łamigłówką, i wtedy nie wiedziałem jeszcze, czy wybrnę z pewnych rzeczy. Ale Litka skonfiskowała moje kartki, w których pisałem, że wracam wcześniej, i Inka mogła *wziąć* moje postępowanie za lekceważące. Niech mi Pani wybaczy, że tyle piszę, ale są to wyjaśnienia końcowe i teraz dłuższy czas się nie zobaczymy. Całuję ręce Pani i proszę o zachowanie dobrej pamięci o mnie. Witkacy.[8]

A żonie jednocześnie donosi, że jednak żenić z Turowską się nie zamierza, bo jest „głupia jak but", że nie jest „narzeczonym". Zapewnia: „Tamto (I.T.) [Inka Turowska] = 0 i tak będzie zawsze. Groźba szaleństw minęła. Szlus"[9]. Nina widocznie się niepokoi i dopytuje o jego plany matrymonialne, bo Witkacy pisze: „Najdroższa Nineczko: Myślę, że uspokoiłaś się, co do mego «małżeństwa». Przestań"[10]. „Tamte kombinacje zakończone definitywnie – wyjaśnia 5 sierpnia 1930 roku. – Nie bywam tam od przeszło miesiąca"[11]. Przedwczesna deklaracja: wzajemna fascynacja Inki i Witkacego będzie się ciągnąć kilka lat, nawet wtedy, gdy Inka poślubi jego przyjaciela, towarzysza dysput filozoficznych („rozmów istotnych"), Jana Leszczyńskiego. Oczywiście Witkacy zerwie z nimi znajomość. Ale nie wytrzyma długo w izolacji od uroku Inki i intelektu Jana. Zgodzi się nawet zostać ojcem chrzestnym ich syna.

* * *

Lektura dzieł Witkacego może podziałać na młodą, niedoświadczoną kobietę odstręczająco. Inka czyta *Pożegnanie jesieni*, czyta *Nienasycenie* – i robi jej się gorąco. Pornografia! Mogłaby mówić o sobie, cytując jego słowa: „I ja, taka młoda, piękna, dziwna – to mówią wszyscy – a przy tym taka zwykła dziewczynka [...]. To oni

Portret Janiny Turowskiej-Leszczyńskiej, 1930,
Muzeum Pomorza Środkowego w Słupsku

temu winni – przeklęci, niedorośli do mnie mężczyźni"[12]. Albo takie zdanie z *Nienasycenia*: „Jest także takim bydlęcym «starszym panem», który wszystko wie i umie. (Może nie pokazywać swoich umiejętności «tak od razu», ale się nie zawstydzi «w-razie--czego»)"[13]. Czuje się, jakby to było o nich – o niej i o nim, a może on i o innych tak pisze?

„Tamta panna zniechęciła się do mnie na temat tego, co wygadywałem podczas orgii na wiosnę, a teraz dorżnęła ją powieść, którą dała jej Birulowa. Odpadła od razu i ode mnie, i od pierwszych kartek pow[ieści]"[14] – informuje Witkacy żonę w lipcu 1930 roku, a do Inki pisze po niedługim czasie tak:

Najdroższa Itusiu

Ponieważ mnie nie kochasz, więc przestałem bywać u Was, ponieważ miłość bez wzajemności jest to luksus, na który nie mogę sobie pozwolić.

Zawsze Twój

Staś.[15]

A jednak mimo początkowego przestrachu Inki, mimo niechęci ze strony jej rodziny, po ciężkim lecie, kiedy to Witkacy próbuje zakończyć „miłość bez wzajemności", jesienią tego roku znowu ją portretuje i zaczyna bywać u pań Turowskich.

Janina Turowska jest pielęgniarką w Sanatorium Polskiego Czerwonego Krzyża. Przyjechała do Zakopanego po śmierci męża w 1919 roku. Feliks Turowski zmarł na gruźlicę, obie córki też niedomagają na płuca, stąd pewnie wybór Zakopanego. No i jest tu brat męża, więc rodzina. Starsza Litka umrze na gruźlicę w 1931 roku w wieku dwudziestu czterech lat, zakopiańskie powietrze dłużej podtrzyma siły słabowitej Inki (zmarła w 1944 roku w wieku trzydziestu czterech lat). Podobno miała pasję i talent – marzyła o scenie, uczyła się tańca w szkole baletowej Rity Sacchetto, debiutowała nawet na deskach stołecznego teatru muzycznego, ale zagrożona gruźlicą musiała przerwać naukę.

Może jednak nie jest aż tak naiwna i niewinna, jak by na to wskazywało jej początkowe oburzenie lekturą Witkacego, w końcu niektóre młodziutkie, wręcz młodociane uczennice od Sacchetto nie mają oporów przed pozowaniem Józefowi Głogowskiemu do fotograficznych aktów. O tym, że Inka też nie jest pruderyjną mniszką, świadczy jedno jej zdjęcie z Witkacym – stoją na ośnieżonym stoku w górskim słońcu, objęci i roznegliżowani od pasa w górę. Z obcym by tak nie stała. „Normalnie, że tak powiem starał się o rękę tej osoby – opowiadał Leszczyński o relacji Witkacego i Inki. – I tak z zachowaniem form nawet i tak dalej, i oczywiście nie było żadnej mowy, że była kochanką, czy coś takiego w ogóle"[16]. Relacja pełnego kompleksów męża. Tyle choć, że Leszczyński szczerze przyzna po latach, że Inka kochała się w Witkacym.

Jest drobna, krucha, ciemnowłosa, błękitnooka (jasne oczy przy ciemnych włosach stanowią interesujący kontrast), może milcząca i tajemnicza, skoro jeden z jej portretów Witkacy zatytułował *Inca le Sphinx*.

Drewniane ściany Małego Domku szybko zapełniają się galerią pasteli z jej wizerunkami, obrazy wiszą w dwóch rzędach, jeden pod drugim. Według Jana Leszczyńskiego: „...było ich sto kilkadziesiąt portretów, więc łatwo się domyślić, że tam się odbywały też te seanse wieczorne i te... [orgie]"[17]. Po ślubie z Leszczyńskim Inka przewiezie wszystkie witkace do rodzinnego dworu męża w Tarnowcu. To jej skarby, wiano.

Na wieczornych spotkaniach u Turowskich Witkacy gra pierwsze skrzypce, zawsze występuje w roli animatora zebrania. A to maluje, a to robi miny do aparatu fotograficznego, jak podczas spotkania zimą 1932 roku, po którym zachowała się seria zdjęć ze „scenami improwizowanymi", zwłaszcza to najsłynniejsze, *Potwór z Dusseldorfu*, na którym Inka hipnotycznym wzrokiem wpatruje

Potwór z Dusseldorfu

się w obiektyw, a Witkacy w naciągniętej na głowę marynarce udaje czającego się na nią dusiciela.

Na innym zdjęciu jest także trzydziestoletni Jan Leszczyński. Po kolei kocha się we wszystkich kobietach, które w Zakopanem przedstawia mu starszy przyjaciel Stanisław Ignacy Witkiewicz. Po historii z Neną Stachurską widać jednak, że kocha się bez wzajemności i adoruje nieskutecznie, Witkacy więc nawet nie przypuszcza, że ten młokos odbije mu Inkę.

Leszczyński jest fantastyczną partią – bardzo bogaty, z dobrej rodziny, spokojny, wykształcony. Nic dziwnego, że kiedy w 1933 roku oficjalnie prosi o rękę panny, zostaje przyjęty i przez matkę, i przez wuja, i przez nią samą. „Inka i Jaś zaręczeni oficjalnie, ale miny mają tak ponure oboje, że *coś* okropnego"[18] – informuje Witkacy Ninę.

Od jakiegoś już czasu pisze powieść *Jedyne wyjście* (nieukończoną). Nie ma wątpliwości, że czerpie z zaistniałej sytuacji. Skomplikowany trójkąt w pierwszej części zatytułowanej „Przyjaciele" tworzą Izydor, Marceli i Rustalka (żona Izydora, a do niedawna kochanka Marcelego).

Awantura z artystą wisi w powietrzu, narzeczeni trzymają w tajemnicy datę i miejsce ślubu. Leszczyński najwyraźniej nie jest zbyt pewien ani siebie, ani Inki, skoro woli, by na czas składania małżeńskiej przysięgi Witkacy był od nich jak najdalej. „Gdzieś o piątej godzinie się wstało – wspominał Leszczyński dzień ślubu. – Pojechaliśmy tylko z moimi dwoma świadkami i tam się ten ślub odbył, i po tym bezpośrednio pojechaliśmy do Tarnowca już"[19]. Był przekonany, że Witkacy

> zrobiłby jakąś demonstrację. Diabli wiedzą co? [...] żeby wprowadzić niepokój, pewne wątpliwości, czy nawet co do rozstrzygnięcia osoby, bo kiedyś moja żona jednak kochała [się] właściwie w Witkiewiczu, można powiedzieć. [...] Więc mogła mieć [wątpliwości]. Mogło to wzbudzić w niej jakieś

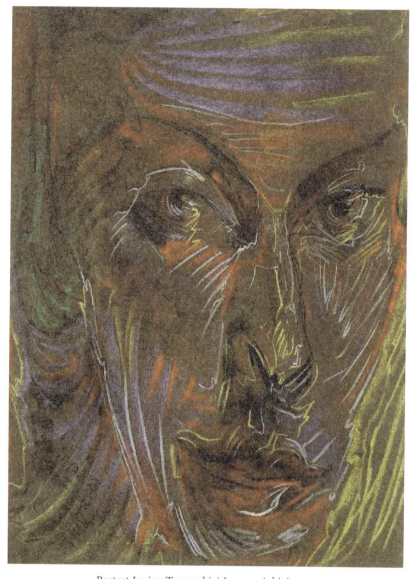

Portret Janiny Turowskiej-Leszczyńskiej, 1931,
Muzeum Pomorza Środkowego w Słupsku

niepokoje, czy rzeczywiście to właśnie już nasza miłość jest ważniejsza, że to może coś. [...] Więc on byłby to wszystko wygrał możliwie jak najsilniej [...]. Zresztą on to później, jak się dowiedział, to jeszcze przysyłał takie listy, które się nie dawało strawić długo... [...] A poza tym oczywiście on [...] odpowiednio potrafił wprowadzić wielkie zamieszanie, aby nam pierwsze początki życia [uprzykrzyć], więc oczywiście były wymiany jakichś listów, historie... i tak dalej, no i to rzeczywiście wszystko razem miało smutny... było smutnym.[20]

Długo zbiera się Inka z powiadomieniem przyjaciela o swoim ślubie, ponad miesiąc od wypowiedzenia sakramentalnego „tak" posyła do Witkacego oficjalny druk: „Janina z Turowskich i Jan Leszczyńscy-Pilińscy mają zaszczyt zawiadomić, że ślub ich odbył się 20 marca 1933 r. w kościele parafialnym w Kościeliskach. Tarnowiec pod Jasłem"[21].

„Jaś ożenił się z Inką i przekreślił milczkiem naszą przyjaźń"[22] – pisze Witkacy do Niny na wieść o ślubie. Podobno pobiegł do Małego Domku i w furii porozbijał laską doniczki.

* * *

„Kult dla Stasia" widać w Tarnowcu na każdym kroku – na ścianach wisi te sto kilkadziesiąt portretów Inki, na sekretarzyku stoi w ramce fotografia *Potwór z Dusseldorfu*. Tylko żadnych jego listów nie ma w szufladkach sekretarzyka, bo wspólnie z Janem spalili prawie całą korespondencję. Może to nie był dobry krok, choć Leszczyńskiemu najwyraźniej bardzo potrzebny. A jednak mimo zerwania znajomości, a raczej jej zawieszenia, widują się od czasu do czasu w Zakopanem, dokąd Inka przyjeżdża ze względu na stan zdrowia i w odwiedziny do matki. Spotykają się, on ją portretuje.

Tak na serio pogodzą się dopiero 16 października 1937 roku w Krakowie. Staraniem Witkacego przyjechał wtedy do Polski profesor filozofii Hans Cornelius. Oczywiście na spotkaniu z nim nie może zabraknąć Jana Leszczyńskiego, a Inka z chęcią towarzyszy mężowi. Zatrzymali się z Janem w luksusowym Grand Hotelu przy Sławkowskiej, gdzie zorganizowano również kolację z Corneliusem. A że Witkacy humory ma nieprzewidywalne i nigdy nie wiadomo, jak się zachowa, więc Inka, czekając na niego, z pewnością odczuwa tremę. Kiedy jednak Witkacy staje w drzwiach pokoju, Inka podchodzi do niego i całuje na powitanie. „Nie wiedziałem, że u was w Polsce jest ten zwyczaj, że kobiety całują mężczyzn"[23] – dziwi się Cornelius.

Z wizytą w Tarnowcu Witkacy zwleka jednak aż do października 1938 roku. Prosi Corneliusa, żeby mu towarzyszył: „Przy Twojej obecności sytuacja moja nie byłaby taka niebezpieczna w sensie różnych możliwych świństewek – mówiąc delikatnie"[24], i jeszcze: „Wcale nie powiedziałem, że się napompowuję na uwiedzenie Inki, tylko że istnieje pewne niebezpieczeństwo ze względu na to, że mi się kiedyś podobała"[25]. Oburzony Cornelius odpowiada: „Uważałbym to za rzecz etycznie niedopuszczalną, żebyś Ty miał w jakiś sposób wcisnąć się między Leszczyńskich. Nie mógłbym Ci tego wybaczyć..."[26].

Ze wspomnień Jana Leszczyńskiego wiadomo, że pobyt Witkacego w Tarnowcu nie był wolny od uczuciowych i ambicjonalnych napięć, sam chyba celowo umniejszał fakt, że Witkacy podobał się Ince, podkreślał jego wiek i spadek atrakcyjności:

Ciągle i ciągle wisiało to napięcie. [...] Ciągle to go nurtowało mimo wszystko. [...] ode mnie był dwadzieścia lat starszy, był człowiekiem bądź co bądź już w dużej mierze jakoś przeżytym, tak że dla osoby jeszcze takiej całkiem młodej i świeżej... [...] to był przerażający jednak. [...] miał 45 [lat] [...] był właściwie jednak bardzo posunięty fizycznie [...]. Wyglądał na starszego człowieka...[27]

Z pobytu artysty w Tarnowcu syn Leszczyńskich zapamiętał „Wujcia Witkacego", jak w nocnej koszuli przekradał się w nocy do wielkiej beczki „pyfka", którą ojciec dla przyjemności gościa stawiał dla niego w pokoju stołowym. Według Stefana Kisielewskiego: „Witkacy twierdził pod koniec życia, że ze wszystkich narkotyków pozostały mu już tylko trzy bomby piwa na czczo"[28]. Wzruszył się nawet na widok trzyletniego synka Leszczyńskich: „Ach, to Jaś – z ciała i krwi Inki".

Być może list, który w lutym 1939 roku Witkacy wysłał do Leszczyńskich, ostatecznie przekonał ich, że mogą go poprosić na ojca chrzestnego małego Jasia.

> Najdrożsi Jaśkowie = odrzucam wszystkie drobne nieporozumienia – pisze Witkacy. – Mimo że przeważnie rozmawiam z Jasiem o filozofii, chciałbym, abyście zrozumieli, że traktuję Was jako transcendentną i nienaruszalną całość tak obiektywnie, jak w stosunkach do innych ludzi, jak i dla mnie. Nikt nie jest w stanie wpływać na moje stosunki z innymi, chyba oni sami – pewien stopień lojalności jest konieczny – pożądanym byłoby, aby to zapanowało w naszym społeczeństwie żartym przez intrygę i oszczerstwo.[29]

Nie przyjechał już na zaplanowane na wrzesień 1939 roku uroczyste chrzciny (jedną z atrakcji kilkudniowego świętowania miały być loty awionetkami), nikt z gości nie przyjechał, a chrzest dziecka odbył się w pośpiechu, w wojennej już zawierusze. W zastępstwie Witkacego ojcem chrzestnym został kierownik miejscowej poczty.

Ale jeszcze wcześniej, latem 1939 roku, w trosce o swój dorobek Witkacy i Leszczyński spisali „artystyczny testament", obiecując

Portret Janiny Turowskiej-Leszczyńskiej, 1931,
Muzeum Pomorza Środkowego w Słupsku

sobie wzajemnie opiekę nad spuścizną przyjaciela w razie jego śmierci. Leszczyński obietnicy dotrzyma, po wojnie będzie dbał o twórczość i pamięć Stanisława Ignacego Witkiewicza.

Kiedy w 1944 roku Leszczyńscy musieli uciekać z Tarnowca, jedną z trzech furmanek załadowanych dobytkiem przeznaczyli wyłącznie na obrazy Witkacego. Jan Leszczyński junior opowiadał, że „ojciec ratował je wyłącznie ze względów uczuciowych, bo nie były jeszcze tak cenne jak dziś. Musieliśmy zostawić o wiele bardziej wartościowe przedmioty, które przepadły bezpowrotnie. W Tarnowcu stacjonowali bowiem Sowieci, którzy palili zabytkowymi meblami w piecach. [...] Podczas ucieczki część «witkaców» została posiekana odłamkami, zawilgocona, zniszczona po prostu. Ze 108 zostało 76, w tym kilka w nie najlepszym stanie"[30].

W Polance pod Krosnem zamieszkali w chłopskiej chacie. Jedną z dwóch izb przeznaczyli na dobytek, w którym przeważały obrazy Witkacego. „Córka sąsiadów, która często do nas zaglądała, dziwiła się, że uratowaliśmy aż tyle «bohomazów» – wspominał Leszczyński. – Co to za potwory – pytała. – Ludzie czy małpy? Po cóż to państwo brali?"[31].

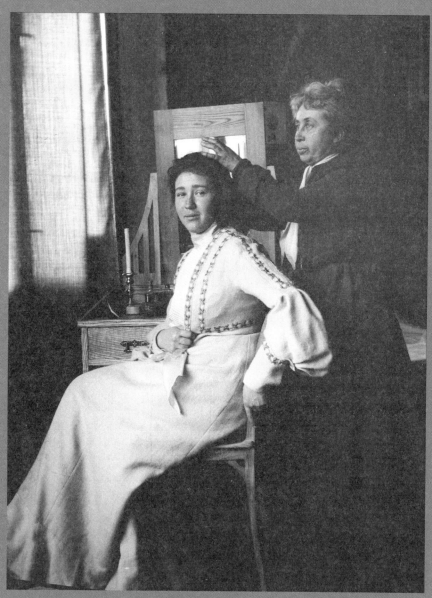

Marie Witkiewiczówne – Kotusie w willi na Antałówce

KOTUSIE

„Ta Nina męczennica", raz po raz powtarzają obie Marie Witkiewiczówny. I to nie tylko między sobą, ale i przed szerokim rodzinnym gronem i przed znajomymi, na przykład przed fotografem Tadeuszem Langierem, o co Witkacy ma pretensje, bo co to za nietaktowne gadanie, co im do jego małżeństwa i jego kobiet. „Te dwie plotkary, stare małpy, czekają na Twój przyjazd, aby się czegoś od Ciebie dowiedzieć – uprzedza żonę. – W dalszym ciągu plotkują o mnie, a ja wszystkie osobiste rozmowy wykreśliłem. Pamiętaj, ani słowa o nas obojgu i żadnych ani moich, ani twoich sprawach"[1].

Dając Mariom w prezencie swoją powieść *Pożegnanie jesieni*, napisał w dedykacji: „Kotusiom ofiarowuje Witkacy (Ale lepiej nie czytajcie 21/IV 1927 Zakopane)". Wiadomo, wiele tam odniesień do jego życia, do narzeczonej – samobójczyni i niechcianej ciąży. Kotusie mają o czym plotkować. Syn wuja Stacha wciąż daje im powody do zgorszenia.

Odkąd po śmierci matki zamieszkał u nich w willi na Antałówce, raz po raz dochodzi do konfliktów o pryncypia (pamięć o ojcu Stanisławie Witkiewiczu) i spięć o drobiazgi (zapach cebuli dolatujący z kuchni, zaginiony czy ukradziony kapelusz, głupota służby czy przesunięcie pory posiłku. Same posiłki też pozostawiają wiele do życzenia: „Dostałem dziś zupę bez smaku, gołąbki (dla służby), których nie jadłem, zimną szynkę i suche kartofle bez sosu – donosi Witkacy żonie. – Ciotka twierdzi, że to świetny obiad"[2]).

Stanisław Ignacy jest w Witkiewiczówce tylko gościem, lokatorem pensjonatu, który prowadzą jego krewne: dwie Marie Witkiewiczówny, czyli ciocia Mery i kuzynka Dziudzia. Mery to siostra ojca Witkacego. Dziudzia jest jego kuzynką, córką stryja, Jana Witkiewicza. Dom na Antałówce zaprojektował w 1903 roku jej brat, Jan Koszyc Witkiewicz. Projekt konsultował i dopracował sam Stanisław Witkiewicz, nadzorował także budowę domu. Rok później do gotowej już drewnianej willi w stylu zakopiańskim wprowadziła się Mery. Jeszcze przed pierwszą wojną światową dołączyła do niej Dziudzia, odtąd wspólnie prowadzą rodzinny pensjonat. Dziudzia jest właścicielką domu, odziedziczyła go po śmierci ojca, ale mało kto o tym wie; w Witkiewiczówce niepodzielnie rządzi ciocia Mery. Dziudzia jest w nią tak zapatrzona, że są nierozłączne jak siostry syjamskie. Starsza o trzydzieści lat ciocia Mery zastępuje jej i matkę (zajęła się wychowaniem siostrzenicy po śmierci bratowej), i przyjaciółkę. Po śmierci Mery w 1940 roku Dziudzia będzie próbowała popełnić samobójstwo, podcinając sobie żyły. Odratowano ją, zmarła w 1962 roku.

Dziudzia jest tylko dwa lata starsza od Stanisława Ignacego Witkiewicza, ale jakoś niewiele ich łączy. Urobiona przez ciotkę, woli rozmawiać o koneksjach rodzinnych, niż brać udział w orgiach, jak kuzyn, nie należy do jego towarzystwa. A przecież była artystycznie uzdolniona, w 1903 roku ukończyła kursy architektoniczne w Warszawie, w latach 1909–1912 rozwijała talent plastyczny na kursach w Paryżu, pobierała lekcje rzeźby i sztuki dekoracyjnej w École Nationale Supérieure des Beaux-Arts. Rysowała, rzeźbiła, projektowała wzory haftów i dekorowanych przez siebie strojów i dodatków.

Obie Marie, „Kotusie", jak je nazywa Witkacy, kultywują postać Stanisława Witkiewicza, syna uważają za marnego artystę i moralnego degenerata – według nich Staś Stachowi nie dorósł do pięt. Niech im będzie.

Stanisław Ignacy Witkiewicz z kuzynką Marią Witkiewiczówną (Dziudzią) w willi na Antałówce

Kiedy pod koniec 1936 roku nakładem Gebethnera i Wolffa ukaże się książka autorstwa cioci Mery *Wspomnienia o Stanisławie Witkiewiczu*, Witkacy jest oburzony gloryfikowaniem Marii Dembowskiej jako anioła miłosierdzia, pominięciem roli żony, przeinaczaniem faktów i jego własnych odczuć. „Ciotki książka ohydna, jeśli chodzi o pamięć o Matce, a snobistyczna i głupia, jeśli o Ojca"3 – pisze w liście do Jerzego Eugeniusza Płomieńskiego.

„To są potwory i jedna, i druga i jako takie trzeba je znosić ze względu na piękny widok i ogród"4 – donosi Witkacy Ninie. Widok ze swojego pokoiku na piętrze willi na Antałówce ma rzeczywiście wspaniały. I balkon do dyspozycji.

Za pokój i utrzymanie płaci Kotusiom 5 zł dziennie („Ciotka na propozycję 4 zł zrobiła ordynarną awanturę, że jakbym prosił o łaskę, toby zrobiła, a jak tak po kupiecku, to nie. Że się «dowiaduję» o cenach i potem jej propozycje robię. Całe chamstwo Witk[iewiczów] wyszło na jaw"5). Cena niby nie jest wygórowana, ale standard willi na Antałówce (nazwa „Witkiewiczówka" zaczyna funkcjonować oficjalnie od 1934 roku) bardzo niski, wręcz tragiczny: brak prądu, kanalizacji, urządzeń sanitarnych. „To wielka kompromitacja – pisze Witkacy w liście do filozofa Hansa Corneliusa – ale w domu mojej ciotki nie ma wody ani elektryczności (niestety gazu w Zakopanem nie znamy – *nous autres zakopaniens*), a WC jest przybytkiem tak pierwotnym, że (mężczyźni) trzeba «srać» na powietrzu (vol[l]ey). Moja ciotka nie jest normalna i nie chciała tych urządzeń"6. Nic dziwnego, że Witkacy tym chętniej pryska do Warszawy – uwielbia łazienkę w mieszkaniu Niny. Prawdziwa wanna i bieżąca woda to dla niego rzadki luksus. Oboje z Niną są wielkimi higienistami. Ona już przy pierwszej wizycie u Witkacego w willi Tatry na Chramcówkach, gdzie wtedy mieszkał, zwróciła uwagę, że w ciasnym, zabałaganionym pokoiku artysty wisiał gumowy tub, i powiedziała, że ona także wozi ze sobą taki tub, jadąc tam, gdzie nie ma łazienki. Nieraz się zdarza gościom zachodzącym do

KOTUSIE

Witkacego zastać artystę siedzącego czy stojącego w owym tubie napełnionym wodą podczas porannych ablucji.
Pokój na Antałówce też jest niewielki i zabałaganiony. Nina mówiła o mężu, że „o ile był wyjątkowo czysty, domyty – równocześnie nieporządny. Wprawdzie w pokoju jego trudno było utrzymać jakiś ład z powodu nagromadzenia najrozmaitszych przedmiotów – potrzebnych zresztą – ale sam też stwarzał bałagan niebywały"[7].
Pisarz Henryk Worcell zapamiętał pracownię Witkacego,

w której panował niesłychany bałagan. Ściany obwieszone portretami i obrazami o przerażająco intensywnych kolorach, którymi zapewne usiłował uchwycić swoją czystą formę, wśród nich kilka niesamowitych masek murzyńskich. Wszędzie stosy książek, nawet na podłodze, wypchane teczki, rulony kartonu, mnóstwo kredek, stoły zawalone różnymi zabawkami i pudełkami, widziałem tam nawet karaluchy z czarnego lśniącego kartonu, które on w czasie obiadów, ku przerażeniu pań domu, wrzucał do zupy, był i drewniany wąż z jaskrawo zielonymi zygzakami na grzbiecie i mnóstwo innych rzeczy, nie wiadomo do czego przydatnych.[8]

Sztuczne karaluchy to niezły żart, ale Witkacy donosi Ninie, że w domu na Antałówce biegają prawdziwe prusaki i karaluchy. A to już w ogóle nie jest śmieszne.
Dodatkowego pretekstu do plotek i okrzyków „Ta Nina męczennica" dostarczają teraz Kotusiom klientki Firmy Portretowej, które muszą przejść od drzwi wejściowych do pokoiku – pracowni na pięterku. Na przykład ta blondynka dzisiaj: młoda, ładna, pewna siebie. Już ją widywały, kiedy przyszła pozować do portretu, i potem, kiedy Józef Głogowski robił jej i Stasiowi zdjęcia.

* * *

Portret Marii Witkiewiczówny (Dziudzi), 1918,
Muzeum Pomorza Środkowego w Słupsku

Trzydziestoletnia blondynka jest rzeczywiście bardzo atrakcyjna. Nawet wadę zgryzu ma uroczą. Pozuje bez skrępowania. Siedzi, wygodnie rozparta, w fotelu, na którym Witkacy położył białą niedźwiedzią skórę. Jest marcowy dzień 1934 roku, wczesna wiosna. Na stole w wazoniku stoi wiązanka wierzbowych gałązek obsypanych baziami kotkami. Ktoś pewnie podarował Witkacemu bukiecik, bo on sam roślin nie zrywa, nie znosi ich niszczenia. A już zwłaszcza nie toleruje ciętych kwiatów. Piękne bukiety od wdzięcznych klientek to dla niego zło konieczne. Jeśli akurat jest u Niny w Warszawie, kwiaty lądują u niej w pokoju.

Czesława Korzeniowska przejęła tę zasadę kochanka i stosowała do końca życia. Krytyk literacki Jan K. Brudnicki zapamiętał, jak zrugała go kiedyś za przyniesienie wiązanki tulipanów: „My kwiatów ciętych nie lubimy, nie tolerujemy nawet, to barbarzyństwo. A już szczególnie tulipanów – pustych kwiatów"[9].

W pokoju panuje cisza – to jedna z zasad Witkacego podczas portretowania. Zanim zacznie rysować, wypija filiżankę mocnej herbaty. Bywa, że rysuje pod wpływem alkoholu i narkotyków. Dla eksperymentu, dla widzenia głębiej, podczas orgii. Brzmi skandalicznie, a taka orgia to po prostu towarzyskie spotkanie, w gronie dobrze znanych osób. Narkotyki przyjmowane są pod okiem zaprzyjaźnionego lekarza. Witkacy siada potem okrakiem na krześle i rysuje jak w transie. „W domach jego przyjaciół, w których odbywały się te orgie, całe ściany były zawieszone wspaniałymi rysunkami"[10] – wspominała Nina Witkiewiczowa. Znawcy uważają, że to jego najlepsze prace, wręcz prorocze. Czasami widzi aurę portretowanej osoby: „psycholog znakomity – pisze Nina – odsłaniający w portretach nie tylko zewnętrzne, ale i wewnętrzne cechy charakteru osoby portretowanej"[11].

Piękną blondynkę uwiecznia na trzeźwo, bez pomocy środków zmieniających świadomość. Papierosów nie pali, jedyną używką jest kofeina zawarta w kawie. Oddaje wiernie urodę modelki, jej wielkie oczy, wydatne usta, nawet charakterystyczne krzywe zęby; rysuje krótki sznur korali okalający jej szyję. Portret jest narysowany z rozmachem, ekspresyjnie, ale bez specjalnego zniekształcenia.

Niestety, nie znamy imienia i nazwiska modelki. Pozostaje N.N. W korespondencji Stanisława Ignacego Witkiewicza z żoną nie można na nią trafić. Z listów wynika tylko, że w marcu 1934 roku artysta miał sporo obstalunków i że klientkami były kobiety. Po sesji z N.N. został jednak ślad w postaci serii zdjęć wykonanych przez przyjaciela Witkacego, Józefa Głogowskiego. Malarz i modelka są w dobrych nastrojach – ona nie ma tremy przed fotografem, on nawet odgrywa wspaniałe przedstawienie w swoim stylu i stroi do aparatu szalone miny. Pewne jest, że nie zastosował wobec niej kociego badania, bo Schyzia zdechła trzy lata wcześniej, we wrześniu 1931 roku. „Wczoraj Schyzia biedaczka zasnęła w Kocim Panu na zawsze. Strasznie cierpię nad tym"[12] – pisał Witkacy do Niny. Na Antałówce ma już inną kotkę, angorkę o imieniu Ra-ra.

Podczas przerwy w pozowaniu do portretu N.N. rozgląda się po ścianach zawieszonych wyrobami Firmy Portretowej i zabawnymi planszami z hasłami „Uprasza się o niepalenie", „Nie zabieraj czasu pracującemu", które artysta namiętnie zbiera. Kobieta chodzi od ściany do ściany, przystaje przy stole, na którym leżą albumy, z ciekawością przerzuca strony ciężkie od naklejonych zdjęć i dziwacznych przedmiotów. Albumy to jeden z wabików Witkacego na przyjaciół i klientów.

> Albumów było sporo, lecz niestety wszystkie przepadły w Powstaniu – opisywała Nina Witkiewiczowa. – Nie tylko te, które znajdowały się u mnie, ale i duplikaty niektórych w mieszkaniu p. Zofii Żeleńskiej. A więc albumy z najdawniejszymi kompozycjami robionymi węglem. Były to niesamowite sceny z życia z odpowiednimi tytułami; groteskowością

Stanisław Ignacy Witkiewicz na balkonie willi na Antałówce,
Zakopane, lata 30.

i niesamowitością przypominały Goyę. Album z fotografiami pejzaży, których przed wojną sporo malował, dużo znad morza, z Bretanii, oraz górskich. Album z fotografiami późniejszych kompozycji. Album z własnej roboty zdjęciami, w czym był też mistrzem, m.in. Tadeusza Micińskiego, Żeromskiego, Struga. Wreszcie kilka albumów z fotografiami portretów, począwszy od najdawniejszych olejnych, aż do ostatnich. Dawniej fotografował sam swoje portrety, później przeważnie robili to znajomi, a często też prosił klienta o dostarczenie zdjęć, o ile był zadowolony z wykonanego portretu. Na ogół nie cenił swoich portretów – uważał je za „wyroby" Firmy, tylko wyjątkowo uznawał je, przeważnie robione pod wpływem narkotyków – głównie peyotlu; te ostatnie zresztą były wspaniałe. Jeszcze album z fotografiami samego Stasia w najdziwaczniejszych pozach, minach i rolach. Poza tymi albumami były dwa duże tzw. albumy osobliwości. Czego tam nie było: drzeworyty japońskie kolorowe obok podwiązki Rity Sacchetto, kawałki ludzkiej skóry tatuowanej, niedopałek papierosa Marszałka, moc fotografii rozmaitych znakomitości, listy, autografy, jakieś humorystyczne bzdury, rysunki i kompozycje laików, jak również malarzy, m.in. była seria pornograficznych akwarel Tymona Niesiołowskiego w oddzielnej kopercie z napisem „Tylko dla dorosłych".[13]

Witkacy bacznie obserwuje reakcje blondynki. Sprawdza, czy przypadkiem nie jest głupią gęsią. Godziny spędzone w towarzystwie Stanisława Ignacego Witkiewicza to jedyny w swoim rodzaju spektakl, podróż do egzotycznej krainy, z dala od prozy życia.

Na dole u Kotuś skrzypi sufit, słychać śmiechy i strzępy rozmowy.

Młode kobiety widywane na schodach willi na Antałówce i czerwone koło wywieszone na drzwiach pokoju Witkacego rozbudzają wyobraźnię starych panien. Dla Mery i Dziudzi to jeszcze jeden powód, żeby mówić o Witkacym, że dziwkarz.

> My, kobiety, zostałyśmy takie same od czasów jaskiniowych [...], a jeśli mamy odwagę być sobą, nazywa się nas demonami, którymi matki straszą swoich niedołężnych synów. My udajemy, my – wszystkie kobiety zdrowe i piękne. Są takie, które kłamią przez całe życie. Nie kłamią tylko garbate i pokraki. Te chciałyby kłamać, ale nikt im nie uwierzy. Dlatego są pełne jadu.[14]

Portret Czesławy Oknińskiej-Korzeniowskiej, 1929, kolekcja prywatna

KOCHANKA

„Ta osoba" – mówi Nina o kochance męża. W pisanych po latach wspomnieniach nigdy nie wymienia jej imienia ani nazwiska. Raczej nie przez dyskrecję. Raczej z dumy, pretensji, za karę. Owszem, „ta osoba" ma swoje miejsce w biografii Witkacego, wywarła wpływ na jego życie, ale zdaniem Niny to niechlubne miejsce i destrukcyjny wpływ.

Żonie trudno o tym zapomnieć. Trudno nawet zapomnieć, kiedy cała ta miłosna historia się zaczęła, bo wśród listów Witkacego do Niny, które przecież pieczołowicie przechowuje, jest jeden pisany na odwrocie karty z kalendarza (zdarzało mu się pisać na cudzych pocztówkach, a nawet na papierze toaletowym) – stąd wiadomo, że w niedzielę, 24 lutego 1929 roku, od jedenastej do późnego popołudnia malował Czesławę Korzeniowską, a później najprawdopodobniej jakąś jej koleżankę, bo z kolei w liście pisanym następnego dnia donosi żonie, że „panny – mężatki z PKO są cudne"[1].

To wtedy Witkiewiczowie zupełnie przestają ze sobą sypiać: „aż wreszcie przestaliśmy być małżeństwem, tylko dobrymi przyjaciółmi. Nastąpiło to, gdy opanowała Stasia całkowicie kobieta, która stała się bezpośrednią przyczyną jego śmierci"[2].

„Ta osoba", a nie żona, będzie z nim do końca, w ostatnich chwilach. Witkacy weźmie z Czesławą ślub przed Bogiem.

* * *

W domu wołają na Czesię Cepka. Rodzice i rodzeństwo trochę życzliwie, a trochę z przekąsem podśmiewują się z jej zainteresowań – nauka gry na pianinie, lekcje tańca, śpiewu to według nich – prostych ludzi (ojciec kolejarz, matka gospodyni domowa) – jakieś wielkopańskie fanaberie. Czesława lubi deklamować poezję, układa własne wiersze i spisuje je w zeszycie. Albo ślęczy nad jakimiś rysunkami, malunkami. „Artystka", mówią o niej, „fantastka". Oknińscy są dumni z syna, Włodek studiuje medycynę. Córki edukację ukończą na poziomie gimnazjum – Czesia i Genia Posseltówną na Chmielnej, Janka – gimnazjum Jankowskiej. Dziewczętom tyle wystarczy. Z maturą mogą już liczyć na posadę w jakimś urzędzie.

Czesława Korzeniowska od 1920 roku pracuje w PKO. Pensję ma dobrą (stać ją na ładne suknie, kostiumy, futra), a monotonię pracy rekompensuje sobie podczas urlopów, wiadomo – fantastka. Jeździ na przykład do Worochcic koło Zaleszczyk, gdzie turnus upływa na „prostym życiu" na łonie natury – dietetyczne jedzenie, samodzielne rąbanie drzewa, szorstki wełniany sweter noszony na gołe ciało, twarde posłanie. Matka załamuje ręce nad pomysłami Cepki, no bo po co ta szalona córka rezygnuje z cukru czy soli? I jeszcze mówi, że to dla zdrowia. Gospodyni z niej żadna – mężowi gotuje kakao i jajka w jednym garnuszku! A ten Witek, naiwny, zakochany, zachwyca się, że Czesia jest zaradna, że śniadanie migiem przygotowuje.

Witold Korzeniowski to dobry chłopak, Oknińscy bardzo go lubią – przystojny, wykształcony (prawnik), z porządnej rodziny z Wołynia. On również pracuje w PKO.

Młodemu małżeństwu dobrze się powodzi – mają piękny pokój z kuchnią i telefonem w nowej kamienicy PKO przy Filtrowej 68. Nawet na auto ich stać. Zniknie ono razem z mężem, który wyprowadzi się z Filtrowej, gdy Czesia rozpocznie romans z Witkacym. „Byli dobrym małżeństwem – powie Janka Klimczewska, siostra Czesławy – dopóki nie rozbił ich Stasiek"[3]. Formalny rozwód

Korzeniowscy wezmą dopiero po 1945 roku. Co tam auto, Czesia ma teraz pokój wytapetowany swoimi portretami, artystę za kochanka i wstęp do środowiska interesujących ludzi.

Pewnie w poszukiwaniu oryginalnych przeżyć, w celu urozmaicania rzeczywistości, podczas pobytu w Zakopanem Czesia idzie do pracowni Witkacego. Podobno zapoznała ich ze sobą wspólna znajoma Nelly Strugowa, żona pisarza Andrzeja Struga. Czesia i Witkacy będą często bywać u Strugów w Warszawie w ich komfortowym, przestronnym mieszkaniu przy Topolowej (obecnie aleja Niepodległości). W towarzystwie Witkacy stawia sobie Czesię na rękach i obnosi po pokoju. Ona drobna, on wielki i silny. Mają swój popisowy numer.

Chyba już na tym pierwszym spotkaniu, podczas sesji portretowej, musiało między nimi zaiskrzyć. Witkacy najwidoczniej wyczuwa w niej sex appeal przemieszany z dziecięcym urokiem. Będzie podkreślał, że Czesia jest dla niego nie tylko kochanką, ale też osobą tak bliską, że traktuje ją prawie jak córkę. „Straszne jest, jak demoniczne pożądanie zejdzie się w jednym punkcie z największą tkliwością. Wtedy samiec jest gotów – gotiu"[4] – pisał w *Szewcach*.

Czesława nie jest typem filmowej piękności:

> W sumie bardzo nijaka, przeciętna, a co więcej – nierówna, zmienna, przyciągała go i odpychała, odchodziła i wracała – mówiła o niej Anna Linke, żona malarza Bronisława Linke, przyjaciela Witkacego. – Nie tolerowała nawet wzmianki o innych kobietach, nie mogła mu darować, że nie potrafi zerwać z żoną.

Niebrzydka, ale nierzucająca się w oczy – drobna, delikatna blondynka, ładna właściwie tylko wtedy, gdy się ożywiała. Zdaje się z temperamentem – przyznała kiedyś, że noc bez mężczyzny jest dla niej stracona, a ze Stasia, „demona seksu", niewiele miała pod tym względem pociechy. Zdradzał ją, bo po kilku latach ich związku był mężczyzną jedynie z nowymi, coraz młodszymi kobietami. A później w ogóle impotentem, człowiekiem bardzo zniszczonym, schorowanym. Gdy się rozkręciła, wypiła trochę, miała akurat dobry humor – śpiewała ułożone przez siebie piosenki, często dość frywolne, kiedyś nawet o „męskim wyposażeniu", nazywając je „łodygami hiacyntu".[5]

Witkacego te piosenki muszą bawić i zachwycać. Czesia na niego działa. „Zrozumcie – ma kurewskie nogi"[6] – mówi przyjaciołom, kiedy podpytują go, co takiego widzi w tej Czesławie, dlaczego tak cierpi, kiedy ona z nim zrywa.

A zrywa z nim regularnie.

Pierwszy poważny konflikt między nimi następuje jesienią 1931 roku:

Rzeczywiście to b. przykra sprawa z tą Czesią – pisze Witkacy do żony. – Masz rację, zawsze we wszystkim. Trudno, zdaje się, że zerwała ze mną ostatecznie. Otóż à propos tego (nie wiem, czy zdążę przed śmiercią) muszę przebudować się od spodka i środka, aby wytrzymać koniec życia. Muszę znaleźć w sobie „niezmiennik" jakiś, jakiś inwariant, który by pozwolił wszystko wytrzymać. Babami (piętrząc takowe jedna na drugą) zapychałem kompletną pustkę, która się teraz przy pierwszej lepszej katastrofie zdemaskowała. Jestem jak ryba na brzegu. Nie jestem artystą i trudno mi nim zostać – to jest najgorsze. Dopóki nim byłem, opierając się na tym, przetrzymywałem rzeczy najgorsze. Teraz nie mam tej podstawy. Mam Ciebie, ale też daleka jesteś.[7]

Czesława też cierpi, wytrzymuje bez Witkacego zaledwie miesiąc. „Wczoraj dostałem telegram od Czesi, że godzi się ze mną pod warunkiem poprawy – informuje Stanisław Ignacy Ninę. – [...] ja po tej katastrofie chcę prędzej jednak zobaczyć Czesię, bo ona jest w okropnym stanie"[8].

Po jakimś czasie znowu żali się Ninie: „Jestem bardzo nieszczęśliwy, bo Czesia wyprawia ze mną jakieś dzikie i niczym nieusprawiedliwione maniganse. Stan mój okropny, bo na razie żyć bez niej nie mogę, a zdaje się będę musiał"[9]. Dzień później konflikt jest już zażegnany: „Tu okazuje [się] nie jest tak źle i ona ma swoje racje, że tak postępowała. Ona kocha mnie naprawdę – *çela va sans dire*"[10], ale oczywiście będą następne nieporozumienia i awantury. Czesia nie znosi i nie toleruje zdrad, pijaństwa itd. Fakt, że widują się kilka razy do roku, też nie poprawia sytuacji. Kiedy traci Witkacego z oczu, jej wyobraźnia zaczyna pracować w przyspieszonym tempie. Zresztą kochanek co jakiś czas dostarcza powodów do zazdrości, złości, żalu. Czesia chyba nie zdaje sobie sprawy, że przeżywa to, co Nina wiele lat temu. Zresztą, co to za pociecha! Kwestia przywiązania Witkacego do żony również doprowadza ją do szału.

> Były kilkakrotne zerwania – wspominała Nina – czy to z mojego powodu (że przyjeżdżałam do Zakopanego i mieszkałam ze Stasiem u Ciotek na Antałówce), to z powodu innych kobiet, bo Staś nie potrafił być całkowicie wierny. Kiedyś zaproponował mi, żebyśmy zaadoptowali tę osobę – była może o 10 lat młodsza ode mnie. Potem ona wystąpiła z żądaniem, żeby Staś zamieszkał u niej. Gdy mi to Staś powtórzył, zgodziłam się naturalnie, ale zapowiedziałam, że wtedy wszelkie stosunki między nami muszą być zerwane, bo nie zniosłabym żadnego kompromisowego załatwienia tej sprawy. Staś oburzył się na mnie, twierdząc, że jestem okrutna, że on zresztą wcale nie ma ochoty na wyprowadzenie się z Brackiej i więcej o tym nie było mowy.[11]

Początkowo miłość Witkacego do Oknińskiej-Korzeniowskiej jest dla Niny ciężką próbą i znowu pojawia się widmo rozstania. „Opsypię Cię pieniędzmi. Będziesz jeść same pomidory. Będę chodził z Tobą do kina, tylko nie opuszczaj mnie"[12] – pisze do niej zrozpaczony Witkacy we wrześniu 1929 roku. W maju 1931 roku klaruje żonie: „Mnie się wydaje [...], że w takich razach mężowie opuszczają żony, a ja nie i kocham Cię niezmiennie, mimo wszystko. Byłoby nonsensem rujnować tak idealne małżeństwo i nie zdobyć się na więcej tolerancji. [...] Zaklinam Cię, nie rób tego głupstwa, aby psuć coś tak sztucznego i ślicznego jak nasze małżeństwo"[13].

Pisząc do Corneliusa, Witkacy prosi go, żeby w tym samym liście nie dołączał pozdrowień i ukłonów dla Niny i Czesławy, bo nie może wtedy żadnej z nich pokazać listu filozofa: „One wiedzą wszystko i nie oszukuję ich tym, ale się trochę nawzajem nienawidzą"[14].

Dzieli się troskami z powodu historii z Czesławą i jednocześnie wciąż zapewnia żonę o miłości: „Jestem jednak maksymalnie zgnębiony koniecznością rozstania z Czesią. Ha – trudno. Jedyną pociechą dla mnie na świecie jest istnienie Ciebie"[15]; „Nie wiem, czy gdyby nie Ty, nie skończyłbym ze sobą, tak jestem zgnębiony. [...] A dla mnie byłoby to szczęściem, żebyś przyjechała. Może to uchroni mnie od czegoś złego. Ciebie jedną kocham na całym (!) świecie. I to było zawsze, jak wiesz, mimo tamtego"[16]; „Problem kobiet zaczyna mnie niepokoić. Co robić? Znowu puścić się na erotomańskie kombinacje. Poradź mi coś racjonalnego. Bardzo tęsknię za Tobą i spokojem Twojej «aury psychicznej»"[17].

Nina wie, że związek z Czesławą jest dla męża bardziej intensywny i ważniejszy niż z jakąkolwiek z dotychczasowych kobiet jego Metafizycznego Haremu.

Zauważyła to również Anna Linke, mimo że widywała Witkacego i Czesię tylko od czasu do czasu. „Tak że choć znałam ich oboje, nic właściwie o tym związku nie wiem – mówiła. – Może tylko to, że

Stanisław Ignacy Witkiewicz i Czesława Oknińska-Korzeniowska
z lewkiem, Warszawa, 1930

nie był jedynie namiętnością i romansem – jak zwykło się uważać, a naprawdę czymś więcej; tylko czym? Pamiętam na przykład jego głos, kiedy się do Czesławy zwracał: łagodny, ciepły, serdeczny, inny niż dla wszystkich"[18]. Obie najbliższe kobiety Stanisława Ignacego Witkiewicza, żona i kochanka, cierpią, obie są w związku z nim spełnione tylko do jakiegoś stopnia. Obie są rozżalone i nieszczęśliwe – tyle tylko, że Nina trzyma klasę wielkiej damy i zachowuje się neutralnie i oziębie, Czesława zaś jest wybuchowa i awanturuje się z byle powodu, w końcu – obie idą na kompromis.

W liście do Hansa Corneliusa, pisanym w listopadzie 1937 roku, wykłada swoją sytuację:

Przede wszystkim muszę wyjaśnić nieporozumienia: 1) Nie żyję seksualnie z moją żoną już od 7 lat i jesteśmy bardzo szczęśliwi w naszej przyjaźni. 2) Od 7 lat żyję (wyjąwszy ½ roku od czerwca do listopada 1936) seksualnie z moją przyjaciółką. Zdradziłem ją przynajmniej z 10 kobietami – najczęściej z jej przyzwoleniem. Teraz jesteśmy w normalnych stosunkach od roku. 3) Dziewczyna (18) lat przychodzi od naszego rozejścia i dotychczas nie mogę się od tego uwolnić. Podoba mi się za bardzo. Z tego powodu pewnie zginę [...], a dzika dziewczyna jest strasznie podniecająca i wcale nie płaska i głupia. Jak widzisz, mogę łatwo zwariować.[19]

* * *

Lato 1934 roku zaczęło się dobrze. Kochankowie jadą razem do Kuźnicy na Helu. Pokój w domku rybaka jest w sam raz na kieszeń Witkacego, pasuje też do stylu urlopowania Czesławy. Żaden tam kurort, żaden Sopot czy Jurata – słońce, kąpiele morskie i zdrowe jedzenie. „Tak więc dziś *kupaliśmy* się w fali. Jednak wie Pan, Panie Edmundzie, morze to groźny żywioł, cholera jego mać słonowodna" – pisze

Witkacy w czerwcu do Marii i Edmunda Strążyskich; Czesia dopisuje: „Pachnę *flondrami* – jak ostatnia *flondra* – Czesław"[20]. Sypia nago, bo on tak lubi. Siostra się nawet kiedyś zgorszyła, że Czesia już koszul nocnych nie uznaje. Zgubny wpływ Staśka, wiadomo. Na takie dictum Czesia mogła tylko roześmiać się jej w nos.
Miesiąc później – kolejna katastrofa, kolejne zerwanie. Tym razem powiernikami są przyjaciele obojga zwaśnionych, Maria i Edmund Strążyscy.

„Czesia *magnęła* znowu definitywnego szpryngla – żali się Witkacy. – Nie mogę więcej brać za nią odpowiedzialności. Wszelkie pośrednictwo z Waszej strony wykluczone – nie będziemy mówić niepotrzebnych rzeczy. Jej też o mnie nic nie piszcie ani z nią o mnie nie mówcie"[21]. Ale kilka dni później wraca do tematu:

A ja mimo szpryngli kocham ją dotąd i, jak mówią, patrzę na świat jej oczami, a co robię, robię dla niej. Więc jest w tym jakiś bezsens piekielny, bo jestem kompletnie złamany tym wszystkim. [...] Życie bez niej będzie męką i bezsensem. Oczywiście nie mam zamiaru poddawać się nieszczęściu, ale przyszłość przedstawia się okropnie. Możecie jej o tym napisać. Bo albo ona mnie kocha i charakteru nie ma, tylko szeregi szpryngów, albo jest w tym jakieś potworne nieporozumienie. Albo w Z. oświadczyła mi, że straciła we mnie podporę, ale powiedziała o tym Wam w Warszawie, nie mnie. Wszystko to jest okropne. Trzeci raz moje życie się łamie, a mam już 50 i coraz trudniej zestawiać tę duchową karkassę.[22]

Maria i Edmund, „*Najdrośsi* Tymbciowie", jak tytułuje ich Witkacy, mediują między kochankami. List, który Witkacy śle do nich z Warszawy 3 sierpnia 1934 roku, wskazuje, że ich wtrącanie się odniosło pożądany skutek.

Czesława Oknińska-Korzeniowska i Stanisław Ignacy Witkiewicz
w dorożce, Zakopane 1932

KOCHANKA

Najdrośsi Tymbciowie = Dziękuję Wam Serdecznie za listy do mnie i do Czesi, które nam Obojgu b. dobrze zrobiły. Po miesiącu potwornych męczarni pogodziliśmy się pod Waszym Wezwaniem – ale to było naprawdę okropne i ja byłem nieomal bliski śmierci. Było to nieporozumienie najwyższej chyba marki od czasów *Kleopatry*, ale według mnie tygrysią część odpowiedzialności ponosi Czesia wskutek swoich przemilczeń i zacięć się.[23]

Czesława dopisuje:

Drodzy Kochani Tymbciowie. / Więc dobrze jest – ale wszystko jeszcze boli od tych okropnych dni – kiedy była tylko noc czarna. Dużo można opowiedzieć – może napiszę obszerny list – ale teraz trudno bardzo to przychodzi – jestem okropnie zmęczona. Staś opowie swoją stronę medalu, ale moja była też prawdziwa – ja winną jestem, ale w tym wina moja, że bardzo Go kocham i dlatego wyolbrzymiam wszystko = zbyt silnie reaguję i to na pewno nie przejdzie. Nauka okropna – trzeba tylko wyciągnąć z niej najwyższy sens dla siebie.[24]

O Czesławie Strążyscy opowiadali po latach Annie Micińskiej:

Czesia była o połowę młodsza od niego. [...] Uzdolniona literacko, oczytana, dowcipna, z poczuciem humoru, cięta. Tragiczny wyraz twarzy i olśniewający uśmiech. Kochała Witkacego, ale dawała mu szkołę: nie dała się pożreć i zdominować, została sobą. Bardzo zaważyła na ostatnich latach Stasia, cierpiał straszliwie, kiedy z nim zrywała (parę razy).[25]

Stanisław Ignacy Witkiewicz, 1928

KOSZ

Bliscy ostrzegali, że Stasiek zmarnuje jej życie. Tak o nim mówili – Stasiek. Nie podobało im się, że Cepka związała się z żonatym mężczyzną, dużo od niej starszym. Jakiś szalony artysta, to, co pisze, zupełnie nie nadaje się do czytania, portrety maluje okropne, z każdego robi potwora.

> Znać go nie chcieli, on ich zresztą też – opowiadała Janina Klimczewska. – Zabronił jej widywać się z nimi, bał się, że ją przeciwko niemu buntują, bo rzeczywiście buntowali. [...] Bardzo się pod jego wpływem zmieniła, zaczęła patrzeć na świat jego oczyma i my – siostry, bratowa – stałyśmy się już dla niej zbyt mieszczańskie. Kochała przede wszystkim brata, Bratka (jak go nazywał Stasiek), cieszyła się, że jest znanym lekarzem.[1]

Najpierw wyrwała z książek Witkacego strony z dedykacjami, które dla niej pisał. Dobre, intymne słowa wydają się podwójnie fałszywe w obliczu kolejnej zdrady. Żeby zadawać się z jakąś młódką manikiurzystką, to już doprawdy przesada. Czesława wkłada wydarte kartki do koperty i wysyła do niewiernego kochanka.

„Czesia otosłała mnie wsie diedikacji knig iż etich wyrwannyje"[2] – pisze Witkacy do żony 27 marca 1938 roku. Jeszcze się nie domyśla, że Czesława wie o jego zakopiańskim romansie z narzeczoną fryzjera. Pisze pojednawcze listy, które wracają do niego nieodpieczętowane, nieczytane. Ale na tym nie koniec. Furie, które gonią Czesławę, każą jej zapakować do wielkiego wiklinowego kosza wszystko, co kiedykolwiek dostała od Witkacego. Ściąga ze ścian portrety, które jej namalował, rzuca wszystko na podłogę, na której rośnie ogromna sterta – gruzy po miłości, ruina. A potem kosz i pakunki z obrazami odsyła na Bracką 23 m. 42. Do żony. Niech mu żona powie, że Czesława z nim zrywa, że to już koniec, w końcu mówią sobie wszystko, ciągle piszą do siebie listy, żyć bez siebie nie mogą. I tak się dzieje.

„Czesia odsyła mi 80 kilo podarków – czyli bije mnie w mordę na pożegnanie. Bardziej się tym przejąłem niż myślałem. Jestem w stanie zupełnej marmelady, bo z tego wszystkiego podnosi się niezbyt dodatni osąd mój o sobie"[3] – pisze Witkacy do Niny 12 kwietnia 1938 roku. Dzień później: „Gdyby nie Twoje istnienie, to nie wiem, czybym nie zrobił z sobą końca"[4].

Nina Witkiewiczowa pisała po latach:

W 1938 roku osoba ta wyszpiegowała, że Staś ją zdradza w Zakopanem. Napisała wtedy do niego, że zrywa z nim definitywnie, odesłała paki i kosz z rękopisami, portretami i rozmaitymi prezentami do naszego mieszkania na Brackiej. Wkrótce potem Staś przyjechał do Warszawy w rozpaczliwym stanie. Próbował przez rozmaite przyjaciółki i przyjaciół nawiązać z nią stosunki (listy jego zwracała nieodpieczętowane), ale nic nie pomogło. Wreszcie pewnego dnia spróbował zatelefonować do tej osoby, byłam obok w swoim pokoju, rozmowa trwała krótko, potem usłyszałam, że Staś wszedł do swego pokoju i nastąpiła jakaś przejmująca cisza. Zerwałam się z tapczanu – (wiedziałam, że ma z nią rozmawiać) i weszłam do jego pokoju. Stał oparty o szafkę i płakał cicho jak dziecko skrzywdzone. Zapytałam go, jaka była rozmowa – Staś prosił, żeby pozwoliła na spotkanie się, na co ona się nie zgodziła, a gdy Staś powiedział: „tu chodzi o życie", odpowiedziała „proszę nie zakłócać mojego spokoju". Byłam tak zrozpaczona jego stanem, że pocieszałam go jak mogłam i nawet zaproponowałam, że ja sama do tej pani zatelefonuję, aby zgodziła się na widzenie ze Stasiem. Podziękował mi bardzo serdecznie, ale nie pozwolił mi dzwonić. Pozornie powrócił do normalnego życia – z kobietami włącznie – ale był potwornie smutny i po paru dniach powrócił do Zakopanego.[5]

Witkacy dzieli się swoim cierpieniem z przyjaciółmi. Zrozpaczony pisze do Brunona Schulza:

Tym muszę Cię zmartwić, że zaszła w moim życiu wielka katastrofa, tzn. owa kobieta, którą widziałeś w kinie i którą kochałem (i kocham dotąd) jak córkę (w tym natężeniu, które mogę jedynie do miłości kotki porównać), opuściła mnie definitywnie na skutek moich zdrad (?), które były wynikiem znów szpryngłów, które ona robiła, wymagając ode mnie poprawy, a nie dając mi warunków jej spełnienia. ¾ winy moje – ¼ jej. Jestem zupełnie tym zdruzgotany – jest to strata nie kochanki, tylko najdroższej istoty na świecie. Nie wiem, czy się podniosę spod tego ciosu. Piszę jak kucharka – ale prawdziwe nieszczęście nie usposabia do literatury i lubi raczej brutalną pospolitość wyrazu. Dosyć. Staram się trzymać i pracuję, ale jest okropnie ciężko. Wypuszczono mi wnętrzności i uderzono butem w pysk. (Ty byś to lubił). 80 kilo (!) wszystkich podarków, plus obrazy odesłane na Bracką zwrócono mi tu. Trup mój siedzi w tym koszu i płacze nad utraconym szczęściem. W ogóle, jak golę się rano, mam wrażenie, że golę własnego trupa do trumny.[6]

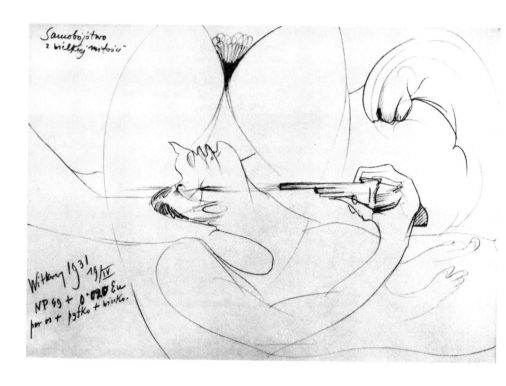

Samobójstwo z wielkiej miłości, 1931

Oczywiście informuje o wszystkim Corneliusa:

Dla mnie oznacza to koniec mojego życia – w niej tracę nie tylko kochankę, ale tak jakby ukochaną córkę – była moim tworem, ale przez te swoje przeklęte wyskoki (*Volte façe*) nie dawała mi nigdy szansy przezwyciężenia moich postępków. Chciałem się poprawić i nigdy jej nie zdradzać, ale nie mogłem, gdyż zawsze znajdowałem się w stanie jakiejś niepewności. Jeśli się od kogoś czegoś wymaga, to trzeba mu dać odpowiednie warunki, aby mógł spełnić to, czego się od niego żąda. Chciałem być inny, ale naprawdę nie umiałem i zdradzałem ją, ani na chwilę nie przestając jej kochać – a nawet kochałem ją tym bardziej. Po tym jak odesłała mi dedykacje wyrwane z wszystkich moich książek, a ponadto odesłała mi wszystko, co jej kiedykolwiek podarowałem (80 kilogramów!), a nawet wszystkie przeze mnie malowane obrazy (przynajmniej tak pisze mi moja żona) – to nie można się dziwić, że napisałem jej kilka „złych" słów na otwartych kartkach [...]. Jesteś jedynym człowiekiem na świecie, który mógłby nas pogodzić, gdybyś tego naprawdę chciał – a jest to dla mnie sprawa życiowej wagi. Proszę Cię z całego serca, abyś do niej napisał i na wyczucie jej wszystko wyjaśnił (nie zatajając mojego przyznania się do popełnionych grzechów – kłamstwa, zdrady itd. = ale ty wiesz – można kłamać i zdradzać i tym bardziej jeszcze kochać!), że zrywać ze mną stosunki jest nonsensem i przewrotnością. Jedynie Ty możesz to zrobić, ponieważ ona intuicyjnie uznaje Twój ogromny autorytet.[7]

Zaprzyjaźniony filozof nie zostawia Witkacego w potrzebie i natychmiast pisze list do Czesławy, który ona jednak pozostawia bez odpowiedzi. Bo co tu odpowiadać, kiedy jeden mężczyzna broni drugiego, kiedy odwołuje się do jej dobrego serca?

Wiem, co to dla mężczyzny znaczy, gdy przez jakąkolwiek winę, którą na siebie przyjmuje, utraci miłość tej, z którą dotąd był związany najgorętszymi więzami, i uważa, że jest z nią związany na zawsze. Ja przeżyłem takie rozdzielenie, które nastąpiło bez mojej winy i prawie mnie uśmierciło: o ileż bardziej okropne musi być z powodu własnej winy utracić najgoręcej kochaną istotę. Mówię to, aby serce twoje skłonić do łagodności, choć ciężko – tego nie wiem! – przecierpieć to musisz. [...] W duszy swej mam tak wielki i wzniosły Twój obraz, że tylko mogę myśleć o twej dobroci. Bądź taką! Bądź taką! Bądź dobrą i miłosierną, nawet w chwilach ogarniającej Cię goryczy.[8]

Łatwo napisać jakiemuś tam panu z odległych Niemiec. Czesława czuje się osaczona, szantażowana. Żona Witkiewicza dzwoni do niej i mówi: „Dziecko, nie gub człowieka, nie mogę patrzeć, jak się męczy"[9]. Czy nikt nie dostrzega, że ona też się męczy? Kiedy w 1938 roku zabiega o nią bogaty mężczyzna, „bubek" zdaniem Stasia, nie decyduje się na związek, myśli o Witkacym. I nikt tej męki z niej nie zdejmie przez następne lata. W takiej złości i żalu napisze w 1968 roku list do Marii i Edmunda Strążyskich:

Mam wstręt do swojej przeszłości (tych 10 lat życia z SIW). Byłam muchą w sieci pająka – o czym mówił mi Strug i buntowałam się do ostatniego dnia swego życia. I miał rację, a ja miałam intuicję, uciekając od niego co najmniej dwa razy w roku, a 2 razy to nawet uciekałam na kilka miesięcy. I gdyby nie wojna – byłabym w Paryżu z kimś wysokiej klasy – naukowcem – bez tego przykrego wstrętu ze wstydu do siebie i do niego (SIW). Linke też buntował mnie, ale Staś nasyłał wszystkich swoich przyjaciół z Polski i zagranicy (Malinowski – Cornelius i jeszcze ktoś z Paryża), nawet Żonę i Tadeusza S. de S. i uległam przyjaciołom. Jedyne, co było prawdą, to jego przekonanie, że nie kochałam go – ale czemu czepiał się mnie kurczowo i ze mną musiał umierać. Trudny Los – a teraz obrzydzenie do wspomnień o nim. Ale mówić mi się o nim nie chce ani pisać wspomnień. Jak widzicie nie było mi wesoło, tyle że rzeczywiście nie kochałam – i że jestem zubożona o takie uczucie, które jest sensem życia.[10]

A przecież w 1934 roku pisała do zakopiańskich przyjaciół w zupełnie innym tonie: „Ze Stasiem stosunki b. dobre – wszystko przeszło bez śladu. Smutno mi będzie bez niego. Wkrótce na pewno wyjedzie – boję się pytać – kiedy. Bardzo go kocham i mam wrażenie, że takiego uczucia nie otrzymał nigdy i nigdy nie był dla kogoś tak dalece wszystkim – jak dla mnie, ten mój robaczek świętojański"[11]. Pogodzili się na początku września 1938 roku.

A gdyby teraz Czesia zgodziła się powrócić do mnie i ja bym przestał cierpieć, ale zgodziła się pod warunkiem wspólnego mieszkania, ew. małżeństwa, czybyś zgodziła się na to za cenę mojego życia i czybyś też teraz postawiła warunek, żebyśmy się nie widywali? To teoretyczne pytanie – ale odpowiedz mi na to szczerze. [...] A czybyś np. dla uratowania mi życia poszła do niej, żeby jej wytłomaczyć nonsens zbrodniczy jej postępowania?[12]

– pyta żonę. Najwyraźniej jednak Czesława już nie podnosi tej kwestii i nie dochodzi do konfrontacji żony i kochanki.

W listach do żony i przyjaciół Witkacy wciąż jednak powtarza „otarłem się o śmierć", „żyję, ale nie czuję, że żyję", „coś we mnie trzasło i żyć mi się nie chce".

Bo i teraz nie jest to związek idealny, nawet jeśli Witkacy przystaje na warunki Czesławy, nawet jeśli pozostaje jej wierny, to ona nie umie mu uwierzyć.

Autoportret, 1938, Muzeum Narodowe w Warszawie

KOSZ

19 marca 1939 roku Witkacy pisze do Corneliusa:

Jestem zmęczony psychicznie i fizycznie, jak nigdy dotąd. Nie jest to zdrowe zmęczenie, tylko coś na kształt choroby. Nie mogę się z tego wywinąć. Ponadto nasze stosunki z Czesławą nie układają się wcale tak znakomicie, mimo że już nie popełniam żadnych erotycznych świństw. Ona nie potrafi mi już w pełni zaufać, a jej ufność jest mi absolutnie potrzebna do życia. I wszelkie wysiłki, żeby wydźwignąć się z mojej choroby (tak to mogę nazwać), zostają obrócone wniwecz przez jeden jej list, w którym mnie „oklina" tak, że znów muszę wszystko zaczynać od początku. Myślę, że jeśli tak dalej pójdzie, źle się to skończy.[13]

Nina Witkiewiczowa wspominała, że od czasu tej historii z rozstaniem Witkacy „miał stale przy sobie fiolkę z Veronalem – mimo skrupulatnych poszukiwań nie udało mi się jej znaleźć – i był zgaszony"[14].

Śmierć kochanka, 1920, kolekcja prywatna

RAJZA

Gadanie o zmarnowanym życiu było bardziej w przenośni – chodziło raczej o to, że nie po bożemu, bez ślubu, dzieci, bez wartości, które Czesława wyniosła z rodzinnego domu. Kto mógł przypuścić, że słowa obrócą się w tak straszną rzeczywistość? Początek września 1939 roku przyniósł chaos, ale jeszcze nie rozpacz. Wojna. Stanisław Ignacy Witkiewicz mówił o wojnie od miesięcy. Na towarzyszkę wojennej tułaczki wybrał Czesławę. To, że się z nim pogodziła przed rokiem, wróciło mu możność życia. „W pewien sposób należę do niej"[1] – pisał w liście do Niny. Jak mówiła po latach siostra Janka:

> No i poszła z nim w tę rajzę jak ślepa, nie pożegnała się nawet z rodzicami, nie mówiąc o rodzeństwie. Tak się bał wojny, tak ją gonił, że złapała tylko neseser z najpotrzebniejszymi rzeczami, jakąś palcinę, dokumenty, pieniądze – 350 złotych, czyli trzy swoje ostatnie pensje. I nic do jedzenia, a gdyby o tym pomyślała, nie opadliby tak szybko z sił, przeczekali pierwsze najgorsze miesiące, dotarli – tak jak inni – do Rumunii.[2]

Dotarli tylko na Polesie, do dużej wsi Jeziory, gdzie mieszkał Walenty Zemlański, znajomy Stanisława Ignacego Witkiewicza z okresu służby w carskiej armii. Witkacy był zmęczony, schorowany, dokuczały mu opuchnięte nogi. Artysta nawykły do wygód, regularnych pór posiłków, ciężko zniósł podróż przepełnionymi pociągami, podwożenie furkami i wielogodzinny pieszy marsz. Ratowało go tylko „pyfko" w dworcowych bufetach, w wiejskich sklepikach.

17 września rozeszła się wiadomość o wkroczeniu Armii Czerwonej na wschodnie tereny Polski. Witkacy od razu zadecydował: samobójstwo, nazajutrz. Miał ze sobą wystarczający zapas tabletek luminalu i żyletkę.

Po latach Czesława Oknińska wspominała:

> Rano zjedliśmy śniadanie i Witkacy dał znak, że idziemy na spacer. Był nieogolony, więc zapytałam, czy nie ogoli się dzisiaj? Jeśli sobie tego życzysz, ogolę się, i tak się stało. W tym momencie zrozumiałam, że „to" ma się stać właśnie dzisiaj. Szliśmy w stronę lasu, gęsta mgła zasłaniała drogę i las wydawał się to bliski – to znów oddalony. Szukaliśmy miejsca. [...] Długo jeszcze szliśmy, niestety drzewa rosły w dość dużej odległości od siebie, a my szukaliśmy jakiejś intymności i dyskrecji lasu. Znaleźliśmy drzewo jakby z małym wzgórkiem pod głową. Kiedy usiedliśmy, po raz ostatni próbowałam perswazji, przerwał: „Jeśli aż tak tego nie chcesz – odejdę sam, ale pamiętaj, że beze mnie zginiesz. Powinniśmy odejść razem". Łatwo przekonałam go, że jest w błędzie, szykował kubeczek z „napojem" dla mnie. Przypomniał mi żartobliwe powiedzenie moje, że na ślub zgodzę się chyba pod chloroformem. Roześmiałam się. Wziął wtedy moją rękę, położył sobie na sercu i powiedział: „Teraz daję nam ślub" i zacytował fragment modlitwy Matki swojej, ułożonej kiedyś dla małego Stasia, gdy był bardzo chory. Piękne proste słowa inwokacji do Ojca Wszechrzeczy połączyły nas, a na zakończenie odmówiliśmy modlitwę Ojcze Nasz, której obszerne fragmenty pamiętał, i wówczas odmawialiśmy ją razem. Ogarnął nas

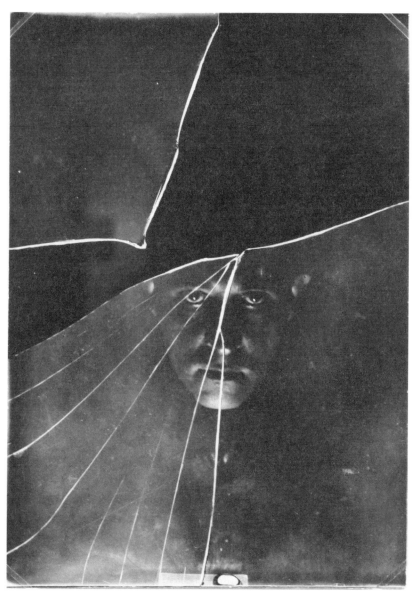

Autoportret, ok. 1912

cudowny spokój i cicha radość miłości. [...] Przygarnął mnie do siebie i podał garnuszek, wypiłam, chyba było pół szklanki białego płynu [rozpuszczone tabletki luminalu i cibalginy]. Nie bałam się, nie drżałam, po prostu wypiłam jak mleko z pragnienia. Dopiero kiedy odwinął rękaw koszuli na lewej ręce i nadciął żyłki na przegubie dłoni, i pojawiły się małe czerwone krople krwi, doznałam wstrząsu, myślałam, że zemdleję. Opanowałam się jednak. Po chwili poprosił, żeby mu pomóc. Odsunęliśmy rękaw koszuli wyżej do przegubu przedramienia i znów nadciął żyły, ale krew nie szła. Zbladłam podobno, więc przerwał to i powiedział, jak zaśniesz – przetnę arterię na szyi – palcem pokazał, w którym miejscu, i wówczas krew spłynie szybko. Dał mi żyletkę na wypadek, żebym zrobiła to samo, jeśli przebudzę się...

Poczułam zawrót głowy i jakieś kołysanie, i szum w uszach, i nie mogłam siedzieć bez oparcia, jeszcze zawrót b. silny głowy, chciałam powiedzieć coś i usłyszałam jego głos – nie zasypiaj – nie zostawiaj mnie samego, nie odchodź, wymówił moje imię i znów nie zostawiaj mnie samego, ale nic już nie pamiętałam więcej i nie słyszałam.

Rano obudziłam się nieprzytomna, nie rozumiałam, co się ze mną dzieje, zobaczyłam, że jestem obsypana proszkiem białym, i znów opadłam na ziemię. Obudziłam się po raz drugi, może nawet po chwili i coś zaczęłam rozumieć. Szukałam Witkacego. Zobaczyłam, że leży blisko mnie, ale nie mogłam wstać, więc czołgając się, dotknęłam ręką jego czoła. Z trudem uniosłam głowę i znów opadłam. Nie wiem, jak długo to trwało. Kiedy znów otworzyłam oczy, widziałam już lepiej i rozumiałam wszystko. Na szyi miał małą rankę czerwoną wielkości wiśni. Pod głową miałam chyba podłożoną marynarkę jego, ale nie jestem pewna, co to było. Po wielu usiłowaniach udało mi się wstać na chwilę, bo upadłam i zobaczyłam rękę z dłonią odchyloną na zewnątrz, a obok niej na łańcuszku zegarek. Widocznie w ostatniej chwili próbował zobaczyć godzinę. Postanowiłam pochować go – rękami chciałam zrobić dół – pokaleczyłam palce, ziemia była twarda, mokra, zrozumiałam, że bez pomocy ludzi nie dam sobie razy. Przebłyski świadomości i jej zaniki utrudniały mi zrozumienie sytuacji, więc usiadłam i przyglądałam się, i widziałam, i odczuwałam tylko fragmenty „obrazu". Osunęłam się na niego i znów nic nie pamiętałam.

Zaczynało świecić słońce i opadła rosa. Uniosłam głowę i zobaczyłam idące postacie w naszym kierunku. Z trudem wstałam i chciałam ich zawołać, uszłam kilka kroków i upadłam, ale byli już blisko, o nic nie pytali – podali mi moją torbę, wzięli mnie pod ręce i obudziłam się na posłaniu w domu, gdzie zatrzymaliśmy się poprzedniego dnia. Wieczorem p. G[rabińska] siedziała przy mnie i nachylając się, powiedziała mi do ucha, że Staś jest już pochowany na cmentarzu – że ludzie zrobili mu trumnę. Zapytałam o laskę, czy znaleźli ją w lesie i że muszę ją mieć, ale laskę włożyli mu do trumny. Doznałam wielkiej ulgi na tę wiadomość, było to bowiem od dawna jego życzeniem. Następnego dnia pp. G[rabińscy] poszli ze mną na grób. Na krzyżu była tabliczka z drewna z wyżłobionymi datami urodzenia i śmierci i jakieś małe kwiatki. Właściwie nie zdawałam sobie jeszcze dokładnie sprawy z tego, co się stało – trumna, grób, na który się osunęłam, czemu mnie trzymają pod ręce. Dopiero następnego dnia poszłam sama na cmentarz, dzieci miejscowe doprowadziły mnie do grobu i czekały, by pomóc mi wrócić do domu. Jeszcze plątały mi się nogi – przystawałam i prosiłam o kwiatki na jutro. Leżałam 2 dni, ale już w innej izbie. Przychodziły do mnie kobiety – przyglądały się, kiwały głowami, ale nic nie mówiły. Przynosiły mleko, jajka, chleb,

Portret Czesławy Oknińskiej-Korzeniowskiej, ok. 1939, kolekcja prywatna

a nawet jedna z nich przysłała mi przez dziewczynkę małą poduszkę. To kowalowa zorganizowała tę pomoc, miła, serdeczna kobieta. Przyszedł i kowal. Uprosiłam go, żeby zrobił tabliczkę z miedzi i na niej wyrył imię i nazwisko Witkacego i potrzebne daty. [...] Przed wyjazdem poszłam jeszcze raz na cmentarz, żeby się pożegnać. Nie płakałam – nie mogłam, tylko z trudem odzywałam się do ludzi. Pani G[rabińska] powiedziała, że najgorzej jest ze mną w nocy. Nie śpię zupełnie, tylko wstrząsa mną jakiś głęboki, suchy szloch – jak to określiła, którego nie można słuchać. Ja tego nie pamiętam. Nie czułam nic, tylko puste miejsce przy sobie. Następnego dnia opuściliśmy Jeziory.[3]

Puste miejsce przy sobie będzie odczuwać do końca życia, przez długi czas bała się sama spać w nocy, jeździła do rodzinnego domu do Kobyłki.

Janina Klimczewska opowiadała:

Gdy wróciła z tej rajzy do Warszawy, powiedziała mi tylko tyle: Stasiek tak się bał bolszewików, najazdu od Wschodu, że poderżnął sobie gardło, ona natomiast przeżyła, bo zwymiotowała truciznę, popiła ją zimną, nieprzegotowaną wodą z brudnego kubka, organizm nie przyjmuje też zbyt dużej dawki, on tymczasem – dla pewności – dał jej również swoją, w sumie 40 tabletek luminalu. Ale była młoda, miała 37 lat (rocznik 1903), silna, pełna życia i energii. Nazywaliśmy ją w domu żywym srebrem, Stasiek – sprężynką; proroczo, jak się okazało.[4]

Po powstaniu warszawskim Czesława została wywieziona do Oświęcimia, Ravensbrück, Mauthausen i do obozu pod Lipskiem. W latach 1948–1957 pracowała w kancelarii sanatorium dziecięcego

Autoportret, lata 30.

na Bystrem w Zakopanem, ale Zakopane bez Witkacego sprawiało jej tylko ból i rozczarowanie. W 1958 roku wróciła do Warszawy, była sekretarką w PAX-ie.

„Żywe srebro"? Nic w niej nie zostało z tej chęci i radości życia, zmieniła się w znerwicowaną, dużo mówiącą kobietę, która żadnej myśli nie może dopowiedzieć do końca. Dziwaczka w zakopiańskim kożuchu przepasanym skórzanym paskiem, z torbą z cepelii, w berecie à la Witkacy. Na przegubach rąk nosi szerokie srebrne bransolety kryjące blizny.

W rocznicę śmierci Witkiewicza Czesława Oknińska zamawiała mszę w jego intencji, podpisując klepsydrę jako Witkacowa.

Zmarła 26 grudnia 1975 roku. Maria Dąbrowska, dla której Czesława jeszcze w czasie okupacji przepisywała i porządkowała teksty, dostrzegła w niej literacki pierwowzór Cechny Żarskiej, bohaterki opowiadania *Skórka od słoniny*: „Wyglądała, jakby życie dobrze się po niej przejechało. [...] Biedny mały meteor, odpryśnięty od jakiejś konstelacji. Szuka śmierci, nie mogąc znaleźć życia. Mnie żal tej nieszczęśliwej. Ona skrywa dramat, o którym nie wiemy"[5].

Portret Marii Zarotyńskiej, 1936, Muzeum Tatrzańskie w Zakopanem

AFERA Z FRYZJEREM

Od komedii do tragedii – tak mogłaby Nina myśleć o romansach męża. Albo na odwrót – od tragedii do komedii. Sprawy sercowe Stanisława Ignacego Witkiewicza nieraz przedstawiają się jak spektakle teatralne. Zresztą robienie z życia teatru to jego specjalność, uwielbia podkręcać i inscenizować nawet zwyczajne sytuacje, rozgrywać ludzi między sobą. Stąd choćby poznawanie ze sobą osób, które jego zdaniem zupełnie do siebie nie pasują, i obserwowanie ich reakcji. Czegoś takiego doświadczyła Nadzieja Drucka:

> Wyraźnie poczułam się materiałem do eksperymentu, gdy któregoś dnia umówił się ze mną w małej kawiarence i zaprosił jeszcze dwie niewiasty, które przyszły w kwadrans po mnie.
> „Chcę zobaczyć – powiedział mi przedtem – jak będziecie się zachowywać. Pani: rosyjska arystokratka, druga z pań: uczona, doktor filozofii, i trzecia: prostytutka". Witkacy milczał cały czas, obserwując nas. Dzięki wyrobieniu towarzyskiemu pani doktor i po części mojemu wyszłyśmy zwycięsko z tego dziwacznego i tylko jemu potrzebnego spotkania. Bawił się doskonale, obserwując nas.[1]

Albo sprowadza do znajomych nieznajomych, jak na słynną parapetówkę u doktora Jana Kochanowskiego, kiedy to Witkacy bez uprzedniego porozumienia się z Kochanowskim sprosił do jego mieszkania na ów wieczór jeszcze siedem czy osiem innych, nieznanych Jankowi osób. Przybywały one stopniowo, w odstępach czasu mniej więcej dziesięciominutowych, oświadczając, że zostały zaproszone przez Witkacego. Pierwsi tak niespodziewanie przybywający goście nie zdziwili zbytnio Kochanowskiego, który mając doskonale zaopatrzoną spiżarkę i „piwniczkę", starał się ich jak najlepiej ugościć. Lecz po czwartym czy piątym niespodziewanym przybyszu, gdy skonstatował, że chodzi tu o grubszy figiel, mina poczęła mu się wydłużać. [...]. W dodatku goście Witkacego mieli ogromny apetyt i nieliche pragnienie, więc spustoszenie w starannie skompletowanych zapasach spiżarnianych gospodarza przybrało rozmiary wręcz katastrofalne. Wszystko zostało najdokładniej zjedzone i wypite. Zamęt był przy tym ogromny, małe bowiem mieszkanko z trudem mogło pomieścić wszystkich przybyszów. Gdy wreszcie wyszli, wyglądało ono jak istne pobojowisko. Kochanowski dotrwał bohatersko do końca, lecz gdy na drugi czy trzeci dzień pozwolił sobie w rozmowie z Witkacym zauważyć, że nieco przesadził, Witkacy z miejsca się obraził.[2]

Z kolei do Zofii i Jana Chmielewskich przyprowadził obcego faceta z pytaniem, czy nieznajomy może u nich wziąć kąpiel, i oni się na to zgodzili.

Ale żeby uwodzić nieletnią narzeczoną zakopiańskiego fryzjera i jeszcze z perwersyjną uciechą i ciekawością podstawiać mu pod brzytwę własną szyję przy codziennym goleniu, żeby potem denerwować się i rozpisywać w listach do żony i przyjaciół, że golibroda chce się mścić i szuka go po całym Zakopanem, to już raczej przesada, choć dla plotkarzy niezła gratka.

AFERA Z FRYZJEREM

„W lecie roku 1936 przeżył Witkacy dziwaczną awanturę ze swoim «nadwornym fryzjerem zakopiańskim» na zabawnym tle erotycznym, której echa dotarły do Warszawy, obiegłszy zresztą całą Polskę zamiecią plotek i frywolnych komentarzy"[3] – wspominał Jerzy Eugeniusz Płomieński.

Czy Witkacy zastanawia się, że plotka o aferze z fryzjerem i miłości do manikiurzystki może trafić i do uszu zazdrosnej Czesi? Raczej nie. Jeszcze się zdziwi, że jest zazdrosna i zła z powodu jego kolejnej zdrady. Typowe. A już przecież w roku 1931, cierpiąc z powodu rozstania z Czesławą, zwierzał się Ninie: „Babami (piętrząc takowe jedną na drugą) zapychałem kompletną pustkę, która się teraz, przy pierwszej większej katastrofie, zdemaskowała"[4]. Przy takim trybie życia w otoczeniu metafizycznego haremu, przy oglądaniu się za coraz młodszymi kobietami, katastrofa wisi w powietrzu. Witkacy zwierzy się Corneliusowi: „Kłamstwo w sprawach erotycznych jest przekleństwem mojego życia i chciałbym się za wszelką cenę od niego uwolnić, ale nie mam nadziei, żeby mi się udało"[5].

Nina oczywiście jest wtajemniczona w – jak to Staś nazywa – „aferę z fryzjerem" czy też „aferę Pinno" (fryzjer nazywa się Adolf Pinno).

Nie angażuje się już jednak emocjonalnie w sprawy męża tak mocno jak kiedyś – ma własne „życie osobiste". Trudno, żeby do tego nie doszło po tylu latach korespondencyjnego małżeństwa, po tylu upokorzeniach i samotności urozmaicanej listami męża. W życiu Niny nie brak mężczyzn i adoratorów – jest Janusz Domaniewski, Jan Zygmunt Michałowski, były dyplomata, wreszcie – Franciszek Radziwiłł. Witkacy nazywa ich kolejno: Domenico albo Domcio, Munio i Keko. „Skąd ten Munio tak Ciebie kocha?"[6] – dziwi się w liście do żony.

Stanisław Ignacy Witkiewicz jest doskonale poinformowany o mężczyznach Niny, a nawet życzliwie doradza jej w rozgrywkach miłosnych. Za Radziwiłłem nie przepada, pewnie daje o sobie znać jego uraz na punkcie arystokracji. Pozwala sobie nawet na komentarze, że Keko to łajdak itp. „Obawiam się, że ten Duke of Kakow bokiem Ci wyjdzie albo się z Tobą ożeni i zostaniesz na starość Księżną. B. niebezpieczna historia. [...] Całuję Cię bardzo. Uważaj bardzo na tego Keko (w tej chwili *nakaślik* strzelił głucho). Czy nie lepiej było jednak trzymać się Domcia?"[7] W tym samym liście pojawia się informacja o kochance fryzjera: „Dziwka od Pinna wyjdzie, zdaje się, za młodego rzeźnika. Dobra psu i mucha"[8].

Można by odetchnąć, że to koniec afery z fryzjerem, ale jeszcze nie tym razem.

„Dziwka Pinna" już niedługo stanie się dla Witkacego po prostu ukochaną Marysią. Żart wcielony w życie przerodzi się w kolejną historię miłosną Stanisława Ignacego Witkiewicza i doprowadzi do tragicznego rozstania z Czesławą Oknińską.

* * *

Manikiurzystka Maria Zarotyńska jest ozdobą zakładu fryzjerskiego Adolfa Pinno przy ulicy Witkiewicza w Zakopanem. Siedemnastolatka o ślicznej twarzy, regularnych rysach, modnej fryzurze z przedziałkiem z boku, ułożonej w delikatne fale z mocniej podkręconymi końcówkami, oczach starannie obrysowanych kredką i wytuszowanych rzęsach. Nic ostentacyjnego, żadnej wulgarności.

Do absolutnego ideału brakuje jej tylko zgrabnych nóg. Za to ręce ma cudowne – szczupłe, o długich palcach, starannie wypielęgnowanych paznokciach, jak na manikiurzystkę przystało. Zachwyt Witkacego panną Marysią jest uzasadniony. Marysia zresztą do zachwytów przywykła – w Zakopanem na jej widok ludzie mówią: „O, idzie pani z obrazka"[9]. Ale komplementy i zachwyty nie bardzo ją cieszą, w każdym razie uroda nie starcza jej do radości życia – według siostry „była smutna i obsesyjnie myślała o śmierci"[10]. Ciekawy rys charakteru, który szczególnie może zainteresować Witkacego.

Posada u fryzjera jest całkiem dobra. Dziewczyna zyskuje w podstarzałym szefie opiekuna, a wkrótce narzeczonego. Odkąd w 1926 roku umarła jej matka, ojciec zaś powtórnie się ożenił, Maria i jej liczne rodzeństwo (ma cztery siostry i dwóch braci) muszą sami zarabiać na swoje utrzymanie. W rodzinnym domu też się nigdy nie przelewało – ojciec pracował na kolei, matka była ciężko chora na gruźlicę. Wszystkie dzieci Zarotyńskich również chorują na płuca (Maria umrze na gruźlicę w 1988 roku).

Do zakładu Pinno Witkacy przychodzi na golenie do samego szefa. Śledzi w lustrze odbicie dziewczyny.

Zagaduje pannę Marię poza zakładem, na mieście, choćby w barze u Bielatowicza – Jerzy Eugeniusz Płomieński wspominał, że Witkacy głośno opowiadał „anegdoty o trochę dziwacznych pointach, rakietami dowcipu prowokował wybuchy śmiechu przy dwóch sąsiednich stolikach, do których się kilkakrotnie przysiadał na chwilę. Przy jednym z nich siedział znany mi fryzjer – właściciel salonu fryzjerskiego przy ul. Witkiewicza-ojca [...] wraz ze swoją manicurzystką, młodą dziewczyną o dość krzywych nogach, z którą miał Witkiewicz później zabawne powikłania romansowe"[11]. Słowem, uwodzi Marię na oczach fryzjera.

Nie trzeba nawet zadawać sobie pytania, co Witkacego tak urzeka w Marii Zarotyńskiej – wiadomo: uroda i młodość. „Młodość – któż zdoła wyrazić urok tej istności, która tylko we wspomnieniu jest tak piękna, jak mogłaby być w aktualności swej, gdyby nie «Wesen szusammenhang», głupota" – pisał w *Nienasyceniu*[12].

Zarotyńska najwyraźniej nie jest jednak głupia – w liście z 3 listopada 1937 roku Witkacy zapewnia: „Widzę w Tobie mnóstwo niezwykłych wartości duchowych (oprócz tego, że mi się tak strasznie podobasz – właśnie musiałaś mieć taką urodę, która jest dla mnie ostatecznym wykładnikiem tego, co mnie się może w kobiecie podobać), które mogą być rozwinięte lub zabite przez życie i ludzi"[13].

Witkacy jest już po pięćdziesiątce, na dodatek dość schorowany, i zaczyna odczuwać brzemię czasu. „Problem starzenia się stoi również przede mną, a czy kobiety to zaakceptują? – zastanawia się w liście do Hansa Corneliusa. – Sądzę, że trzeba się rozejrzeć za tzw. dziewczynami «gerentofilkami»"[14].

„Afera z fryzjerem" zaczyna się latem 1936 roku. Akurat jest to kilkumiesięczna przerwa w stosunkach Witkacego z Czesławą Korzeniowską, bo Czesia po raz kolejny zerwała z artystą. Witkacy oczywiście cierpi z tego powodu, co mu jednak nic a nic nie przeszkadza w uwodzeniu ślicznej manikiurzystki. Oczywiście zarzeka się przed Niną, że wielkie uczucie już w jego życiu nie wchodzi w grę: „Moja Najdroższa, więc pamiętaj: Już się w nikim kochać nie mam zamiaru: dziwki, ew. kurwy, nie wiem, ale mam dość «miłości»"[15]; „Najdroższa Nineczko: «Miłość» (już chyba nie będzie) nie powinna Cię nic obchodzić, ponieważ to mnie nie zmienia w stosunku do Ciebie"[16]. „Problem kobiet zaczyna mnie niepokoić – pisze Witkacy. – Co robić? Znowu puścić się na erotomańskie kombinacje. Poradź mi coś racjonalnego"[17].

Trudno przypuszczać, żeby Nina Witkiewiczowa poradziła mężowi romans z manikiurzystką jako antidotum na jego kłopoty osobiste.

Fryzjer jednak nie jest ślepy i w końcu dochodzi do awantury. Według relacji Płomieńskiego: „Nastąpiła gwałtowna wymiana słów między «legalnym» przyjacielem młodej dziewczyny a jej «uwodzicielem» zakończona pogróżkami ze strony zazdrosnego fryzjera"[18].

Skutki swojego donżuaństwa i zazdrości fryzjera Witkacy odczuwa przez długie miesiące. Jeszcze w lutym następnego roku sytuacja nie jest bezpieczna, o czym donosi w liście do Hansa Corneliusa: „Do tego jeszcze w przerwie (latem) «uwiodłem» (albo prawie uwiodłem) siedemnastoletnią metresę pewnego starego fryzjera, ten gość dowiedział się o tym później i czyha na mnie w Zakopanem. Nie wiem, co z tego wyniknie, nie mówiąc już o tym, że głowa tak pełna genialnych pomysłów może zostać rozbita przez byle «podczłowieka». Trzeba cierpieć za swoje grzechy"[19].

Klimat robi się nieco apaszowski i Witkacy jest serio przestraszony, jak twierdzi, „nie uśmiecha mi się Zakopane z tym wściekłym fryzjerem na karku"[20]. Pytany o radę Płomieński proponuje artyście pojedynek z golibrodą.

Witkacy odpowiada ironicznie: „Miałem fatalne wiadomości z Z[akopanego], że fryzjer chce się mścić i szuka mnie wszędzie. Ładna historia. Kochany Jerzy: rady twoje co do fryzjera są świetne – żałuję, że Cię nie będzie w Z[akopanem], jak przyjadę, bobyś to zrobił za mnie (lubisz strzelać i bić), a ja bym sobie z boczku na to patrzył. Ani bić, ani strzelać, zdaje się, nie potrafię"[21].

Obawa obawą, ale emocje najważniejsze, więc drażni się po swojemu z fryzjerem, o czym wspominał Alfred Łaszowski, który przeprowadzał w tym czasie wywiad z Witkacym, zakończony właśnie wzmianką o wizycie w zakładzie przy ulicy Witkiewicza:

[Witkacy] skończył i niespokojnie spojrzał na zegarek.

– Przepraszam pana, ale muszę wyjść. Akurat mam zamówionego fryzjera. Od pewnego czasu przestałem się sam golić. Chodzę co dzień, by podstawić gardło pod nóż facetowi, któremu zabrałem narzeczoną. Gdyby wbił mi brzytwę w gardło trochę głębiej, toby mnie za pięć minut nie było. Rzecz jasna: on ma na to ochotę straszliwą, a ja obserwuję w lustrze, jak w nim ta chętka narasta, i doznaję przy tym satysfakcji jedynych w swoim rodzaju, najwyższych i nie dających się niczym zastąpić. Naturalnie boję się piekielnie. Ale w żaden sposób nie potrafię z tego zrezygnować, wobec czego regularnie tę próbę ponawiam. I jak dotąd jeszcze wychodzę z niej cało. Ale w miarę zacieśniania się mojego

związku z jego pieszczotką ruchy brzytwy stają się coraz bardziej dramatyczne. Ostrzegam, że lada chwila mogę paść z głęboko poderżniętą krtanią w atmosferze doskonałego upozorowania mechaniki nieszczęśliwego wypadku.
– Czy to także daje panu poczucie metafizycznej dziwności istnienia?
– Ależ naturalnie. Tak maksymalnie zdynamizowany kontakt dwóch kontrowersyjnie usposobionych Istnień Poszczególnych (IP) doprowadza życie do stanu intensywności absolutnej. I dlatego ja na ten seans oczywiście nie mogę się spóźnić![22]

Afera z zazdrosnym Adolfem Pinno ma z pewnością przykre konsekwencje dla Marii Zarotyńskiej. Trudno przypuszczać, żeby obyło się bez awantury z zazdrosnym opiekunem. Wiadomo, że ta odchodzi od swojego fryzjera i znowu wraca. Sytuacja zmienia się jak w kalejdoskopie. W połowie kwietnia 1937 roku Witkacy informuje Płomieńskiego: „W dodatku dziewczynka wróciła do niego. Więc przykrość duża, a frajda znikoma"[23]; w lipcu pisze do żony „Marysia Z[arotyńska] uciekła od Pinna i jest w Witkowie pod Bełzem? Gdzie to jest?"[24], a miesiąc później: „Przyjechała *dzifka* od Pinno, mam się z nią zobaczyć. On ma podobno inną byczą dziwkę"[25]. Co miesiąc nowa rewelacja z frontu z manikiurzystką, bo we wrześniu Nina dowiaduje się, że Zarotyńska znowu jest z fryzjerem. W międzyczasie miała wyjść za mąż za rzeźnika. „Do afery fryzjera dołączył się rzeźnik i groził mi kolec świński, teraz znowu brat tej panny okazał się bandytą (a ma pan, a ma pan?), jednym słowem lepiej z daleka"[26] – pisze w liście do przyjaciół Heleny i Franciszka Maciaków.

„Afera z fryzjerem" ma jednak ciąg dalszy i drugie dno – Witkacy nadal koresponduje z Marią, i wszystko wskazuje na to, że zakochuje się w młodej dziewczynie.

AFERA Z FRYZJEREM

W listopadzie 1937 roku pisze do niej:

Najdroższa Marysiu = nie mówię Ci nic „od niechcenia",
tylko używając banalnego wyrażenia „z głębi serca", dlatego,
że Ciebie kocham – może to nie jest jeszcze uczucie zupełnie takie, jak być powinno, ale obawiam się, że jeśli się na
Tobie nie zawiodę w istotny sposób, to może się ono takim
stać. [...] To nie jest zaślepienie „starszego pana" w stosunku
do młodej dziewczynki – jestem w Tobie zaślepiony, a jednocześnie to nie działa na mój sąd o Tobie – jestem na to
zbyt świadomy różnych rzeczy, których normalni ludzie nie
widzą. [...] Dla Ciebie powinienem być stopniem do czegoś
dalszego. Powinnaś wziąć ode mnie to, co Ci dać mogę, i nie
mieć żalu o to, czego Ci dać nie mogę z powodów niektórych
wewnętrznych, a niektórych zewnętrznych. Poznaliśmy się
w warunkach fatalnych i dla Ciebie, i dla mnie. Niechęć do
kompromisów i niemożność sprzeciwienia się moim przekonaniom utrudnia mi życie w sposób straszliwy. [...] Nie wiesz,
jaka jesteś nadzwyczajna, ale wszystko to może obrócić się
przeciw Tobie. Chciałbym Cię od tego uchronić, ale nie wiem,
czy w tych warunkach potrafię być dla Ciebie tym, czym być
chciałbym. Dla mnie masz daleko większą wartość niż Ci to
się wydawać może. Nie bądź samotna w Twoim cierpieniu,
bo zawsze jestem z Tobą.

Całuję Cię, moja kochana Marysiu, bardzo strasznie i bardzo serdecznie.
Twój Witkacy.[27]

Oczywiście rysuje jej portrety (było ich podobno około trzydziestu): „Ale ja przecie z Ciebie zrobię jeszcze coś «nadzwyczajnego» –
pisze do niej w październiku 1937 roku. – Dla mnie w Twojej twarzy
jest wielkie bogactwo możliwości – tylko dotąd nie bardzo mi się

udaje. Ale to winne zawsze były warunki nieodpowiednie"[28]. Namawia ją do zwierzeń, do traktowania go jako przyjaciela i pomaga w zorganizowaniu nowego życia. Jesienią 1937 roku przeprowadza Marysię do stolicy (kupuje dziewczynie bilet kolejowy) – skłania żonę do pożyczenia jej maszyny do pisania, bo dziewczyna chodzi na kurs stenotypii i maszynopisania i pracuje w hurtowni herbaty. Ale Witkacy ma wobec niej większe plany – razem z przyjaciółmi próbuje wkręcić piękną Marysię do filmu. Zdjęcia do portfolio robią jej Tadeusz Langier i Fryderyka Olesińska, która ma kontakty w środowisku kinematografii. Uroda Marii Zarotyńskiej wywołuje ochy i achy wśród znajomych Witkacego.

Witkacy wchodzi w rolę Pigmaliona. Motyw wtajemniczenia, wprowadzenia młodej dziewczyny do świata dorosłych pojawia się również w jego powieściach i dramatach.

Z marzeń o filmie nic jednak nie wychodzi, za to wychodzi na jaw pobyt Zarotyńskiej w Warszawie i zaangażowanie Witkacego w życie byłej manikiurzystki. Czy naiwnie sądził, że uda to się utrzymać w tajemnicy przed Czesławą? W marcu 1938 roku Korzeniowska odsyła Witkacemu 80 kilo podarunków, książek i portretów i zrywa z niewiernym kochankiem. Wiadomo, że Witkacy przeżywa to jak wielką życiową tragedię. A jednak 31 kwietnia 1938 roku pisze do Zarotyńskiej: „Mnie się zdaje, że ja Ciebie naprawdę kocham", i nawiązując do rozstania z Czesią, dodaje: „Teraz już nic nie istnieje jako przeszkoda między nami. Ale czy Tobie coś daje taka miłość «oszalałego starca» (nie wiesz jeszcze do czego jestem zdolny) jak ja"[29].

Jak podaje Stefan Okołowicz: „Według relacji siostry Marii, Stanisławy, listy Witkiewicza przychodziły niemal codziennie. Podobno Maria zniszczyła już po wojnie prawie całą korespondencję. Ostatni z zachowanych listów Witkacego nosi datę 5 maja 1938 roku, na tym wszelki znany nam ślad Marii Zarotyńskiej w życiu Witkiewicza się kończy. Nie znamy dalszej historii ich znajomości"[30].

AFERA Z FRYZJEREM

Wiadomo, że w sierpniu 1938 roku Czesława Oknińska zgodziła się wrócić do Witkacego i że on „nie popełniał już dalej erotycznych świństw i nikogo nie okłamywał".

Maria Zarotyńska nie wróciła do apaszowskiego światka, z którego wyciągnął ją Witkacy. Związała się z malarzem amatorem Jarosławem Dąbrowieckim, pisała wiersze. Po wojnie wróciła do Zakopanego. Prowadziła kiosk z gazetami na Krupówkach.

Większość jej portretów autorstwa Witkacego przepadła w czasie powstania warszawskiego. Ocalało pięć, które Maria wywiozła z Warszawy do Zakopanego w 1940 roku. Zachowały się zdjęcia robione przez Langiera i Olesińską, także dwa takie, na których głowa Marii wystaje ponad kartonami z jej portretami.

Zachowało się też piękne wspólne zdjęcie Marii Zarotyńskiej i Stanisława Ignacego Witkiewicza. Dojrzały mężczyzna i śliczna młoda dziewczyna, smukła dłoń manikiurzystki na jego ramieniu dotyka kołnierzyka koszuli.

„Twoje życie się zaczyna, moje zmierza ku końcowi – chodzi o to, żeby ten koniec nie był nonsensem"[31] – pisał do niej.

List Stanisława Ignacego Witkiewicza do żony
Jadwigi z Unrugów Witkiewiczowej z 12.08.1926

LISTY

Fakt, że „ta osoba" tytułuje się mianem „Witkacowej", jest dla wdowy po Stanisławie Ignacym Witkiewiczu szczególnie niesmaczny – chamski, żeby użyć właściwego określenia. Nawet tak wytworna osoba jak Nina Witkiewiczowa może czasem wyrazić się dosadnie. Chamstwo i już.

Nina nie może Czesławie wybaczyć ważniejszych spraw, przede wszystkim tego, że nie uratowała Stasia przed śmiercią, nie uchroniła, nie odwiodła go od tego fatalnego pomysłu, ostatecznego kroku. Po latach stwierdzi, że Korzeniowska była

> pośrednią przyczyną śmierci Stasia, że doprowadziła go ciągłymi awanturami i tym ostatnim zerwaniem do stanu zniechęcenia do życia i braku odporności, oraz dlatego, że dopuściła do samobójstwa. Nie wiem, czy chciała odegrać rolę Eunice, ale życie Stasia było więcej warte od życia Petroniusza. Gdybym ja była ze Stasiem, na pewno nie dopuściłabym do tego, co się stało – niestety nie byłam z nim, choć tak prosiłam i tłumaczyłam, żeby ze mną jechał albo żebym została w Warszawie.
>
> I tak zginął najwspanialszy człowiek w Polsce. Jako intelekt, wszechstronny talent i kopalnia wiedzy ze wszystkich dziedzin nauki, obdarzony przy tym niesłychanym urokiem, dowcipem, humorem, oryginalnością, a nawet wieloma

dziwactwami, które czasem drażniły i męczyły nawet bardzo – było to zjawisko wyjątkowe pod każdym względem.[1]

Wtedy we wrześniu 1939 roku nie chciał z żoną opuścić Warszawy. Świetnie zdawał sobie sprawę z grozy sytuacji, był przecież przeszkolonym żołnierzem, po wybuchu wielkiej wojny zrezygnował z dalszego udziału w ekspedycji badawczej Bronisława Malinowskiego, przedostał się z Australii do Rosji, służył w carskim pułku, miał za sobą ciężkie przeżycia podczas rewolucji, które na zawsze zaszczepiły w nim lęk przed bolszewizmem. W listach do żony z sierpnia 1939 roku Witkacy napomyka o zdenerwowaniu polityką, o wytrąceniu z równowagi sytuacją ogólną.

Nina wspominała, nawiązując jeszcze do samopoczucia męża po wielomiesięcznym rozstaniu z Czesławą:

> Wybuch wojny zastał go więc w fatalnym stanie. W pierwszych dniach poszedł do RKU zameldować się do wojska, ale odesłali go z kwitkiem. Całymi godzinami siedział nad wielką mapą, którą specjalnie kupił, i studiował przebieg działań, krytykując nasze posunięcia. Ponieważ GUS, w którym pracowałam, zaproponował mi wyjazd z Warszawy na prowincję, prosiłam Stasia, żeby ze mną wyjechał. Nie zgodził się na to, wobec czego ja postanowiłam nie jechać, ale moi przyjaciele z GUS-u twierdzili, że zrobię głupstwo, że Staś obecnie nie będzie zarabiał, wobec czego właśnie ja powinnam jechać, abyśmy mieli z czego żyć – Staś też zresztą mnie namawiał na wyjazd, że będzie o mnie spokojniejszy. Zaopatrzywszy go we wszystkie możliwe zapasy, wyjechałam w nocy z trzeciego na czwartego, odprowadzona przez Stasia do GUS-u. Tam czekając, aż się wszyscy zbiorą, telefonowałam do niego, prosząc, aby przyszedł mnie zabrać do domu, że nie mogę zostawić go samego, ale nie chciał.

Okazało się, że już szóstego Staś opuścił Warszawę w towarzystwie tej osoby, naszego przyjaciela Tadeusza Langiera oraz Stanisława i Niki Grabińskich (ona, Rosjanka, była żoną jednego z kolegów Stasia z Pawłowskiego Pułku, z którym Staś przyjaźnił się bardzo).[2]

Więcej go już nie zobaczyła.

Po powrocie do Warszawy Nina zastanie spalone mieszkanie, lata okupacji zejdą jej na tułaniu się po krewnych i znajomych.

Tułać będzie się również po wojnie – pomieszkiwać w podupadłej Kossakówce u kuzynki Magdaleny Samozwaniec, bo oboje wujostwo Kossakowie umarli w czasie wojny (wuj Wojciech w 1944 roku, ciotka Maria nie przeżyła go nawet o rok), w końcu po interwencjach krewnych i znajomych otrzyma pokój w Domu Literatów mieszczącym się w kamienicy przy Krupniczej 22 w Krakowie, ale tam męczyć ją będzie kołchozowy charakter mieszkania – tłok, kuchenne zapachy, hałas rąbania drewna i węgla na podwórzu, palenie w dymiącym piecu, brud i sadza, wrzaski dzieci, wspólna łazienka, prostaccy współlokatorzy.

Załamana sprawami bytowymi pisze listy z prośbą o ratunek do przyjaciół Marii i Stefana Flukowskich (on poeta i pisarz, zaraz po wojnie został pierwszym prezesem krakowskiego oddziału Związku Literatów Polskich). Żali się, że jest umęczona, w samobójczym nastroju, że żyje w piekle. Maria Flukowska zabiera Ninę do Warszawy do ich dwupokojowego mieszkania, gdzie przecież też robi się ciasno z dodatkowym gościem, załatwia jej pobyty w sanatoriach czy Domu Rencisty Nauczyciela. Żeby tylko odetchnęła, uspokoiła się, wypoczęła, doszła do jakiejś równowagi psychicznej. Wszystkie te niedogodności mieszkaniowe odbiją się na zdrowiu Jadwigi Witkiewiczowej, która cierpi na zdiagnozowaną ciężką psychonerwicę na tle sytuacyjnym. Żyje z nieregularnie przyznawanych zasiłków, skazana na pomoc przyjaciół, niepewna o jutro.

Jedyne pocieszenie w tym obłędzie to fakt, że Stanisław Ignacy Witkiewicz nie doczekał nowych czasów – tak się przecież bał powszechnego zbydlęcenia.

Dopiero na początku lat sześćdziesiątych Nina Witkiewiczowa dostała od premiera specjalną rentę z Ministerstwa Kultury i Sztuki oraz mieszkanie w Warszawie: kawalerkę w bloku przy ulicy Kruczej 46 (skrzyżowanie z Alejami Jerozolimskimi). Rzeźbiarz Xawery Dunikowski wstawił się za wdową po Stanisławie Ignacym Witkiewiczu u Józefa Cyrankiewicza. A że obaj panowie byli razem w Oświęcimiu i po wojnie utrzymywali kontakty, to premier chętnie i szybko zadziałał. Nina cieszy się z mieszkania – to nic, że małe, a kuchnia ślepa, grunt, że wreszcie odzyskała prywatność, że ma własny kąt, wróciła do stolicy i znowu mieszka w Śródmieściu, na Bracką ma dosłownie kilka kroków. Przykro jednak patrzeć na jej dawny dom, który popada w ruinę – nie odbudowano frontu spalonego podczas powstania warszawskiego, mieszkania podzielono, zagęszczono – nic nie zostało z dawnej świetności.

W nowym mieszkaniu Nina ze spokojem może oddawać się codziennym rytuałom przeglądania rękopisów zmarłego męża. Do tej pory z miejsca na miejsce przenosiła cenne ocalałe pakiety jego dzieł.

We wspomnieniach pisała:

> W pierwszych dniach września 1939 roku wyniosłam z mego mieszkania na piątym piętrze cenniejsze rzeczy i poprosiłam Stasia, żeby dał też swoje rękopisy do parterowego mieszkania naszego przyjaciela krawca, p. Błońskiego. Staś nie chciał tego zrobić, nawet – gdy prosiłam go o pomoc w zdjęciu moich portretów oprawionych – prosił, abym ich nie wynosiła, bo go to „peszy". Nie pytając go już więc o pozwolenie, wyniosłam wszystkie dramaty – kilkanaście w dwóch egzemplarzach – rękopisy dwóch powieści i sporo prac filozoficznych.

Wszystko to ocalało w mieszkaniu zacnych pp. Błońskich. Po powrocie z kilkumiesięcznej wędrówki zastałam mieszkanie moje wypalone – ocalały jedynie rzeczy złożone u pp. Błońskich. Pokazywali mi oni pocztówkę poleconą wysłaną przez Stasia z wędrówki, polecającą ich opiece walizy z rękopisami stojące w jego pokoju. Kartka ta nadeszła po ukończeniu działań wojennych, kiedy z rękopisów już nie było śladu – pozostały tylko mosiężne okucia od dużego kufra. Wszystko, co ocalało, przewoziłam z miejsca na miejsce, zmieniając często mieszkanie, aż wreszcie osiadłam – jak mi się zdawało na dłużej – w mieszkaniu mojej dawnej znajomej na Grójeckiej 40 w 1942 roku. Tam posegregowałam rękopisy, zapakowałam w pergamin i gruby papier i wyniosłam je do piwnicy, gdy zaczęły się bombardowania w maju 1944 roku. Sporządziłam też spis dokładny rękopisów na maszynie w kilku egzemplarzach. Rozdałam te egzemplarze moim przyjaciołom: Ninie Łempickiej, ks. prof. Salamusze, prof. Tatarkiewiczowi, no i sobie zostawiłam. Tak się nieszczęśliwie złożyło, że i te spisy nawet przepadły – ks. Salamucha zginął, mieszkania Tatarkiewicza i Łempickiej spalone.[3]

Nina sprowadza z Zakopanego prace męża, pamiątki po nim, kilka mebli, starannie porządkuje to, co się przechowało po piwnicach.

Na tabliczce na jej grobie na Pęksowym Brzyzku w Zakopanem, gdzie zostanie pochowana, jest napis:

> Jadwiga Maria Witkiewiczowa
> z domu Unrug wdowa po Witkacym
> Ona ocaliła spuściznę literacką St. Witkiewicza z pożogi wojennej
> Chwała Jej za to!

Wśród rękopisów jest wielka korespondencja Witkacego do Niny. Do naszych czasów zachowało się 1278 listów, kart i telegramów do żony. Nina pieczołowicie przechowuje listy męża, ciągle do nich wraca, czyta je codziennie. Taka jest samotna, schorowana, ale trzyma fason wielkiej damy, dba o resztki urody i elegancji. Owija szyję wyliniałym futerkiem, zapala kolejnego papierosa (no, nie usłuchała męża i nadal pali mimo duszącej astmy i chorego serca) i otwiera kuferek z listami. To jej najmilsza lektura, godziny ze Stasiem. „List jest cząstką życia – podaje Stefania Skwarczyńska w rozprawie *Teoria listu*. – Powstaje na płaszczyźnie życia, w bezpośrednim z nim związku. Tym się różni od większości innych rodzajów literackich, które powstają w świecie duchowego odosobnienia, jakoby z dala od «gwaru» bezpośredniej rzeczywistości"[4]. A dla Niny listy męża to nawet nie cząstki życia, tylko spoiwo ich małżeństwa. Przez szesnaście lat ich dialog toczył się głównie w listach.

Tak ładnie się do niej zwracał: Najdroższa Nineczko, Ukochana Nini, Ninotschko, Ninusieczko, Nintusiu, Ninuchno moja dziecino, Wasza Cesarska Mość, Wasza Wyrozumiałość. Puszczał wodze fantazji w kwestii słownych czułości.

Ach Ty okrutna świntuko – robił jej wymówki w grudniu 1927 roku – żeby nic tyle czasu nie napisać, a ja Cię tak kocham Ty cholerko obrzydbuliwko. Czy nareszcie zrozumiesz wartość (autojebliwą) prawdziwej miłości, ty cholerko, NP. [...]
Nie myśl, że ja żartuję. Płaczę i aż prawie wyję. Coś okropnego się ze mną dzieje. Nie wiem, czy wybrnę z tego. Zaćmił mi się umysł, zgasły wszystkie światła we łbie i tylko śmierć jako jedyne rozwiązanie. Nie myśl, że już zwariowałem, ale jestem tego bliski.
Zginiemy marnie oboje bez siebie.

Lepsze jest jednak dla Ciebie życie ze mną, mimo wszystko, niż rozstanie. Posyłam Ci to na dowód, co się ze mną dzieje. Czemu nie piszesz.[5]

Była wtedy na niego zła o romans z Lilką Pawlikowską. Dawne dzieje. Mąż byłby niezadowolony, wiedząc, że przechowała te różne intymności, nie usłuchała go, kiedy prosił, żeby niszczyła jego listy: „A – jeśli tak, to nie mogę o tym pisać, ponieważ nie chcesz spalić moich listów. A jeśli komu po śmierci mojej do rąk wpadną, będę skompromitowany (i ty także), że o takich rzeczach musiałem pisać do żony"[6].

Jeszcze w jednym Nina musi mu się sprzeniewierzyć i spisać wspomnienia. Bliscy ludzie piszą o Witkacym tyle bzdur, że trudno jej to znieść, wiele rzeczy wymaga sprostowania, dopowiedzenia. „Można powiedzieć, że Staś nie miał szczęścia do tzw. przyjaciół, naturalnie z wyjątkami – Pan, Leszczyński, kochany Langier – a reszta do d..y. Nie?!"[7] – narzeka Nina w liście do doktora Teodora Biruli--Białynickiego.

Zabrała się do spisywania wspomnień w 1953 roku, ale nigdy nie udało jej się ich ukończyć w takim zakresie, jaki sobie założyła. Zdrowie, nerwy, brak spokoju i własnych czterech kątów stawały na przeszkodzie. Uprzedzała przyszłego czytelnika:

> W moich wspomnieniach będą na pewno znaczne luki, bo niestety pamięć zawodzi, szczególnie po tylu, i tak ciężkich latach. Jest jeszcze jedna trudność: Mąż mój był zaciętym wrogiem à propos wszelkiego ekshibicjonizmu, dlatego też z pewną niechęcią zdecydowałam się pisać o Nim. Przypominam sobie doskonale, jak przykre wrażenie wywarły na Nim wspomnienia pani M. Kasprowiczowej o jej mężu. Przeczytał zaledwie kilkanaście stron i przejrzał trochę – nie mógł ich

Portret Jadwigi Witkiewiczowej, 1925, Książnica Pomorska

strawić, pokazywał mi niektóre ustępy natury dość osobistej i dokuczał mi potem nieraz na temat, czy ja będę kiedyś „Panią Marusią". Obiecałam Mu solennie, że na pewno nie będę – stało się jednak inaczej, bo wbrew moim przewidywaniom to ja jego przeżyłam i muszę spełnić swój obowiązek.[8]

Już dopatrywanie się wątków biograficznych w powieści czy dramacie Witkacy uważał za nadużycie, a co dopiero wspomnienia i listy! Do głowy by mu nie przyszło, że listy, które pisał do Niny, zostaną kiedyś opublikowane, że ona sama postanowi dać świadectwo o nim i ich wspólnym życiu.

„Babranie się w autorze à propos jego utworu jest niedyskretne, niestosowne, niedżentelmeńskie. Niestety każdy może być narażony na tego rodzaju świństwa"[9] – twierdził.

Wśród ocalonych dzieł Witkacego Nina ma ten piękny, wielki, rysowany pastelami portret w typie A, wylizany, dbały o szczegóły, z czerwca 1925 roku. Nina siedzi w fotelu niczym królowa na tle egzotycznego pejzażu, bujnej roślinności i owoców. Poważna i skupiona, patrzy prosto na widza. Ścięła już swoje długie, bujne włosy – na obrazie ma fryzurę przyciętą do ucha. Dopiero w czasie okupacji znowu zapuści włosy i zacznie upinać je w kok – tak jest praktyczniej, można rzadziej chodzić do fryzjera.

Jak starannie Witkacy oddał detale stroju żony, nawet skromną broszkę przy dekolcie, prosty pierścionek na serdecznym palcu lewej dłoni, chociaż w Regulaminie Firmy Portretowej zakładał: „W ogóle firma nie zwraca wielkiej uwagi na wykonanie ubrania i akcesoriów", i same dłonie. Niechętnie malował ręce – klientom kazał za nie dodatkowo płacić, każda ręka podnosiła cenę portretu o jedną trzecią. No ale tutaj malował swoją Cesarzową Zjednoczonej Witkacji – piękną, dumną, pełną godności. Oziębłą. Cóż, mogła być bardziej przystępna w relacjach z mężem. Żale i gdybanie przyszły dla obojga za późno.

Jadwiga i Stanisław Ignacy Witkiewiczowie, lata 30.

LISTY

Niedobrze się między nimi wtedy układało, Nina mieszkała już w Warszawie. Przed wizytą żony w Zakopanem Stanisław Ignacy Witkiewicz pisał do niej 4 czerwca 1925 roku:

> N.N.: List z zapowiedzią przyjazdu otrzymałem i oczekuję Cię pełen najlepszych chęci, których dowody rozsiałem po całej drodze naszego 2-letniego eksperymentu. Co do formułek na przyszłość, nie należy przesądzać z góry ich bezwartościowości. Pierwsza zasada była aprioryczna i okazała się niemożliwa do zastosowania. Druga jest indukcyjna i ma więcej prawdopodobieństwa przystosowania się do faktów. A zresztą oczywiście życie robi niespodzianki, których przewidzieć nie można. Nie traćmy więc nadziei, a razem czy też każde z nas na swój sposób wybrniemy z tego ciężkiego równania o dowolnej liczbie niewiadomych.[10]

Jakkolwiek było, usłuchała go, uległa, nie wystąpiła o rozwód. „Ty jednak jesteś jedyna i na to nie ma rady – twierdzi Witkacy w liście do Niny z lutego 1929 roku. – Wszystkie baby możliwe są niczym wobec Ciebie, ale to moja szkoła, bo byłaś nieznośna. Obcy muszą to wiedzieć"[11].

Może z innym mężczyzną byłaby szczęśliwsza, ale komu to oceniać po latach, kiedy zostały tylko wspomnienia, fotografie i listy, kiedy świat spsiał zupełnie, co Witkacy tak celnie przewidział. Nina kładzie na stole list za listem, pod szkłem powiększającym migają słowa męża: Twój ukochany Stasio, Twój biedny Witkacy, Twój Witkaś, Twój Witkacjusz, Twój Chevalierde St. Vitecasse, Twój Wypinaszek, Twój Petang-Tse, Twój Cycek.

BIBLIOGRAFIA

Błoński Jan, *Witkacy na zawsze*, Wydawnictwo Literackie, Kraków 2003.
Dąbrowska Maria, *A teraz wypijmy*, Czytelnik, Warszawa 1981.
Degler Janusz, *Witkacego portret wielokrotny*, Państwowy Instytut Wydawniczy, Warszawa 2009.
Drucka Nadzieja, *Trzy czwarte... Wspomnienia*, Państwowy Instytut Wydawniczy, Warszawa 1977.
Duninówna Helena, *Ci, których znałam*, Czytelnik, Warszawa 1957.
Estreicher Karol, *Leon Chwistek. Biografia artysty*, Polskie Wydawnictwo Muzyczne, Kraków 1971.
Franczak Ewa, Okołowicz Stefan, *Przeciw nicości. Fotografie Stanisława Ignacego Witkiewicza*, Wydawnictwo Literackie, Kraków 1986.
Gałuszkowa-Sicińska Edyta, *Wspominki o Witkacym*, „Głos Plastyków" 1947 (grudzień).
Gombrowicz Witold, *Wspomnienia polskie. Wędrówki po Argentynie*, Instytut Literacki, Paryż 1982.
Iwanczewska Łucja, *Gdyby istniała...*, „Trybuna" 2008, nr 63, za: bit.ly/3mKu6so (dostęp: 17.06.2016).
Iwański August junior, *Wspomnienia 1881–1939*, oprac. Wacław Zawadzki, Państwowy Instytut Wydawniczy, Warszawa 1968.
Iwaszkiewicz Anna, *Dzienniki i wspomnienia*, Czytelnik, Warszawa 2012.
Iwaszkiewicz Jarosław, *Kraków*, „Życie Warszawy" 1975, nr 297.
Iwaszkiewicz Jarosław, *Książka moich wspomnień*, Wydawnictwo Marginesy, Warszawa 2022.

Iwaszkiewicz Jarosław, *Podróże do Polski*, Państwowy Instytut Wydawniczy, Warszawa 1977.
Jakubowa Natalia, *...że jednak nikomu nie pozwolę zapanować nad sobą*, „Didaskalia" 2002, nr 47.
Jakubowa Natalia, *O Witkacym*, Instytut Badań Literackich, Warszawa 2010.
Jasiński Roman, *Zmierzch starego świata. Wspomnienia 1900–1945*, Wydawnictwo Literackie, Kraków 2006.
Jasnorzewska Maria z Kossaków, *Listy do przyjaciół i korespondencja z mężem (1928–1945)*, Wydawnictwo Kossakiana, Kraków 1998.
Jurgała-Jureczka Joanna, *Kobiety Kossaków*, Dom Wydawniczy PWN, Warszawa 2015.
K.B., *Otwarcie letniej wystawy „Sztuki Podhalańskiej"*, „Głos Zakopiański" z 11 lipca 1925, nr 28.
Kisiel [Stefan Kisielewski], *Rzeczy małe*, PAX, Warszawa 1956.
Korespondencja Heleny Modrzejewskiej i Karola Chłapowskiego, Państwowy Instytut Wydawniczy, t. I: 1859–1880, Warszawa 1965.
Kossak Wojciech, *Listy do żony i przyjaciół (1883–1942)*, t. II: lata 1908–1942, Wydawnictwo Literackie, Kraków–Wrocław 1985.
Krzywicka Irena, *Wyznania gorszycielki*, Czytelnik, Warszawa 1995.
Kuchtówna Lidia, *Irena Solska*, Państwowy Instytut Wydawniczy, Warszawa 1980.
Listy Ireny Solskiej, wybór i oprac. Lidia Kuchtówna, Państwowy Instytut Wydawniczy, Warszawa 1984.
Listy St.I. Witkiewicza do Hansa Corneliusa, przeł. Helena Opoczyńska, „Twórczość" 1979, nr 11.
Listy Stanisława Ignacego Witkiewicza do Heleny Czerwijowskiej, oprac. Bożena Danek-Wojnowska, „Twórczość" 1971, nr 9.
Łaszowski Alfred, *Wspomnienie o St. Ignacym Witkiewiczu*, „Życie i Myśl" 1968, nr 3.
Łozińska Hempel Maria z Łozińskich, *Z łańcucha wspomnień*, Wydawnictwo Literackie, Kraków 1986.

Malczewski Rafał, *Od cepra do wariata*, Wydawnictwo LTW, Łomianki 2006.
Malczewski Rafał, *Pępek świata*, Czytelnik, Warszawa 1960.
Malinowski Bronisław, *Dziennik w ścisłym znaczeniu tego wyrazu*, Wydawnictwo Literackie, Kraków 2002.
Micińska Anna, *Wędrówki bez powrotu*, Towarzystwo „Więź", Warszawa 2008.
Micińska Anna, *Witkacy. Życie i twórczość*, Wydawnictwo Interpress, Warszawa 1990.
Minkiewicz Antoni, *Polscy Unrugowie*, Londyn 1983.
Oknińska Czesława, *Ostatnie 13 dni życia Stanisława Ignacego Witkiewicza*, „Kierunki" 1976, nr 13.
Pałam chęcią rysowania Jej Asymetrii. Kolekcja portretów Asymetrycznej Damy Stanisława Ignacego Witkiewicza oraz Asymetria/Sen, płyta CD zawierająca muzykę inspirowaną portretami Asymetrycznej Damy, także listy Witkacego do Eugenii Wyszomirskiej-Kuźnickiej, fragmenty jego dramatów i pism publicystycznych oraz jej wspomnienia z nim związane w interpretacji Natalii Kruszyny, oprac. Natalia Kruszyna, Katowice 2003.
Pinkwart Maciej, *Wariat z Krupówek*, Wagant, Nowy Targ 2015.
Polskie pisarstwo kobiet w wieku XX: procesy i gatunki, sytuacje i tematy, red. Ewa Kraskowska i Bogumiła Kaniewska, Wydawnictwo Naukowe UAM, Poznań 2015.
Poza rzeczywistością. Stanisława Ignacego Witkiewicza wiersze i rysunki, wybrały i do druku podały Anna Micińska i Urszula Kenar, Wydawnictwo Literackie, Kraków 1977
Rytard Jerzy Mieczysław, *Wspomnienia o Karolu Szymanowskim*, Polskie Wydawnictwo Muzyczne, Kraków 1982.
Samozwaniec Magdalena, *Zalotnica niebieska*, Czytelnik, Warszawa 1995.
Siedlecka Joanna, *Mahatma Witkac*, Prószyński i S-ka, Warszawa 2005.
Skwarczyńska Stefania, *Teoria listu*, Wydawnictwo Uniwersytetu w Białymstoku, Białystok 2006.

Słonimski Antoni, *Alfabet wspomnień*, Państwowy Instytut Wydawniczy, Warszawa 1989.
Solska Irena, *Pamiętnik*, wstęp i oprac. Lidia Kuchtówna, Wydawnictwa Artystyczne i Filmowe, Warszawa 1978.
Stanisław Ignacy Witkiewicz. Człowiek i twórca, księga pamiątkowa pod red. Tadeusza Kotarbińskiego i Jerzego Eugeniusza Płomieńskiego, Państwowy Instytut Wydawniczy, Warszawa 1957.
Szymanowski Karol, *Korespondencja, tom 1: 1903–1919*, zebrała i oprac. Teresa Chylińska, Polskie Wydawnictwo Muzyczne, Kraków 1982.
Śliwińska Monika, *Muzy Młodej Polski. Życie i świat Marii, Zofii i Elizy Pareńskich*, Iskry, Warszawa 2014.
„Świat", R. 7, z. 29.10.1912.
Terlecki Tymon, *Pani Helena. Opowieść biograficzna o Modrzejewskiej*, Wydawnictwo Literackie, Kraków 1991.
„Wieś Ilustrowana" R. 4, nr 4 (kwiecień 1913).
Winklowa Barbara, *Boyowie. Zofia i Tadeusz Żeleńscy*, Wydawnictwo Literackie, Kraków 2001.
Witkacy. Materiały sesji poświęconej Stanisławowi Ignacemu Witkiewiczowi w 60. rocznicę śmierci, pod red. Anny Żakiewicz, Muzeum Pomorza Środkowego, Słupsk 2000.
Witkacy: bliski czy daleki? Materiały z międzynarodowej konferencji z okazji 70. rocznicy śmierci Stanisława Ignacego Witkiewicza, pod red. Janusza Deglera, Muzeum Pomorza Środkowego, Słupsk 2013.
Witkiewicz Stanisław, *Listy do syna*, oprac. Bożena Danek-Wojnowska, Anna Micińska, Państwowy Instytut Wydawniczy, Warszawa 1969.
Witkiewicz Stanisław Ignacy, *622 upadki Bunga, czyli Demoniczna kobieta*, oprac. Anna Micińska, Państwowy Instytut Wydawniczy, Warszawa 1992.
Witkiewicz Stanisław Ignacy, *622 upadki Bunga, czyli Demoniczna kobieta*, Państwowy Instytut Wydawniczy, Warszawa 2013.
Witkiewicz Stanisław Ignacy, *Bez kompromisu*, Państwowy Instytut Wydawniczy, Warszawa 1976.

BIBLIOGRAFIA

Witkiewicz Stanisław Ignacy, *Janulka córka Fizdejki*, w: tegoż, *Dzieła wybrane*, t. v, *Dramaty*, cz. 2, Państwowy Instytut Wydawniczy, Warszawa 1985.
Witkiewicz Stanisław Ignacy, *Listy I*, Państwowy Instytut Wydawniczy, Warszawa 2013.
Witkiewicz Stanisław Ignacy, *Listy II (wol. 1)*, Państwowy Instytut Wydawniczy, Warszawa 2014.
Witkiewicz Stanisław Ignacy, *Listy II (wol. 1)*, Państwowy Instytut Wydawniczy, Warszawa 2014.
Witkiewicz Stanisław Ignacy, *Listy do Bronisława Malinowskiego*, przygotował do druku Tomasz Jodełka-Burzecki, Państwowy Instytut Wydawniczy, Warszawa 1981.
Witkiewicz Stanisław Ignacy, *Listy do Jerzego Eugeniusza Płomieńskiego*, oprac. Janusz Degler, „Pamiętnik Literacki" 1985, z. 4.
Witkiewicz Stanisław Ignacy, *Listy do żony (1923–1927)*, Państwowy Instytut Wydawniczy, Warszawa 2005.
Witkiewicz Stanisław Ignacy, *Listy do żony (1928–1931)*, Państwowy Instytut Wydawniczy, Warszawa 2007.
Witkiewicz Stanisław Ignacy, *Listy do żony (1932–1935)*, Państwowy Instytut Wydawniczy, Warszawa 2010.
Witkiewicz Stanisław Ignacy, *Listy do żony (1936–1939)*, Państwowy Instytut Wydawniczy, Warszawa 2012.
Witkiewicz Stanisław Ignacy, *Listy i notatki z podróży do tropików*, w: tegoż, *Listy I*, Państwowy Instytut Wydawniczy, Warszawa 2013.
Witkiewicz Stanisław Ignacy, *Maciej Korbowa i Bellatrix*, w: tegoż, *Dzieła wybrane*, t. IV, *Dramaty*, cz. 1, Państwowy Instytut Wydawniczy, Warszawa 1985.
Witkiewicz Stanisław Ignacy, *Matka*, w: tegoż, *Dzieła wybrane*, t. v, *Dramaty*, cz. 2, Państwowy Instytut Wydawniczy, Warszawa 1985.
Witkiewicz Stanisław Ignacy, *Narkotyki. Niemyte dusze*, Państwowy Instytut Wydawniczy, Warszawa 1975.

Witkiewicz Stanisław Ignacy, *Nienasycenie*, w: tegoż, *Dzieła wybrane*, t. III, Państwowy Instytut Wydawniczy, Warszawa 1985.
Witkiewicz Stanisław Ignacy, *Niepodległość trójkątów*, w: tegoż, *Dzieła wybrane*, t. IV, *Dramaty*, cz. 1, Państwowy Instytut Wydawniczy, Warszawa 1985.
Witkiewicz Stanisław Ignacy, *Nieznane fragmenty Macieja Korbowy i Bellatrix*, Polska Akademia Nauk. Instytut Sztuki, Warszawa 1986.
Witkiewicz Stanisław Ignacy, *Nowe wyzwolenie*, w: tegoż, *Dzieła wybrane*, t. IV, *Dramaty*, cz. 1, Państwowy Instytut Wydawniczy, Warszawa 1985.
Witkiewicz Stanisław Ignacy, ONI, w: tegoż, *Dzieła wybrane*, t. IV, *Dramaty*, cz. 1, Państwowy Instytut Wydawniczy, Warszawa 1985.
Witkiewicz Stanisław Ignacy, *Pożegnanie jesieni*, oprac. Anna Micińska, w: tegoż, *Dzieła zebrane*, pod red. Janusza Deglera, t. II, Warszawa 1992.
Witkiewicz Stanisław Ignacy, *Pożegnanie jesieni*, Wydawnictwo Zielona Sowa, Kraków 2010.
Witkiewicz Stanisław Ignacy, *Straszliwy wychowawca*, w: tegoż, *Dzieła wybrane*, t. V, *Dramaty*, cz. 2, Państwowy Instytut Wydawniczy, Warszawa 1985.
Witkiewicz Stanisław Ignacy, *Szewcy*, w: tegoż, *Dzieła wybrane*, t. V, *Dramaty*, cz. 2, Państwowy Instytut Wydawniczy, Warszawa 1985.
Witkiewicz Stanisław Ignacy, *Szewcy*, w: tegoż, *Szewcy. W małym dworku*, Wydawnictwo Książkowe „Twój Styl", Warszawa 1996.
Witkiewicz Stanisław Ignacy, *Tumor Mózgowicz*, w: tegoż, *Dzieła wybrane*, t. IV, *Dramaty*, cz. 1, Państwowy Instytut Wydawniczy, Warszawa 1985.
Witkiewicz Stanisław Ignacy, *W małym dworku*, w: tegoż, *Szewcy. W małym dworku*, Wydawnictwo Książkowe „Twój Styl", Warszawa 1996.
Witkiewicz Stanisław Ignacy, *Wariat i zakonnica*, w: tegoż, *Dzieła wybrane*, t. V, *Dramaty*, cz. 2, Państwowy Instytut Wydawniczy, Warszawa 1985.

BIBLIOGRAFIA

Worcell Henryk, *Wpisani w Giewont*, Zakład Narodowy im. Ossolińskich, Wrocław 1974.
Wyczółkowski Leon, *Listy i wspomnienia*, Zakład Narodowy im. Ossolińskich, Wrocław 1960.
Wyka Kazimierz, *Relacja z rozmowy z K.L. Konińskim o Stanisławie Ignacym Witkiewiczu*, wstęp i red. Bronisław Mamoń, „NaGłos" 1994, nr 14 (39).

PRZYPISY

Bracka 23

1   Stanisław Ignacy Witkiewicz, *Listy do żony (1932–1935)*, Państwowy Instytut Wydawniczy, Warszawa 2010, s. 114.

2   Jadwiga Witkiewiczowa, *Wspomnienia o Stanisławie Ignacym Witkiewiczu*, w: Stanisław Ignacy Witkiewicz, *Listy do żony (1936–1939)*, Państwowy Instytut Wydawniczy, Warszawa 2012, s. 576–577.

3   Stanisław Ignacy Witkiewicz, *Wariat i zakonnica*, w: tegoż, *Dzieła wybrane*, t. v, *Dramaty*, cz. 2, Państwowy Instytut Wydawniczy, Warszawa 1985, s. 259.

Asymetryczna Dama

1   Stanisław Ignacy Witkiewicz, *Listy do żony (1936–1939)*, dz. cyt., s. 194.

2   Jadwiga Witkiewiczowa, *Wspomnienia o Stanisławie Ignacym Witkiewiczu*, dz. cyt., s. 580.

3   Stanisław Ignacy Witkiewicz, *Listy do żony (1923–1927)*, Państwowy Instytut Wydawniczy, Warszawa 2005, s. 42.

4   Stanisław Ignacy Witkiewicz, *622 upadki Bunga, czyli Demoniczna kobieta*, oprac. Anna Micińska, Państwowy Instytut Wydawniczy, Warszawa 1992, s. 82.

5   Anna Micińska, *Z dna szuflady*, w: tejże, *Wędrówki bez powrotu*, Towarzystwo „Więź", Warszawa 2008, s. 203.

6   Stanisław Ignacy Witkiewicz, *Listy do żony (1932–1935)*, dz. cyt., s. 180.

PRZYPISY

7   Stanisław Ignacy Witkiewicz, *Listy do żony (1923–1927)*, dz. cyt., s. 214.
8   Stanisław Ignacy Witkiewicz, *Maciej Korbowa i Bellatrix*, w: tegoż, *Dzieła wybrane*, t. IV, *Dramaty*, cz. 1, Państwowy Instytut Wydawniczy, Warszawa 1985, s. 143.
9   M. Podolska, *Dama z portretu Witkacego*, s. 10; cyt. za: Stanisław Ignacy Witkiewicz, *Listy II (wol. 1)*, Państwowy Instytut Wydawniczy, Warszawa 2014, s. 868.
10 *Pałam chęcią rysowania Jej Asymetrii. Kolekcja portretów Asymetrycznej Damy Stanisława Ignacego Witkiewicza oraz Asymetria/Sen, płyta CD zawierająca muzykę inspirowaną portretami Asymetrycznej Damy, a także listy Witkacego do Eugenii Wyszomirskiej-Kuźnickiej, fragmenty jego dramatów i pism publicystycznych oraz jej wspomnienia z nim związane w interpretacji Natalii Kruszyny*, oprac. Natalia Kruszyna, Katowice 2003, s. 52.
11 Stanisław Ignacy Witkiewicz, *Nowe wyzwolenie*, w: tegoż, *Dzieła wybrane*, t. IV, *Dramaty*, cz. 1, dz. cyt., s. 349.
12 Stanisław Ignacy Witkiewicz, *Listy II (wol. 1)*, dz. cyt., s. 877.
13 Tamże, s. 891.
14 Tamże, s. 893.
15 Cyt. za Maria Krysiak, *Asymetryczna Dama*, w: *Witkacy. Materiały sesji poświęconej Stanisławowi Ignacemu Witkiewiczowi w 60. rocznicę śmierci*, pod red. Anny Żakiewicz, Muzeum Pomorza Środkowego, Słupsk 2000, s. 173.
16 *Pałam chęcią rysowania Jej Asymetrii...*, dz. cyt., s. 60.
17 Stanisław Ignacy Witkiewicz, *Listy I*, Państwowy Instytut Wydawniczy, Warszawa 2013, s. 305–307.

Smycz

1   Jadwiga Witkiewiczowa, *Wspomnienia o Stanisławie Ignacym Witkiewiczu*, dz. cyt., s. 563–564.
2   Stanisław Ignacy Witkiewicz, *Nienasycenie*, w: tegoż, *Dzieła wybrane*, t. III, Państwowy Instytut Wydawniczy, Warszawa, s. 128.

3   Stanisław Ignacy Witkiewicz, *Listy do żony (1923–1927)*, dz. cyt., s. 10.
4   Tamże, s. 141.
5   Tamże, s. 155–157.
6   Tamże, s. 163.
7   Tamże, s. 166.
8   Stanisław Ignacy Witkiewicz, *Listy do żony (1928–1931)*, Państwowy Instytut Wydawniczy, Warszawa 2007, s. 87.
9   Tamże, s. 154.
10 Tamże, s. 89.
11 Tamże, s. 21.
12 Stanisław Ignacy Witkiewicz, ONI, w: tegoż, *Dzieła wybrane*, t. IV, *Dramaty*, cz. 1, dz. cyt., s. 379.
13 Stanisław Ignacy Witkiewicz, *Niepodległość trójkątów*, w: tegoż, *Dzieła wybrane*, t. IV, *Dramaty*, cz. 1, dz. cyt., s. 504.
14 Jadwiga Witkiewiczowa, *Wspomnienia o Stanisławie Ignacym Witkiewiczu*, dz. cyt., s. 564–565.
15 Anna Micińska, *Z dna szuflady*, dz. cyt., s. 203.
16 Tamże.
17 Podaję za: Barbara Winklowa, *Boyowie. Zofia i Tadeusz Żeleńscy*, Wydawnictwo Literackie, Kraków 2001, s. 117.
18 Tamże.
19 Anna Micińska, *Rozmowa z Rimmą Szturm de Sztrem*, w: Stanisław Ignacy Witkiewicz, *Listy do żony (1932–1935)*, dz. cyt., s. 609.
20 Stanisław Ignacy Witkiewicz, *Listy do żony (1936–1939)*, dz. cyt., s. 205.

Nina

1   Anna Iwaszkiewicz, *Dzienniki i wspomnienia*, Czytelnik, Warszawa 2012, s. 29–30.
2   A. Minkiewicz, *Polscy Unrugowie*, Londyn 1983, s. 5–6.

PRZYPISY

3   Joanna Jurgała-Jureczka, *Kobiety Kossaków*, Dom Wydawniczy PWN, Warszawa 2015, s. 109.
4   Stanisław Ignacy Witkiewicz, *Listy 1*, dz. cyt., s. 476.
5   Wojciech Kossak, *Listy do żony i przyjaciół. 1883–1942*, t. 11: lata 1908–1942, Kraków 1985, s. 292.
6   Stanisław Ignacy Witkiewicz, *Pożegnanie jesieni*, Wydawnictwo Zielona Sowa, Kraków 2010, s. 232.
7   Stanisław Ignacy Witkiewicz, *Listy 1*, dz. cyt., s. 610.
8   Tamże, s. 551.
9   Tamże, s. 437.
10 Tamże, s. 669.
11 Jadwiga Witkiewiczowa, *Wspomnienia o Stanisławie Ignacym Witkiewiczu*, dz. cyt., s. 560–561.
12 Tamże, s. 557.
13 Stanisław Ignacy Witkiewicz, *Nieznane fragmenty Macieja Korbowy i Bellatrix*, Polska Akademia Nauk. Instytut Sztuki, Warszawa 1986.
14 Jadwiga Witkiewiczowa, *Wspomnienia o Stanisławie Ignacym Witkiewiczu*, dz. cyt., s. 561–562.
15 Stanisław Ignacy Witkiewicz, *Listy do żony (1923–1927)*, dz. cyt., s. 13.
16 Tamże, s. 16.
17 Tamże, s. 17.
18 Tamże, s. 23.
19 Anna Micińska, *Z dna szuflady*, dz. cyt., s. 202.
20 List Zofii z Gałczyńskich Kossakowej do Marii z Kisielnickich Kossakowej, cyt. za: Joanna Jurgała-Jureczka, *Kobiety Kossaków*, dz. cyt., s. 120.
21 Jadwiga Witkiewiczowa, *Wspomnienia o Stanisławie Ignacym Witkiewiczu*, dz. cyt., s. 562–563.
22 Stanisław Ignacy Witkiewicz, *Listy do żony (1923–1927)*, dz. cyt., s. 23.

Matka

1. Jadwiga Witkiewiczowa, *Wspomnienia o Stanisławie Ignacym Witkiewiczu*, dz. cyt., s. 564.
2. *Korespondencja Heleny Modrzejewskiej i Karola Chłapowskiego*, t. 1 (1859–1880), Warszawa 1965, s. 317.
3. Stanisław Ignacy Witkiewicz, *Listy do żony (1923–1927)*, dz. cyt., s. 22.
4. Podaję za: Anna Micińska, *Witkacy. Życie i twórczość*, Wydawnictwo Interpress, Warszawa, s. 52.
5. Tymon Terlecki, *Pani Helena. Opowieść biograficzna o Modrzejewskiej*, Kraków 1991, s. 347.
6. Maria Witkiewiczówna, *Wspomnienia o Stanisławie Witkiewiczu*, Warszawa 1936, s. 59.
7. Stanisław Ignacy Witkiewicz, *Panna Tutli-Putli*, Teatr Polski w Szczecinie, Szczecin 1990.
8. Anna Micińska, *Witkacy*, dz. cyt., s. 53.
9. Stanisław Ignacy Witkiewicz, *Listy 1*, dz. cyt., s. 55–58.
10. Jadwiga Witkiewiczowa, *Wspomnienia o Stanisławie Ignacym Witkiewiczu*, dz. cyt., s. 591–592.
11. Anna Micińska, *Z dna szuflady*, dz. cyt., s. 194–195.
12. Jadwiga Witkiewiczowa, *Wspomnienia o Stanisławie Ignacym Witkiewiczu*, dz. cyt., s. 588.
13. Anna Micińska, *Z dna szuflady*, dz. cyt., s. 195.
14. Tamże, s. 199–200.
15. Tamże, s. 196.
16. Maciej Pinkwart, *Wariat z Krupówek*, Wagant, Nowy Targ 2015, s. 34–35.
17. Anna Micińska, *Z dna szuflady*, dz. cyt., s. 195.
18. Tamże, s. 195–196.
19. Tamże, s. 195.
20. Stanisław Ignacy Witkiewicz, *Listy 1*, dz. cyt., s. 197.
21. Jerzy Mieczysław Rytard, *Witkacy, czyli O życiu po drugiej stronie rozpaczy*, w: *Stanisław Ignacy Witkiewicz. Człowiek i twórca*, księga

pamiątkowa pod redakcją Tadeusza Kotarbińskiego i Jerzego Eugeniusza Płomieńskiego, Warszawa 1957, s. 271.
22 Anna Micińska, *Z dna szuflady*, dz. cyt., s. 194.
23 Stanisław Ignacy Witkiewicz, *Listy 1*, dz. cyt., s. 607.
24 Stanisław Ignacy Witkiewicz, *Matka*, w: tegoż, *Dzieła wybrane*, t. v, *Dramaty*, cz. 2, dz. cyt., s. 381.
25 Stanisław Ignacy Witkiewicz, *Nienasycenie*, dz. cyt., s. 25.
26 Anna Micińska, *Z dna szuflady*, dz. cyt., s. 203.
27 Stanisław Ignacy Witkiewicz, *Listy i notatki z podróży do tropików*, w: *Listy 1*, dz. cyt., s. 377.
28 Stanisław Ignacy Witkiewicz, *Listy 1*, dz. cyt., s. 314–315.
29 Roman Jasiński, *Witkacy*, w: *Stanisław Ignacy Witkiewicz. Człowiek i twórca*, dz. cyt., s. 308–309.
30 Anna Micińska, *Z dna szuflady*, dz. cyt., s. 196.
31 Stanisław Witkiewicz, *Listy do syna*, oprac. Bożena Danek-Wojnarowska, Anna Micińska, Warszawa 1969, s. 531.
32 Tamże, s. 532.
33 Tamże, s. 533.
34 Tamże, s. 531.
35 Joanna Siedlecka, *Mahatma Witkac*, Prószyński i S-ka, Warszawa 2005, s. 55.
36 Anna Micińska, *Z dna szuflady*, dz. cyt., s. 198.
37 Jadwiga Witkiewiczowa, *Wspomnienia o Stanisławie Ignacym Witkiewiczu*, dz. cyt., s. 559.
38 Stanisław Ignacy Witkiewicz, *Listy do żony (1923–1927)*, dz. cyt., s. 149.
39 Tamże, s. 150.
40 Tamże, s. 160.
41 Tamże, s. 186.
42 Stanisław Ignacy Witkiewicz, *Listy 1*, dz. cyt., s. 852.
43 Tamże, s. 873.
44 Stanisław Ignacy Witkiewicz, *Listy do żony (1932–1935)*, dz. cyt., s. 15.

45 „Wiadomości Literackie" 1932, nr 1.
46 Anna Micińska, *Witkacy*, dz. cyt., s. 52.
47 Anna Micińska, *Z dna szuflady*, dz. cyt., s. 203.

Hrabianka

1 Stanisław Ignacy Witkiewicz, *Szewcy*, w: tegoż, *Szewcy, W małym dworku*, Wydawnictwo Książkowe Twój Styl, Warszawa 1996, s. 31.
2 Stanisław Ignacy Witkiewicz, *Listy do żony (1923–1927)*, dz. cyt., s. 19.
3 Anna Micińska, *Rozmowa z Rimmą Szturm de Sztrem*, dz. cyt., s. 609.
4 Stanisław Ignacy Witkiewicz, *Listy do żony (1923–1927)*, dz. cyt., s. 24.
5 Jadwiga Witkiewiczowa, *Wspomnienia o Stanisławie Ignacym Witkiewiczu*, dz. cyt., s. 579.
6 Stanisław Ignacy Witkiewicz, *Listy I*, dz. cyt., s. 101.
7 August Iwański junior, *Wspomnienia 1881–1939*, oprac. Wacław Zawadzki, Państwowy Instytut Wydawniczy, Warszawa 1968, s. 388.
8 Jarosław Iwaszkiewicz, *Książka moich wspomnień*, Wydawnictwo Marginesy, Warszawa 2022, s. 164.
9 Tamże.
10 Maria z Łozińskich Łozińska Hempel, *Z łańcucha wspomnień*, Kraków–Wrocław 1986, s. 106.
11 Stanisław Ignacy Witkiewicz, *Listy I* dz. cyt., s. 88.
12 Jarosław Iwaszkiewicz, *Książka moich wspomnień*, dz. cyt., s. 164.
13 Stanisław Ignacy Witkiewicz, *Listy I*, dz. cyt., s. 101.
14 Stanisław Witkiewicz, *Listy do syna*, dz. cyt., s. 338–339.
15 Stanisław Ignacy Witkiewicz, *Listy I*, dz. cyt., s. 374–375.
16 Stanisław Witkiewicz, *Listy do syna*, dz. cyt., s. 305.
17 Tamże, s. 338.
18 Tamże, s. 327.
19 Tamże, s. 305.

20 Tamże, s. 277.
21 Tamże, s. 264.
22 Tamże, s. 266.
23 Tamże, s. 268.
24 Tamże, s. 304–305.
25 Stefan Okołowicz, *Dwie miłości Bunga: księżniczka Isis i Lola Montez*, w: Stanisław Ignacy Witkiewicz, *622 upadki Bunga...*, Państwowy Instytut Wydawniczy, Warszawa 2013, s. 529.
26 Tamże, s. 529–530.
27 Stanisław Witkiewicz, *Listy do syna*, dz. cyt., s. 326–327.
28 Tamże, s. 339.
29 Tamże, s. 348.
30 August Iwański junior, *Wspomnienia 1881–1939*, dz. cyt.
31 Bronisław Malinowski, *Dziennik w ścisłym znaczeniu tego wyrazu*, Wydawnictwo Literackie, Kraków 2002, s. 280.
32 Stanisław Ignacy Witkiewicz, *Tumor Mózgowicz*, w: tegoż, *Dzieła wybrane*, t. IV, *Dramaty*, cz. 1, dz. cyt., s. 240.

Kobieta demoniczna
1 Stanisław Ignacy Witkiewicz, *Pożegnanie jesieni*, Wydawnictwo Zielona Sowa, Kraków 2010, s. 99.
2 Stanisław Ignacy Witkiewicz, *Nienasycenie*, dz. cyt., s. 126.
3 Stanisław Ignacy Witkiewicz, *622 upadki Bunga...*, dz. cyt., s. 166.
4 Stanisław Ignacy Witkiewicz, *Demonizm Zakopanego*, w: tegoż, *Bez kompromisu*, Państwowy Instytut Wydawniczy, Warszawa 1976, s. 495.
5 Stanisław Ignacy Witkiewicz, *622 upadki Bunga...*, dz. cyt., s. 165.
6 Anna Micińska, *Z dna szuflady*, dz. cyt., s. 210.
7 Stanisław Ignacy Witkiewicz, *622 upadki Bunga...*, dz. cyt., s. 318.
8 Irena Solska, *Pamiętnik*, wstęp i oprac. Lidia Kuchtówna, Warszawa 1978, s. 110.

9 *Listy Ireny Solskiej*, wybór i oprac. Lidia Kuchtówna, Państwowy Instytut Wydawniczy, Warszawa 1984, s. 36.
10 Stanisław Ignacy Witkiewicz, *622 upadki Bunga...*, dz. cyt., s. 443–444.
11 Jarosław Iwaszkiewicz, Kraków, „Życie Warszawy" 1975, nr 297.
12 Lidia Kuchtówna, *Irena Solska*, Państwowy Instytut Wydawniczy, Warszawa 1980, s. 20.
13 Zob.: Łucja Iwanczewska, *Gdyby istniała...*, „Trybuna" 2008, nr 63, za: www.e-teatr.pl/pl/artykuly/52800,druk.html (dostęp: 17.06.2016).
14 „Tygodnik Ilustrowany" 1904, nr 36.
15 Natalia Jakubowa, *Profesja Pani Akne*, „Dialog" 2008, nr 2, przedruk w: tejże, *O Witkacym*, Warszawa 2010, s. 46–85.
16 Stanisław Witkiewicz, *Listy do syna*, dz. cyt., s. 410–411.
17 Stanisław Ignacy Witkiewicz, *Listy 1*, dz. cyt., s. 148–149.
18 Stanisław Witkiewicz, *Listy do syna*, dz. cyt., s. 405.
19 Tamże, s. 447.
20 Tamże, s. 457–458.
21 Jan Błoński, *Witkacy na zawsze*, Kraków 2003, s. 77.
22 Stanisław Ignacy Witkiewicz, *622 upadki Bunga...*, dz. cyt., s. 123.
23 Jarosław Iwaszkiewicz, *Podróże do Polski*, Warszawa 1977, s. 56.
24 Anna Micińska, *Z dna szuflady*, dz. cyt., s. 199.
25 Jadwiga Witkiewiczowa, *Wspomnienia o Stanisławie Ignacym Witkiewiczu*, dz. cyt., s. 554.
26 Stanisław Ignacy Witkiewicz, *622 upadki Bunga...*, dz. cyt., s. 450–451.
27 Stanisław Ignacy Witkiewicz, *Listy do żony (1923–1927)*, dz. cyt., s. 112.
28 Stanisław Ignacy Witkiewicz, *622 upadki Bunga...*, dz. cyt., s. 313.
29 Stanisław Ignacy Witkiewicz, *Listy do żony (1923–1927)*, dz. cyt., s. 37.
30 Irena Solska, *Pamiętnik*, dz. cyt., s. 112.

Ciasny kadr

1 Anna Micińska, *Wstęp*, w: Stanisław Ignacy Witkiewicz, *622 upadki Bunga...*, dz. cyt., s. 31.
2 Stanisław Ignacy Witkiewicz, *Nienasycenie*, dz. cyt., s. 10.
3 Anna Micińska, *Rozmowa z Barbarą Wołk-Czerwijowską* (Warszawa, 1 czerwca 1971), w: tejże, *Wędrówki bez powrotu*, dz. cyt., s. 214.
4 Ewa Franczak, Stefan Okołowicz, *Przeciw nicości. Fotografie Stanisława Ignacego Witkiewicza*, Wydawnictwo Literackie, Kraków 1986, s. 25.
5 Stanisław Ignacy Witkiewicz, *Listy 1*, dz. cyt., s. 220.

Mona Lisa Czerwijowska

1 Jerzy Eugeniusz Płomieński, *Polski „pontifex maximus" katastrofizmu*, w: *Stanisław Ignacy Witkiewicz. Człowiek i twórca*, dz. cyt., s. 189.
2 Stanisław Ignacy Witkiewicz, *622 upadki Bunga...*, dz. cyt., s. 159.
3 Fragmenty niepublikowanego pamiętnika Heleny Czerwijowskiej przytacza Bożena Danek-Wojnowska w przypisach do: *Listy Stanisława Ignacego Witkiewicza do Heleny Czerwijowskiej*, oprac. Bożena Danek-Wojnowska, „Twórczość" 1971, nr 9, s. 45.
4 Podaję za: Natalia Jakubowa, *...że jednak nikomu nie pozwolę zapanować nad sobą*, „Didaskalia" 2002, nr 47, s. 91.
5 Tamże.
6 Stanisław Ignacy Witkiewicz, *622 upadki Bunga...*, dz. cyt., s. 60.
7 Fragment pamiętnika Heleny Czerwijowskiej, w: Stanisław Ignacy Witkiewicz, *Listy 1*, dz. cyt., s. 186.
8 Tamże.
9 Tamże, s. 192.
10 Stanisław Ignacy Witkiewicz, *Listy 1*, dz. cyt., s. 193.
11 Tamże, s. 201.
12 Tamże, s. 208.

13 Tamże, s. 230.
14 Tamże, s. 231.
15 Tamże, s. 206.
16 Natalia Jakubowa, ...i że jednak nikomu nie pozwolę zapanować nad sobą, dz. cyt., s. 90.
17 Stanisław Ignacy Witkiewicz, *Listy 1*, dz. cyt., s. 206–207.
18 Bożena Danek-Wojnowska w przedmowie do: Stanisław Ignacy Witkiewicz, *Listy Stanisława Ignacego Witkiewicza do Heleny Czerwijowskiej*, dz. cyt., s. 17.
19 Stanisław Ignacy Witkiewicz, *Listy 1*, dz. cyt., s. 243–244.
20 Anna Micińska, *Z dna szuflady*, dz. cyt., s. 212.
21 Edward C. Martinek, *Wstęp*, przeł. Zofia Zinserling, w: Stanisław Ignacy Witkiewicz, *Listy do Bronisława Malinowskiego*, wstępem opatrzył Edward C. Martinek, przygotował do druku Tomasz Jodełka-Burzecki, Warszawa 1981, s. 14.
22 Brulion tego listu (albo jego wersja) zachował się w Książnicy Pomorskiej (sygn. akc. 581), cyt. za Stanisław Ignacy Witkiewicz, *Listy 1*, dz. cyt., s. 255.
23 Stanisław Witkiewicz, *Listy do syna*, dz. cyt., s. 402.
24 Stanisław Ignacy Witkiewicz, *Listy 1*, dz. cyt., s. 125–128.
25 Stanisław Witkiewicz, *Listy do syna*, dz. cyt., s. 417.
26 Tamże, s. 555.
27 Stanisław Ignacy Witkiewicz, *622 upadki Bunga...*, dz. cyt., s. 125–128.
28 Stanisław Ignacy Witkiewicz, *Listy 1*, dz. cyt., s. 239.
29 Anna Micińska, *Z dna szuflady*, dz. cyt., s. 212.
30 Stanisław Ignacy Witkiewicz, *Listy do żony (1936–1939)*, dz. cyt., s. 15.

Embrion
1 Jadwiga Witkiewiczowa, *Wspomnienia o Stanisławie Ignacym Witkiewiczu*, dz. cyt., s. 561.

PRZYPISY

2 Stanisław Ignacy Witkiewicz, *Listy do żony (1923–1927)*, dz. cyt., s. 74.
3 *Der Kerl existiert...* (niem.) – facet właściwie dla mnie nie istnieje.
4 Stanisław Ignacy Witkiewicz, *Listy do żony (1923–1927)*, dz. cyt., s. 76.
5 Tamże, s. 77.
6 Tamże, s. 77–78
7 Tamże, s. 79.
8 Joanna Siedlecka, *Mahatma Witkac*, dz. cyt., s. 141–143.
9 Jadwiga Witkiewiczowa, *Wspomnienia o Stanisławie Ignacym Witkiewiczu*, dz. cyt., s. 555.
10 Kazimierz Wyka, *Relacja z rozmowy z K.L. Konińskim o Stanisławie Ignacym Witkiewiczu*, wstęp i red. Bronisław Mamoń, „NaGłos" 1994, nr 14 (39), s. 36.

Samobójstwo
1 Jadwiga Witkiewiczowa, *Wspomnienia o Stanisławie Ignacym Witkiewiczu*, dz. cyt., s. 586.
2 Stanisław Ignacy Witkiewicz, *Nieznane fragmenty Macieja Korbowy i Bellatrix*, dz. cyt.
3 Tamże.
4 Stanisław Ignacy Witkiewicz, *Pożegnanie jesieni*, dz. cyt., s. 45.
5 *Au fond...* (franc.) – w gruncie rzeczy.
6 *Coûte que...* (franc.) – za wszelką cenę.
7 Stanisław Ignacy Witkiewicz, *Listy 1*, dz. cyt., s. 238.
8 Tamże, s. 243–244.
9 Tamże, s. 246–247.
10 Helena Duninówna, *Ci, których znałam*, Warszawa 1957, s. 229–230.
11 Stanisław Ignacy Witkiewicz, *Pożegnanie jesieni*, dz. cyt., s. 55.
12 Kazimierz Wyka, *Relacja z rozmowy z K.L. Konińskim*, dz. cyt., s. 35.
13 Stanisław Ignacy Witkiewicz, *Listy 1*, dz. cyt., s. 297.

14 Tamże, s. 294.
15 Tamże, s. 297.
16 Tamże, s. 304.
17 Karol Szymanowski, *Korespondencja, tom 1: 1903–1919*, zebrała i oprac. Teresa Chylińska, Kraków 1982, s. 412.
18 Podaję za: Stefan Okołowicz, *„Winy moje okropne". Wokół samobójstwa Jadwigi Janczewskiej*, w: *Witkacy: bliski czy daleki? Materiały międzynarodowej konferencji z okazji 70. rocznicy śmierci Stanisława Ignacego Witkiewicza*, Słupsk 2013, s. 442.
19 Stanisław Ignacy Witkiewicz, *Matka*, w: tegoż, *Dzieła wybrane*, t. v, *Dramaty*, cz. 2, dz. cyt., s. 397.
20 Kazimierz Wyka, *Relacja z rozmowy z K.L. Konińskim*, dz. cyt., s. 36.
21 Stanisław Ignacy Witkiewicz, *Pożegnanie jesieni*, dz. cyt., s. 176.
22 Stanisław Ignacy Witkiewicz, *Listy i notatki z podróży do tropików*, dz. cyt., s. 377.
23 Jerzy Mieczysław Rytard, *Wspomnienia o Karolu Szymanowskim*, Kraków 1982, s. 41.
24 Stanisław Ignacy Witkiewicz, *Pożegnanie jesieni*, dz. cyt., s. 226.
25 Tamże, s. 229.
26 „Czas" 1914, nr 48, s. 2.
27 Stanisław Ignacy Witkiewicz, *Listy i notatki z podróży do tropików*, dz. cyt., s. 333.
28 Tamże, 307.
29 Tamże, s. 332.
30 Tamże, s. 333.
31 Stanisław Ignacy Witkiewicz, *Nienasycenie*, dz. cyt., s. 428.
32 Listy Stanisława Ignacego Witkiewicza do Jerzego Eugeniusza Płomieńskiego, cyt. za: Stefan Okołowicz, *Wokół samobójstwa Jadwigi Janczewskiej*, w: *Witkacy: bliski czy daleki?*, dz. cyt., s. 455.

Flota

1. Jadwiga Witkiewiczowa, *Wspomnienia o Stanisławie Ignacym Witkiewiczu*, dz. cyt., s. 572.
2. Tamże, s. 585.
3. Stanisław Ignacy Witkiewicz, *Listy I*, dz. cyt., s. 488.
4. Tamże, s. 492.
5. Tamże, s. 493–495.
6. Tamże, s. 504.
7. Jadwiga Witkiewiczowa, *Wspomnienia o Stanisławie Ignacym Witkiewiczu*, dz. cyt., s. 583.
8. Stanisław Ignacy Witkiewicz, *Listy do żony (1923–1927)*, dz. cyt., s. 11–12.
9. Stanisław Ignacy Witkiewicz, *Listy I*, dz. cyt., s. 627–628.
10. Stanisław Ignacy Witkiewicz, *Listy II (wol. 1)*, dz. cyt., s. 81.
11. Stanisław Ignacy Witkiewicz, *Listy do żony (1932–1935)*, dz. cyt., s. 115.

Korale

1. Jadwiga Witkiewiczowa, *Wspomnienia o Stanisławie Ignacym Witkiewiczu*, dz. cyt., s. 589.
2. Irena Krzywicka, *Wyznania gorszycielki*, Czytelnik, Warszawa 1992, s. 258.
3. Monika Śliwińska, *Muzy Młodej Polski. Życie i świat Marii, Zofii i Elizy Pareńskich*, Warszawa 2014, s. 267.
4. Irena Krzywicka, *Wyznania gorszycielki*, dz. cyt., s. 185.
5. Tamże, s. 300.
6. Witold Gombrowicz, *Wspomnienia polskie*, w: tegoż, *Wspomnienia polskie. Wędrówki po Argentynie*, Instytut Literacki, Paryż 1982, s. 124.
7. Jadwiga Witkiewiczowa, *Wspomnienia o Stanisławie Ignacym Witkiewiczu*, dz. cyt., s. 281.
8. Barbara Winklowa, *Boyowie. Zofia i Tadeusz Żeleńscy*, dz. cyt., s. 83.

9   Stanisław Ignacy Witkiewicz, *Listy do żony (1928–1931)*, dz. cyt., s. 203.
10 Barbara Winklowa, *Boyowie. Zofia i Tadeusz Żeleńscy*, dz. cyt., s. 55.
11 Monika Śliwińska, *Muzy Młodej Polski*, dz. cyt., s. 177.
12 Tamże, s. 211.
13 Karol Estreicher, *Leon Chwistek. Biografia artysty*, Kraków 1971, s. 172.
14 Leon Wyczółkowski, *Listy i wspomnienia*, Zakład Narodowy im. Ossolińskich, Wrocław 1960, s. 224–225.
15 Monika Śliwińska, *Muzy Młodej Polski*, dz. cyt., s. 214.
16 Jarosław Iwaszkiewicz, *Podróże do Polski*, dz. cyt., s. 56.
17 Rafał Malczewski, *Od cepra do wariata*, Łomianki 2006, s. 118.
18 Rafał Malczewski, *Pępek świata*, Czytelnik, Warszawa 1960, s. 66.
19 Monika Śliwińska, *Muzy Młodej Polski*, dz. cyt., s. 224.
20 Tamże, s. 255.
21 Tamże, s. 224.
22 Stanisław Ignacy Witkiewicz, *Listy do żony (1923–1927)*, dz. cyt., s. 11.
23 *Aux anges* (franc.) – w siódmym niebie.
24 Stanisław Ignacy Witkiewicz, *Listy I*, dz. cyt., s. 850.
25 Stanisław Ignacy Witkiewicz, *Listy do żony (1928–1931)*, dz. cyt., s. 288.
26 Barbara Winklowa, *Boyowie. Zofia i Tadeusz Żeleńscy*, dz. cyt., s. 144–145.
27 Monika Śliwińska, *Muzy Młodej Polski*, dz. cyt., s. 350.
28 Tamże, s. 358.
29 Tamże, s. 372.
30 Tamże, s. 381.

Kuzynka
1   Wojciech Kossak, *Listy do żony i przyjaciół*, dz. cyt., s. 188.
2   Tamże, s. 196.

PRZYPISY

3   Stanisław Ignacy Witkiewicz, *Listy do żony (1923–1927)*, dz. cyt., s. 42.
4   Stanisław Ignacy Witkiewicz, *Listy I*, dz. cyt., s. 1048.
5   Irena Krzywicka, *Wyznania gorszycielki*, dz. cyt., s. 236.
6   Tamże.
7   Magdalena Samozwaniec, *Zalotnica niebieska*, Czytelnik, Warszawa 1995, s. 131.
8   Tamże.
9   Stanisław Ignacy Witkiewicz, *Demonizm Zakopanego*, dz. cyt., s. 498–499.
10 Stanisław Ignacy Witkiewicz, *Listy I*, dz. cyt., s. 1047.
11 Joanna Siedlecka, *Mahatma Witkac*, dz. cyt., s. 109.
12 Stanisław Ignacy Witkiewicz, *Listy I*, dz. cyt., s. 1060.
13 Tamże, s. 1052.
14 Irena Krzywicka, *Wyznania gorszycielki*, dz. cyt., s. 237.
15 Stanisław Ignacy Witkiewicz, *Listy I*, dz. cyt., s. 1058.
16 Tamże, s. 1061.
17 Stanisław Ignacy Witkiewicz, *Listy II (wol. 1)*, dz. cyt., s. 595.
18 Stanisław Ignacy Witkiewicz, *Listy I*, dz. cyt., s. 1064–1065.
19 Stanisław Ignacy Witkiewicz, *Listy do żony (1923–1927)*, dz. cyt., s. 193.
20 Irena Krzywicka, *Wyznania gorszycielki*, dz. cyt., s. 238.
21 Stanisław Ignacy Witkiewicz, *Listy do żony (1936–1939)*, dz. cyt., s. 196.
22 Joanna Siedlecka, *Mahatma Witkac*, dz. cyt., s. 140.
23 Maria z Kossaków Jasnorzewska, *Listy do przyjaciół i korespondencja z mężem (1928–1945)*, Wydawnictwo Kossakiana, Kraków 1998, s. 278.

Typ Alcoforado
1   Edyta Gałuszkowa-Sicińska, *Wspominki o Witkacym*, „Głos Plastyków" 1947 (grudzień), s. 34.

2   Irena Krzywicka, *Wyznania gorszycielki*, dz. cyt., s. 34.
3   Anna Micińska, *Z dna szuflady*, dz. cyt., s. 207–208.
4   Stanisław Ignacy Witkiewicz, *Straszliwy wychowawca*, w: tegoż, *Dzieła wybrane*, t. v, *Dramaty*, cz. 2, dz. cyt., s. 568.
5   Stanisław Ignacy Witkiewicz, *W małym dworku*, w: tegoż, *Szewcy. W małym dworku*, Warszawa 1996, s. 145.
6   K.B., *Otwarcie letniej wystawy „Sztuki Podhalańskiej"*, „Głos Zakopiański" z 11 lipca 1925, nr 28, s. 3.
7   Stanisław Ignacy Witkiewicz, *Listy do żony (1928–1931)*, dz. cyt., s. 84.
8   Stanisław Ignacy Witkiewicz, *Nienasycenie*, dz. cyt., s. 316.
9   Anna Micińska, *Z dna szuflady*, dz. cyt., s. 208.
10 Tamże, s. 209.
11 Tamże.
12 Stanisław Ignacy Witkiewicz, *Listy do żony (1928–1931)*, dz. cyt., s. 184.
13 Stefan Okołowicz, *Listy do Felicji (Litki), Janiny (Inki) i Janiny Turowskich*, w: *Stanisław Ignacy Witkiewicz, Listy II (wol. 1)*, dz. cyt., s. 494.
14 Anna Micińska, *Z dna szuflady*, dz. cyt., s. 209–210.
15 Stanisław Ignacy Witkiewicz, *Listy do żony (1928–1931)*, dz. cyt., s. 208.
16 Stanisław Ignacy Witkiewicz, *Listy do żony (1936–1939)*, dz. cyt., s. 219.
17 Anna Micińska, *Z dna szuflady*, dz. cyt., s. 210.

Orgia
1   Irena Krzywicka, *Wyznania gorszycielki*, dz. cyt., s. 301.
2   Tamże, s. 302.
3   Tamże.
4   Tamże.
5   Tamże, s. 303–304.

6   Tamże, s. 305.
7   Jadwiga Witkiewiczowa, *Wspomnienia o Stanisławie Ignacym Witkiewiczu*, dz. cyt., s. 563.
8   Rafał Malczewski, *Pępek świata*, dz. cyt., s. 79.
9   Tamże.
10 Tamże.
11 Tamże, s. 307.
12 Tamże.
13 Stanisław Ignacy Witkiewicz, *Listy do żony (1923–1927)*, dz. cyt., s. 69.
14 Stanisław Ignacy Witkiewicz, *Listy do żony (1936–1939)*, dz. cyt., s. 26.

Poranna piosenka
1   Stanisław Ignacy Witkiewicz, *Listy do żony (1928–1931)*, dz. cyt., s. 179.
2   Stanisław Ignacy Witkiewicz, *Listy I*, dz. cyt., s. 674.
3   Jadwiga Witkiewiczowa, *Wspomnienia o Stanisławie Ignacym Witkiewiczu*, dz. cyt., s. 568.
4   Stanisław Ignacy Witkiewicz, *Narkotyki. Niemyte dusze*, Państwowy Instytut Wydawniczy, Warszawa 1975, s. 175.
5   Tamże.
6   Stanisław Ignacy Witkiewicz, *Listy do żony (1932–1935)*, dz. cyt., s. 17.
7   Jadwiga Witkiewiczowa, *Wspomnienia o Stanisławie Ignacym Witkiewiczu*, dz. cyt., s. 571.
8   Tamże, s. 572.
9   Stanisław Ignacy Witkiewicz, *Tumor Mózgowicz*, dz. cyt., s. 250.
10 Jadwiga Witkiewiczowa, *Wspomnienia o Stanisławie Ignacym Witkiewiczu*, dz. cyt., s. 580.
11 Tamże, s. 579–580.
12 Antoni Słonimski, *Alfabet wspomnień*, Państwowy Instytut Wydawniczy, Warszawa 1989, s. 580.

13 Zanalizuj się pan daję słowo,
Kompleksowo, a bodajże zdawkowo,
Bo kto ma w nosie wzgląd na wgląd,
To gnuśny z niego mastodont.
Przeł. Jan Gondowicz, w: Stanisław Ignacy Witkiewicz, *Listy do żony (1928–1931)*, dz. cyt., s. 494.
14 Jadwiga Witkiewiczowa, *Wspomnienia o Stanisławie Ignacym Witkiewiczu*, dz. cyt., s. 595.
15 Tamże, s. 577.
16 Stanisław Ignacy Witkiewicz, *Listy do żony (1932–1935)*, dz. cyt., s. 146.
17 Stanisław Ignacy Witkiewicz, *622 upadki Bunga...*, dz. cyt., s. 51.
18 Stanisław Ignacy Witkiewicz, *Listy do żony (1936–1939)*, dz. cyt., s. 107.

Inca le Sphinx

1 Stanisław Ignacy Witkiewicz, *Listy do żony (1928–1931)*, dz. cyt., s. 21.
2 Tamże, s. 120.
3 Stanisław Ignacy Witkiewicz, *Tumor Mózgowicz*, dz. cyt., s. 232.
4 Stanisław Ignacy Witkiewicz, *Listy do żony (1928–1931)*, dz. cyt., s. 94.
5 Tamże, s. 95.
6 Tamże, s. 53.
7 Stanisław Ignacy Witkiewicz, *Listy II (wol. 1)*, dz. cyt., s. 516–517.
8 Tamże, s. 517.
9 Stanisław Ignacy Witkiewicz, *Listy do żony (1928–1931)*, dz. cyt., s. 187.
10 Tamże, s. 188.
11 Tamże, s. 203.
12 Stanisław Ignacy Witkiewicz, *Janulka córka Fizdejki*, w: tegoż, *Dzieła wybrane*, t. v, *Dramaty*, cz. 2, dz. cyt., s. 357.

PRZYPISY

13 Stanisław Ignacy Witkiewicz, *Nienasycenie*, dz. cyt., s. 309.
14 Stanisław Ignacy Witkiewicz, *Listy do żony (1928–1931)*, dz. cyt., s. 190–193.
15 Stanisław Ignacy Witkiewicz, *Listy II (wol. 1)*, dz. cyt., s. 513.
16 Tamże, s. 491–492.
17 Tamże, s. 500.
18 Stanisław Ignacy Witkiewicz, *Listy do żony (1932–1935)*, dz. cyt., s. 91.
19 Stefan Okołowicz, *Listy do Felicji (Litki), Janiny (Inki) i Janiny Turowskich*, dz. cyt., s. 502.
20 Tamże, s. 502–503.
21 Tamże, s. 503.
22 Stanisław Ignacy Witkiewicz, *Listy do żony (1932–1935)*, dz. cyt., s. 93.
23 Stefan Okołowicz, *Listy do Felicji (Litki), Janiny (Inki) i Janiny Turowskich*, dz. cyt., s. 507.
24 Tamże, s. 508.
25 Tamże.
26 Tamże.
27 Tamże, s. 509.
28 Kisiel [Stefan Kisielewski], *Sałatka świąteczna [1952]*, w: tegoż, *Rzeczy małe*, Warszawa 1956, s. 492.
29 Stanisław Ignacy Witkiewicz, *Listy II (wol. 1)*, dz. cyt., s. 510.
30 Joanna Siedlecka, *Mahatma Witkac*, dz. cyt., s. 76.
31 Tamże.

Kotusie
1 Stanisław Ignacy Witkiewicz, *Listy do żony (1936–1939)*, dz. cyt., s. 34.
2 Tamże, s. 38.
3 Janusz Degler, *Witkacego portret wielokrotny*, Państwowy Instytut Wydawniczy, Warszawa 2009, s. 440.

4   Stanisław Ignacy Witkiewicz, *Listy do żony (1936–1939)*, dz. cyt., s. 79.
5   Tamże, s. 63.
6   Janusz Degler, *Witkacego portret wielokrotny*, dz. cyt., s. 261.
7   Jadwiga Witkiewiczowa, *Wspomnienia o Stanisławie Ignacym Witkiewiczu*, dz. cyt., s. 568.
8   Henryk Worcell, *Wpisani w Giewont*, Wrocław 1974, s. 47–48.
9   Joanna Siedlecka, *Mahatma Witkac*, dz. cyt., s. 165.
10 Jadwiga Witkiewiczowa, *Wspomnienia o Stanisławie Ignacym Witkiewiczu*, dz. cyt., s. 581–582.
11 Tamże, s. 580–581.
12 Stanisław Ignacy Witkiewicz, *Listy do żony (1928–1931)*, dz. cyt., s. 252.
13 Jadwiga Witkiewiczowa, *Wspomnienia o Stanisławie Ignacym Witkiewiczu*, dz. cyt., s. 574–575.
14 Stanisław Ignacy Witkiewicz, *Niepodległość trójkątów*, dz. cyt., s. 492.

Kochanka
1   Stanisław Ignacy Witkiewicz, *Listy do żony (1928–1931)*, dz. cyt., s. 79.
2   Jadwiga Witkiewiczowa, *Wspomnienia o Stanisławie Ignacym Witkiewiczu*, dz. cyt., s. 565.
3   Joanna Siedlecka, *Mahatma Witkac*, dz. cyt., s. 149.
4   Stanisław Ignacy Witkiewicz, *Szewcy*, w: tegoż, *Dzieła wybrane*, t. V, *Dramaty*, cz. 2, dz. cyt., s. 498.
5   Joanna Siedlecka, *Mahatma Witkac*, dz. cyt., s. 147.
6   Tamże.
7   Stanisław Ignacy Witkiewicz, *Listy do żony (1928–1931)*, dz. cyt., s. 271.
8   Tamże, s. 277.
9   Stanisław Ignacy Witkiewicz, *Listy do żony (1932–1935)*, dz. cyt., s. 104.

PRZYPISY

10 Tamże, s. 106.
11 Jadwiga Witkiewiczowa, *Wspomnienia o Stanisławie Ignacym Witkiewiczu*, dz. cyt., s. 565.
12 Stanisław Ignacy Witkiewicz, *Listy do żony (1928–1931)*, dz. cyt., s. 152.
13 Tamże, s. 215–217.
14 Janusz Degler, *Witkacego portret wielokrotny*, dz. cyt., s. 110.
15 Stanisław Ignacy Witkiewicz, *Listy do żony (1932–1935)*, dz. cyt., s. 252.
16 Stanisław Ignacy Witkiewicz, *Listy do żony (1936–1939)*, dz. cyt., s. 26.
17 Tamże, s. 65.
18 Joanna Siedlecka, *Mahatma Witkac*, dz. cyt., s. 147.
19 Janusz Degler, *Witkacego portret wielokrotny*, dz. cyt., s. 266–267.
20 Stanisław Ignacy Witkiewicz, *Listy II (wol. 1)*, dz. cyt., s. 281.
21 Tamże, s. 283.
22 Tamże, s. 285.
23 Tamże, s. 286.
24 Tamże, s. 287.
25 Anna Micińska, *Z dna szuflady*, dz. cyt., s. 203.

Kosz
1 Joanna Siedlecka, *Mahatma Witkac*, dz. cyt., s. 151.
2 Stanisław Ignacy Witkiewicz, *Listy do żony (1936–1939)*, dz. cyt., s. 213.
3 Tamże, s. 219.
4 Tamże, s. 223.
5 Jadwiga Witkiewiczowa, *Wspomnienia o Stanisławie Ignacym Witkiewiczu*, dz. cyt., s. 565–566.
6 Podaję za: Janusz Degler, *Witkacego portret wielokrotny*, dz. cyt., s. 290–291.

7   Tamże, s. 267–268.
8   List Hansa Corneliusa do Czesławy Oknińskiej-Korzeniowskiej, w: Janusz Degler, *Witkacego portret wielokrotny*, dz. cyt., s. 270.
9   Joanna Siedlecka, *Mahatma Witkac*, dz. cyt., s. 150.
10 Stanisław Ignacy Witkiewicz, *Listy II (wol. 1)*, dz. cyt., s. 317–319.
11 Tamże, s. 270.
12 Stanisław Ignacy Witkiewicz, *Listy do żony (1936–1939)*, dz. cyt., s. 249–250.
13 Janusz Degler, *O przyjaźni Witkacego z Hansem Corneliusem*, w: tegoż, *Witkacego portret wielokrotny*, s. 269.
14 Jadwiga Witkiewiczowa, *Wspomnienia o Stanisławie Ignacym Witkiewiczu*, dz. cyt., s. 566.

Rajza
1   Stanisław Ignacy Witkiewicz, *Listy do żony (1936–1939)*, dz. cyt., s. 254.
2   Joanna Siedlecka, *Mahatma Witkac*, dz. cyt., s. 151.
3   Czesława Oknińska, *Ostatnie 13 dni życia Stanisława Ignacego Witkiewicza*, „Kierunki" 1976, nr 13, s. 6–7.
4   Joanna Siedlecka, *Mahatma Witkac*, dz. cyt., s. 151–152.
5   Maria Dąbrowska, *Skórka od słoniny*, w: tejże, *A teraz wypijmy*, Warszawa 1981, podaję za: Joanna Siedlecka, *Mahatma Witkac*, dz. cyt., s. 156.

Afera z fryzjerem
1   Nadzieja Drucka, *Trzy czwarte... Wspomnienia*, Państwowy Instytut Wydawniczy, Warszawa 1977, s. 116.
2   Roman Jasiński, *Zmierzch starego świata. Wspomnienia 1900–1945*, Wydawnictwo Literackie, Kraków 2006, s. 536–537.
3   Janusz Degler, *Witkacego portret wielokrotny*, dz. cyt., s. 439.
4   Stanisław Ignacy Witkiewicz, *Listy do żony (1928–1931)*, dz. cyt., s. 271.

PRZYPISY

5   *Listy St. I. Witkiewicza do Hansa Corneliusa*, przeł. H. Opoczyńska, „Twórczość" 1979, nr 11, s. 115; list z 27 lutego 1938.
6   Stanisław Ignacy Witkiewicz, *Listy do żony (1932–1935)*, dz. cyt., s. 58.
7   Stanisław Ignacy Witkiewicz, *Listy do żony (1936–1939)*, dz. cyt., s. 165.
8   Tamże.
9   Podaję za: Stefan Okołowicz, *Nieznana kobieta w życiu Witkacego. Listy Stanisława Ignacego Witkiewicza do Marii Zarotyńskiej*, w: *Witkacy. Materiały sesji poświęconej Stanisławowi Ignacemu Witkiewiczowi...*, dz. cyt., s. 257.
10 Tamże.
11 Stanisław Ignacy Witkiewicz, *Listy do Jerzego Eugeniusza Płomieńskiego*, oprac. Janusz Degler, „Pamiętnik Literacki" 1985, z. 4, przypis do listu nr 18 z 19 grudnia 1936.
12 Stanisław Ignacy Witkiewicz, *Nienasycenie*, dz. cyt., s. 223.
13 Stefan Okołowicz, *Nieznana kobieta w życiu Witkacego*, dz. cyt., s. 274.
14 Tamże, s. 256.
15 Stanisław Ignacy Witkiewicz, *Listy do żony (1936–1939)*, dz. cyt., s. 60.
16 Tamże, s. 66.
17 Tamże, s. 65.
18 Stanisław Ignacy Witkiewicz, *Listy do Jerzego Eugeniusza Płomieńskiego*, dz. cyt., list nr 18 z 19 grudnia 1936.
19 Stanisław Ignacy Witkiewicz, *Listy do Hansa Corneliusa...*, list nr 49 z 18 lutego 1937, podaję za: Stefan Okołowicz, *Nieznana kobieta w życiu Witkacego*, dz. cyt., s. 255.
20 Stanisław Ignacy Witkiewicz, *Listy do Jerzego Eugeniusza Płomieńskiego*, dz. cyt., list nr 18 z 19 grudnia 1936.
21 Tamże, list nr 19 z 2 lutego 1937.
22 A. Łaszowski, *Wspomnienie o St. Ignacym Witkiewiczu*, „Życie i Myśl" 1968, nr 3, s. 77.

23 Stanisław Ignacy Witkiewicz, *Listy do Jerzego Eugeniusza Płomieńskiego*, dz. cyt., list nr 18 z 19 grudnia 1936.
24 Stanisław Ignacy Witkiewicz, *Listy do żony (1936–1939)*, dz. cyt., s. 144.
25 Tamże, s. 160.
26 Janusz Degler, *Witkacego portret wielokrotny*, dz. cyt., s. 407.
27 Podaję za: Stefan Okołowicz, *Nieznana kobieta w życiu Witkacego*, dz. cyt., s. 274.
28 Tamże, s. 273.
29 Tamże, s. 279.
30 Tamże, s. 264.
31 Tamże, s. 274.

Listy

1 Jadwiga Witkiewiczowa, *Wspomnienia o Stanisławie Ignacym Witkiewiczu*, dz. cyt., s. 567–568.
2 Tamże, s. 566–567.
3 Tamże, s. 570–571.
4 Stefania Skwarczyńska, *Teoria listu*, Białystok 2006, s. 332.
5 Stanisław Ignacy Witkiewicz, *Listy do żony (1923–1927)*, dz. cyt., s. 212–213.
6 Tamże, s. 58.
7 Stanisław Ignacy Witkiewicz, *Listy do żony (1936–1939)*, dz. cyt., s. 545.
8 Jadwiga Witkiewiczowa, *Wspomnienia o Stanisławie Ignacym Witkiewiczu*, s. 554.
9 Stanisław Ignacy Witkiewicz, *Pożegnanie jesieni*, oprac. Anna Micińska, w: tegoż, *Dzieła zebrane*, pod red. Janusza Deglera, t. 11, Warszawa 1992, s. 9.
10 Stanisław Ignacy Witkiewicz, *Listy do żony (1923–1927)*, dz. cyt., s. 56.
11 Stanisław Ignacy Witkiewicz, *Listy do żony (1928–1931)*, dz. cyt., s. 59.

WYKAZ ŹRÓDEŁ ILUSTRACJI

Jeśli inaczej nie wskazano, obrazy, rysunki i fotografie są autorstwa Stanisława Ignacego Witkiewicza.

s. 6 – Muzeum Śląskie w Katowicach (MŚK/SzM/501)

s. 8, 184, 212 – Narodowe Archiwum Cyfrowe

s. 10, 12, 16, 20, 36, 40, 50, 88, 94, 103, 105, 108, 110, 114, 116, 124, 144, 160, 174, 209, 224, 232, 234, 238, 252, 268, 274, 277, 280 – Wikimedia Commons

s. 24, 84, 98 – Muzeum Historii Katowic

s. 26, 32, 46, 48, 152, 155, 158, 190, 217, 222, 249, 259, 306 – Ossolineum (sygnatura 16082/I)

s. 56, 59, 70, 82, 86, 90, 130, 138, 142, 145, 195, 198, 214, 227, 240, 243, 284 – Muzeum Tatrzańskie im. Tytusa Chałubińskiego w Zakopanem

s. 134 – Archiwum Marii Korniłowiczowej, Polona

s. 136, 272 – Muzeum Narodowe w Warszawie

s. 148, 200, 203, 204 – Muzeum Sztuki w Łodzi

s. 150 (fot. Marek Bazak), 178 (fot. Muzeum Literatury), 264 (fot. Archiwum MaZa) – East News

s. 162, 206, 229, 246, 282 – Muzeum Pomorza Środkowego w Słupsku

s. 181 – Reprodukcja: Aleksander Jałosiński / Agencja Forum

s. 262 (Dział Zbiorów Specjalnych, Sekcja Rękopisów, sygn. inw. akc. 583), 296, 304 – Książnica Pomorska

SPIS TREŚCI

Bracka 23	7
Asymetryczna Dama	13
Smycz	27
Nina	37
Matka	51
Hrabianka	71
Kobieta demoniczna	85
Ciasny kadr	111
Mona Lisa Czerwijowska	115
Embrion	131
Samobójstwo	139
Flota	153
Korale	161
Kuzynka	179
Typ Alcoforado	191
Orgia	207
Poranna piosenka	215
Inca le Sphinx	225
Kotusie	241
Kochanka	253
Kosz	265
Rajza	275
Afera z fryzjerem	285
Listy	297
Bibliografia	309
Przypisy	316
Wykaz źródeł ilustracji	341

WYDAWCA Adam Pluszka
REDAKTORKA PROWADZĄCA Agnieszka Radtke
KOREKTA Małgorzata Kuśnierz
PROJEKT OKŁADKI I STRON TYTUŁOWYCH,
OPRACOWANIE GRAFICZNE I TYPOGRAFICZNE Anna Pol
ŁAMANIE, KOREKTA Anna Hegman
KOORDYNATORKA PRODUKCJI Paulina Kurek

REPRODUKCJE NA OKŁADCE Portret Marii Zawadzkiej,
Portret Stefanii Tuwimowej, *Portret Kobiety (Jadzia Myśli)*

ISBN 978-83-67262-59-0

Wydawnictwo Marginesy Sp. z o.o.
ul. Mierosławskiego 11a, 01-527 Warszawa
tel. 48 22 663 02 75
redakcja@marginesy.com.pl
www.marginesy.com.pl

Warszawa 2022
Wydanie pierwsze w tej edycji

ZŁOŻONO KROJAMI PISMA Scala i Bodoni

KSIĄŻKĘ WYDRUKOWANO NA PAPIERZE
Munken Print White 15 90 g

DRUK I OPRAWA
Toruńskie Zakłady Graficzne Zapolex Sp. z o.o.